Otto Hans Ressler
Der Mikl

Otto Hans Ressler

Der Mikl

Ein Roman

EDITION VA ENE

Gedruckt mit freundlicher Unterstützung der Firma Kwizda
Kwizda

Die Deutsche Bibliothek – CIP-Einheitsaufnahme

Ressler, Otto Hans
Der Mikl / Otto Hans Ressler. –

Wien–Klosterneuburg: EDITION VA bENE, 2015.
(Roman)

ISBN 978-3-85167-287-9

EDITION VA bENE
Wien–Klosterneuburg, 2015

E-Mail: edition@vabene.at
Homepage: vabene.at

Satz, Druckvorlage und Umschlaggestaltung:
D&K Publishing Service, Mag. Tina Gerstenmayer
unter Verwendung eines Originals (Gurke und Fenchel, 2002)
von Josef Mikl
mit freundlicher Genehmigung von Brigitte Bruckner-Mikl
Druck: CPI books GmbH, D-25917 Leck

Printed in Germany
ISBN 978-3-85167-287-9

Josef Mikl wurde am 8. August 1929 in Wien geboren. Von 1948 bis 1955 studierte er Malerei an der Akademie der bildenden Künste in Wien. 1956 gründete er mit Arnulf Rainer, Wolfgang Hollegha und Markus Prachensky die Gruppe „Galerie St. Stephan", die sich unter der Leitung von Monsignore Otto Mauer zum Brennpunkt der österreichischen Avantgarde entwickelte.

1964 wurde Josef Mikl zur documenta III in Kassel eingeladen. 1968 vertrat er Österreich bei der Biennale in Venedig und wurde im darauf folgenden Jahr an die Akademie der bildenden Künste in Wien berufen. 27 Jahre lang leitete er eine Meisterschule bzw. den Abendakt. Den Höhepunkt seines künstlerischen Schaffens bilden zweifellos das riesige Deckengemälde und 22 Wandbilder für den Großen Redoutensaal in der Wiener Hofburg.

Josef Mikl, der „Provokateur", der „schwer Fassbare", wie ihn Die Presse in ihrem Nachruf beschrieb, war eine der prägenden Figuren der österreichischen Malerei nach 1945. Er starb am 29. März 2008.

„Der Mikl" schildert die Erlebnisse, Ansichten und Haltungen des Künstlers gegenüber seiner Umwelt aus seiner Sicht, basierend auf den Aufzeichnungen des Künstlers sowie Gesprächen mit Familienmitgliedern, Freunden, Sammlern, Kritikern und Künstlerkollegen. Die hier wiedergegebene Denkweise ist also jene Josef Mikls, nicht meine.

Otto Hans Ressler

1

„Josef?"

„Ja, Mama?"

Ich saß am Küchentisch und zeichnete. Ich zeichnete Kreise und Kringel und Wolken. Es wirkte seltsam verzerrt, was ich zeichnete. Ich zeichnete verzerrte, wirbelnde Gestalten. Ich verwendete dafür nur meinen Bleistift. Ich spitzte ihn immer wieder mit einem kleinen Messer an, dessen Klinge sich einklappen ließ.

Ich hatte noch einen zweiten Stift. Einen roten Stift. Einen Stift mit einem leuchtenden Rot. Es war nur noch ein Stummel davon übrig. Der rote Stift war der einzige, den ich besaß. Aber vielleicht würde mein Vater einen neuen mitbringen. Heute war mein Geburtstag. Ein neuer Farbstift war das einzige, was ich mir gewünscht hatte. Wenn nur mein Vater endlich nach Hause käme! Denn obwohl ich den roten Stift nur selten verwendete, hatte ich ihn schon so oft spitzen müssen, dass nur noch wenige Zentimeter übrig waren. Der Stift lag vor dem Blatt, auf dem ich zeichnete. Als wolle er mich erinnern, dass ich jederzeit etwas Rotes hineinzeichnen könne.

„Josef, willst du nicht lieber hinausgehen. Es ist so ein schöner Tag."

„Nein, Mama."

„Aber die anderen Kinder sind alle draußen. Sie spielen. Sie lassen dich bestimmt mitspielen."

„Ich will nicht, Mama."

Ich wollte nicht spielen. Ich wollte zeichnen. Ich wollte etwas tun, das ich besser konnte als andere. Ich wollte nicht etwas tun, das ich schlechter konnte. Ich wollte überhaupt nichts tun, wofür die anderen Kinder mich auslachen könnten.

Meine Mutter stellte ihre Einkaufstasche auf den Tisch. Sie fuhr sich mit den Händen über das Haar. Das machte sie oft. Sie fuhr sich übers Haar, als wolle sie sicher sein, dass ihre Frisur korrekt saß. Ich hatte noch nie erlebt, dass sich auch nur eine einzige Haarsträhne aus den Spangen und Nadeln, mit denen sie sie bändigte, gelöst hätte.

„Josef, zeichnest du schöne Dinge?" fragte sie, während sie auspackte.

„Zeichnest du wenigstens schöne Dinge?" Sie warf keinen Blick auf mein Blatt. Obwohl es direkt vor ihren Augen lag.

Nein, Mama, hätte ich beinahe geantwortet. Nein, ich zeichne keine schönen Dinge. Ich zeichne verrückte, wirbelnde Gestalten; ich zeichne Chaos und Verderben. Aber ich sagte nichts. Lange Zeit. Dann:

„Ich kann Blumen für dich zeichnen, wenn du willst, Mama."

„Du solltest schöne Dinge zeichnen, Josef", murmelte meine Mutter. So als hätte sie mich gar nicht gehört. Und gleich darauf schien sie mich ganz vergessen zu haben. Jetzt, nachdem sie das Essen in den Vorratsschrank geräumt hatte, wandte sie sich seufzend der nächsten Aufgabe im Haushalt zu. Was auch immer es war: die Wäsche waschen, den Boden kehren, das Abendessen vorbereiten. Sie arbeitete den ganzen Tag. Es hört nie auf, dachte ich; es geht immer weiter.

„Soll ich dir etwas Schönes zeichnen, Mama?"

Vielleicht hat sie mich nicht gehört, dachte ich. Vielleicht habe ich zu leise gesprochen. Als ich schon ansetzen wollte zu wiederholen, was ich gesagt hatte, murmelte sie:

„Du solltest die Welt schön machen, Josef. Mach sie schön! Es ist gut, in einer schönen Welt zu leben."

„Ich könnte dir Blumen zeichnen, Mama. Ich will sie gleich jetzt für dich zeichnen."

„Ach, lass es bleiben", sagte sie scharf. Sie blicke aus dem Fenster. Wieder schien sie mich ganz vergessen zu haben.

„Die Welt ist nicht schön, Josef. Kann sich irgendetwas ändern? Sag mir, wie?"

Ihre Augen hatten plötzlich allen Glanz verloren, als wären sie erloschen. Als hätten sich Wolken vor die Sonne geschoben; als wäre das Licht in ihnen abgedreht worden.

Ich nahm den Rotstift und setzte einen kräftigen Kringel auf mein Blatt. Es sah aus, als würde Blut aus dem Papier quellen. Später stand ich auf. Ich knüllte das Blatt zusammen, auf dem ich gezeichnet hatte, und warf es in den Papierkorb. Aber noch ehe ich die Tür ganz geschlossen hatte, wusste ich, dass meine Mutter die Zeichnung aus dem Papierkorb nehmen würde. Sie würde sie glätten, indem sie mit der Hand fest darüber strich. Dann, nachdem sie sie geglättet hatte, würde sie die Zeichnung stirnrunzelnd betrachten. Dann würde sie eine Mappe aus der Anrichte holen und die Zeichnung zu den anderen legen, die sich schon dort befanden.

Ich stand vor dem Haus. Ich spitzte die Ohren, aber ich konnte weder das Geräusch des Glättens hören, noch ihr Atmen, noch das Öffnen und Schließen der Anrichte. Ich hatte beide Hände in den Hosentaschen vergraben und starrte einem Vogel nach, der krächzend über den Dächern kreiste. Dann überquerte ich die gepflasterte Straße und ging langsam in Richtung der Schrebergärten. Es war der 8. August 1937, mein achter Geburtstag.

Erst jetzt fiel mir auf, dass sich meine Mutter geirrt hatte. Es war kein schöner Tag. Die Sonne hing fahl am Himmel. Es war schwül. Ein Gewitter zog auf. Ich konnte es nicht sehen, aber ich spürte, wie sich die Wolken zu einer schwarzen Wand zusammenballten. Ich spürte, wie die Luft davon angesaugt wurde. Es war gespenstisch still. Jedes Geräusch klang schreckhaft verstärkt.

Am Ende der Gasse spielten ein paar Buben Fußball. Ich stellte mir ihre erhitzten Gesichter vor. Ich stellte mir das Klatschen vor, wenn der Ball gegen eine Hauswand prallte. Ich stellte mir das Geschrei vor, wenn einem von ihnen ein Tor gelang. Aber ich ging in die andere Richtung.

Ich wollte nicht Fußball spielen. Ich wollte überhaupt nicht mit anderen spielen. Die anderen Kinder konnten mit mir nichts anfangen; und ich nichts mit ihnen. Ich hatte nur wenige Freunde. Ich hatte nur wenige wirkliche Freunde, als ich ein Kind war – und später auch nicht. Nicht an der Graphischen. Nicht an der Akademie. Nicht als Student. Nicht als Professor. Die meisten Leute waren mir einfach zu blöd. Die Dinge, die sie interessierten, interessierten mich nicht. Mit dem Humor, den sie hatten, konnte ich nichts anfangen.

Schon als Kind las ich sehr viel. Ich wuchs quasi zweidimensional auf – als Lesezeichen und als Zeichenblatt. Es gab Momente, in denen mir mein Alleinsein schwer fiel. Momente, in denen ich gerne mit anderen zusammen gewesen wäre. Momente, in denen ich wütend und enttäuscht war, weil ich nicht dazugehörte. Aber gleichzeitig wusste ich, dass ich gar nicht dazugehören wollte. Dass ich nicht dazugehören konnte. Weil ich anders war.

Ehe ich die Krim hinter mir ließ, bückte ich mich und hob einen Stein auf. Für einen Augenblick hatte ich eine teuflische Lust, ihn gegen eines der Fenster zu schleudern. Dann aber schüttelte ich den Kopf und grinste verlegen. Ich steckte den Stein ein.

In einem Licht, das so düster und gleichzeitig so grell war wie jetzt, sah ich, wie hässlich die Stadt war. Wie hässlich das Viertel, in dem wir lebten. Graue Häuser, ängstlich an den Berg gedrückt. In einem Licht wie diesem traten die Spuren der Vernachlässigung umso deutlicher hervor. Der abblätternde Verputz. Der Müll in den Hinterhöfen. Die eingeschlagenen Fensterscheiben, nur mit einem Stück Karton kaschiert. Es gab nur wenige Geschäfte in der Krim: einen Lebensmittelladen, ein Geschäft für Bekleidung, eines für Hüte. Bei der Tischlerei lag Werkzeug in der Auslage. Die ausgestellten Artikel sahen alt aus. Sie waren von einer Staubschicht überzogen. Der Eindruck des Hässlichen, Schmutziggrauen kroch in mich hinein. Er breitete sich in mir aus wie ein böses Gift. Nein, es genügte nicht, etwas Schönes zu zeichnen, um die Welt schöner zu machen. Das wusste ich schon damals ganz genau.

Unwillkürlich beschleunigte ich meine Schritte. Ich ging noch immer in Richtung der Schrebergärten. Schwer wie ein Berg lag die Zeit auf dem Land. Jeder Atemzug bereitete Mühe. Die Blätter der Kastanien hingen schlaff herab. Kein Vogel sang. Kein Mensch war auf der Straße. Inzwischen waren auch die letzten Geräusche verstummt. Dann veränderte sich das Licht. Es wurde schlagartig dunkler. Fahler. Gelb. Ein krankhaftes Gelb.

Als ich die Schrebergärten erreichte, klatschten schon die ersten dicken Tropfen in den Staub. Ich hob den Kopf und sah, dass die schwarzen, quellenden Wolken sich über den ganzen Himmel ausgebreitet hatten. Ein Blitz zuckte auf, kurz darauf grollte der Donner. Ein Windstoß wirbelte Papierfetzen vor sich her. Die Bäume schienen sich zu verneigen. Ich blieb stehen und breitete die Arme aus. Ich hielt mein Gesicht in den Wind. Was ich sah, erinnerte mich an die Kreise und Kringel, die ich gezeichnet hatte. Es erinnerte mich an die wirbelnden Gestalten. Meine Mutter mochte es nicht erkennen, aber für mich war es unübersehbar: Das, was ich gezeichnet hatte, waren schöne Dinge.

Ich lächelte; vielleicht zum ersten Mal an diesem Tag.

2

Bevor wir ausgebombt wurden, wohnten wir in der Budinskygasse im 19. Bezirk. Drei Tage vor dem Einmarsch Hitlers schrieb ich mit Löschkalk auf den Asphalt vor unserem Haus: „Rot Weiß Rot bis in den Tod“. Ich war neun Jahre alt und hatte keine Ahnung, was das eigentlich bedeutete. Ich muss diesen Aufruf irgendwo aufgeschnappt haben. Nun malte ich die letzten Worte aus Kurt Schuschniggs berühmter Radio-Ansprache in großen Versalien auf die Straße.

Ich konnte schon relativ gut lesen und schreiben. Löschkalk zu verwenden, schien mir eine gute Idee zu sein; ich wusste um seine Haltbarkeit. Damals gab es so gut wie keinen Verkehr, der mein Werk hätte zerstören können. In der Früh fuhr der Milchwagen durch unsere Gasse. Zwei Mal die Woche kam ein zweispänniger Pritschenwagen mit Holz oder Kohle vorbei. Es zählte zu den Mutproben meiner Kindheit, möglichst knapp vor den Pferden und dem schimpfenden Kutscher über die Straße zu laufen.

Während ich hingebungsvoll Buchstaben um Buchstaben malte, bekam ich plötzlich einen Tritt in den Hintern. Wasser schoss mir in die Augen. Ich versuchte mich aufzurappeln und gegen diese rüde Behandlung zur Wehr zu setzen. Da erst erkannte ich, dass der, der mich getreten hatte, einer von der SA war.

Ein großer, fetter Kerl. Aber das waren ja alle diese Parteibonzen: fett und aufgeblasen. Er stand in seiner ganzen Pracht über mir. Am linken Arm seiner Uniform prangte als Kampfbinde ein rotes Band mit schwarzem Hakenkreuz. Zum braunen Hemd, das über dem Bauch spannte, trug er eine braune Krawatte; einen Binder, wie wir damals sagten. Dazu die typischen Breecheshosen und Stiefel. Er war glattrasiert. Seine Wangen wirkten aufgedunsen. An seine Rangabzeichen kann ich mich nicht erinnern. Aber an ein braunes Lederkoppel. Und an den Dolch, den er an der Hüfte trug.

Während ich versuchte, wieder auf die Beine zu kommen, was er zu verhindern trachtete, indem er mir den Fuß auf die Brust stellte, sah ich, dass der Löschkalk jetzt auf meiner Kleidung klebte. Meine Mutter würde mich umbringen. Zumindest konnte ich mich auf ein Donnerwetter gefasst machen.

„Mach' das sofort weg!" schrie der SA Mann.

Er hatte die Fäuste in die Hüften gestemmt. Ich zweifelte keine Sekunde, dass er noch nicht fertig war mit mir.

„Nein!" schrie ich. „Lass' mich los!"

Aber das schien ihn nur noch wütender zu machen. Er setzte schon an, mir einen weiteren Tritt zu verpassen, als ein paar Bewohner der umliegenden Häuser dazwischen gingen.

„Lass' sofort den Pepperl in Ruh'!"

Die da schrie, war Frau Haas, die Mutter meines Freundes Fritzi. Ein Schlachtschiff von einer Frau. Sie verbrachte praktisch ihr ganzes Leben auf einem Stuhl neben der Eingangstür ihres Hauses. Ihr entging nichts. Und was immer vor sich ging, kommentierte sie, als hätten alle anderen Leute keine Augen im Kopf. Sie hatte eine schrille Stimme, die so gar nicht zu ihr zu passen schien. Denn sie war groß und dick. Der Stuhl verschwand völlig unter ihrer Leibesfülle und ihrem zeltgroßen Schürzenkleid. Es sah aus, als würde sie an der Hauswand hocken, weil von dem Stuhl, auf dem sie saß, nichts zu sehen war.

Damals spielte sich das halbe Leben auf der Straße ab. Die Leute saßen nach der Arbeit auf Sesseln und Klappstühlen vor den Gemeindebauten, bis es finster wurde, und oft sogar bis in die Nacht hinein. Die Männer rauchten; die Spitzen ihrer Zigaretten leuchteten im Dunkeln auf wie Glühwürmchen. Es wurde ganz offen über Politik geredet.

Damals hatte noch niemand Angst, dass er verpetzt werden könnte. Es gab kaum Nazis in unserem Grätzel, und die wenigen, die es gab, kannte jeder und mied sie. Jetzt stürmte Frau Haas auf den SA Mann zu. Die Fäuste geballt, das Gesicht rot vor Empörung. Es sah aus, als wolle sie ihn niederwalzen. Ich rollte mich zusammen, um nicht als Kollateralschaden zu enden. In ihrem Windschatten eilten weitere Nachbarn herbei. Angesichts der Übermacht machte sich der Nazi, wütende Drohungen ausstoßend, aus dem Staub.

„Ist dir was passiert, Pepperl?" fragte Frau Haas teilnahmsvoll.

Sie half mir auf die Beine. Als sie über mir aufragte wie ein Berg, dachte ich, dass der SA-ler gut daran getan hatte zu verschwinden; ich würde mich um nichts auf der Welt mit ihr anlegen. Ich schüttelte den Kopf und wischte mir ein paar Tränen aus den Augenwinkeln.

„Gut, dass der Matthäus nicht da war", erregte sie sich.

Damit meinte sie meinen Vater. Er hätte den fetten SA-Mann wohl auf der Stelle erschlagen. Aber dann, das wussten wir spätestens drei Tage später, wäre mein Vater wohl erschossen worden.

Wir wohnten damals mitten im Proletenviertel von Oberdöbling. Ein paar Querstraßen zwischen Weinberggasse und Krottenbachstraße waren fast völlig parteifrei. Zum Arisieren gab es auch nichts in unserer Gegend: keine Villen. Keine Weingärten. Nur die Bensdorp Schokoladenfabrik. Irgendwann während des Krieges wurde unser Greißler von den Nazis abgeholt. Angeblich hatte er seinen Laden zu Hitlers Geburtstag nicht vorschriftsmäßig geschmückt. Oder Hitlerwitze erzählt. Später hieß es, er sei bei einem Verhör der Gestapo umgekommen.

Ab und zu wurde jemand versteckt, aber nie für lange Zeit. Im Gemeindebau funktionierte das nicht. Alles war eng und klein. Jeder bekam von jedem mit, was sich dort abspielte. Dann wurden wir ausgebombt. Am 9. September 1944. Von da an hatten wir nur noch den Schrebergarten.

Wir wurden in eine Wohnung in der Colloredogasse eingewiesen. Die lag mitten im Cottageviertel. Das war eine ganz andere Gegend. Die Wohnung war fast ganz leer. Ausgeräumt. Drei Zimmer waren abgesperrt. Die Leute, denen die Wohnung gehörte, hatten darin ihre Möbel gelagert. Aber wir waren auf diese Möbel gar nicht angewiesen. Wir hatten Bezugsscheine für vier Betten. Immerhin waren mehrere große Wandkästen in der Wohnung verblieben, die sich nicht hatten wegräumen lassen. Meine Schwester und ich spielten Verstecken darin. Gegen Ende des Krieges wurde aus dem Spiel Ernst: Da suchte mich die Polizei.

Ich hatte ein bevorzugtes Versteck. Am Ende der Wohnung gab es eine Doppeltür. Die äußere war immer zugesperrt; von der inneren hatte ich den Schlüssel gefunden. Wenn die Polizei kam, versteckte ich mich dahinter – in dem entsetzlich engen Zwischenraum zwischen den beiden Türen. Wenn ich länger ausharren musste, bekam ich Krämpfe. Ich konnte mich kaum bewegen.

Ich hörte, wie die Polizisten durch die Wohnung gingen. Wie sie Schränke öffneten. An Türen rüttelten. Ich wagte kaum zu atmen. Die abgesperrte Tür machte sie misstrauisch. Meine Mutter erklärte, sie habe keinen Schlüssel, den hätten nur die Wohnungseigentümer. Wären die Polizisten auf die Idee gekommen, die Tür einzutreten, hätten sie mich zerquetscht; so eng war es dahinter.

Dass wir ausgebombt worden waren, war also noch ein Glück. Denn im Gemeindebau hätten sie mich erwischt. Da gab es keine Verstecke. Jedenfalls keine so guten. Da hätte ich mich nur im Schrebergarten verstecken können. Und auf die Idee, dort nachzusehen, wären die Polypen wahrscheinlich auch gekommen.

Einmal, als die Polizei an die Tür hämmerte, hatte ich den Schlüssel für die Doppeltür nicht dabei. Da versteckte ich mich in einem der großen Wandschränke. Sie reichten bis zur Decke. Mit einer kleinen Leiter kletterte ich bis hinauf zum obersten Fachbrett. Dann zog ich die Leiter ein. Dort oben, fast unter der hohen Decke, kauerte ich mich zusammen. Ich durfte mich nicht bewegen. Jede kleinste Bewegung ließ die Schrankbretter ächzen und knarzen. Aber die Polizisten machten sich nicht die Mühe, genau nachzusehen. Und meine Mutter blieb stur dabei, ich sei in Oberdonau. Bei ihrer Schwester.

Aber schließlich erwischten sie mich doch. Es war Pech. Oder Übermut, weil ich die Wohnung verlassen hatte. Ich rannte mitten in zwei Polizisten hinein. Einer war groß, einer klein. Der kleinere hielt mich am Arm fest, damit ich nicht davonlaufen konnte. Damals kursierten viele Witze über Polizisten. Dass sie immer zu zweit unterwegs waren, sagten wir, habe damit zu tun, dass einer lesen könne und einer schreiben. Die vier schwersten Schuljahre eines Polizisten, sagten wir, sei erste Klasse. Aber Witze über sie zu reißen, war etwas anderes, als ihnen gegenüberzustehen.

„Ja, wen haben wir denn da?“ rief der kleinere Polizist, der mich festhielt.

Ich wehrte mich, aber ich hatte keine Chance. Ich war nicht besonders groß und nicht besonders kräftig.

„Ich bin auf dem Weg nach Hause!" erwiderte ich atemlos.

Das Blut rauschte so laut in meinen Ohren, dass es sich anhörte wie der Flügelschlag riesiger Vögel.

„Zu Hause gibt's nicht!" behauptete er.

Seine Stimme klang, als würde gegen einen Blechnapf geschlagen.

„Wir haben Krieg! Da muss jeder seinen Beitrag leisten. Wie heißt du überhaupt?"

„Josef Mikl", antwortete ich.

Ich dachte fieberhaft nach, welche Ausrede ich verwenden sollte. Mir fiel keine ein.

„Ich bin krank", sagte ich schließlich.

„Du siehst aber überhaupt nicht krank aus", insistierte er.

„Findest du", wandte er sich an seinen Partner, der bisher kein Wort gesagt hatte, „dass er krank aussieht? Der sieht eher aus wie ein Drückeberger! Das wird unserem Führer aber gar nicht gefallen, wenn er davon hört!"

Er hielt meinen Arm mit einem eisernen Griff umklammert.

Am 8. August 1944, meinem 15. Geburtstag, beschlossen die Nazis, die letzten Reserven zu mobilisieren. Alle Schüler und Schülerinnen der Jahrgänge 1929 und älter sollten sofort kriegswichtigen Aufgaben zugeführt werden. Alle, die noch nicht als Luftwaffenhelfer herangezogen waren, mussten sich zum Schanzeinsatz melden. Also bauten wir wahl- und zahllos Panzer- und Schützengräben, von denen jeder wusste, dass sie nichts nützen würden.

Ich kam zum Schanzen in den Wienerwald. Aber ich konnte mich schon bald wieder absetzen. Daraufhin wurde ich zum Klosterneuburger HJ-Bann befehligt. Dort regierte Rottenführer Weinzierl, dessen größter Wunsch es war, zum Oberrottenführer ernannt zu werden. Deshalb führte er sich auf, als läge es allein an ihm, die russischen Panzer aufzuhalten. Mit seiner Pfeife war er nicht zu bremsen. Er war ein Idiot, ein ausgefressener, aufgeblasener Typ. Es bereitete ihm ein höllisches Vergnügen, uns herumzukommandieren. Wenn man ihn ansprach, ohne ihn „Rottenführer" zu nennen, explodierte er.

„Jawohl, was", schrie er. „Arschloch oder was?"

Dann musste man: „Jawohl, Rottenführer!" schreien.

Sagte man das nicht, brüllte er:

„Ich reiß' dir den Arsch auf, bis du eine Krause um den Hals hast, du Schütze Arsch!"

Sein Sprachschatz war nicht übermäßig groß. Normalerweise nannte er uns Pimpfe oder Maden oder Scheißer. Aber wir, mein Freund Fritzi Haas und ich, revanchierten uns. Schon am ersten Tag ließen wir die Luft von seinem Motorrad aus. Das machten wir ein paar Mal, und er musste die Reifen jedes Mal wieder aufpumpen. Es war ein höllisches Vergnügen, ihm zuzusehen, wie er sich die Seele aus dem Leib schwitzte.

Die letzten paar Monate vor Kriegsende verließ ich die Wohnung überhaupt nicht mehr. Wenn an die Tür geklopft wurde, verzog ich mich, so schnell ich konnte, in eines meiner Verstecke. Zu diesem Zeitpunkt trauten wir keinem Menschen mehr; es war einfach zu riskant. Das letzte Mal war ich Ende Oktober 1944 zum Schanzen am Neusiedler See eingesetzt. Sie ließen uns laufen, weil sie davon ausgingen, dass wir ohnedies einrücken müssten. Wenn man mich jetzt erwischte, konnte ich mich nicht mehr herausreden. Dann würde ich nicht zum Volkssturm kommen, sondern zum richtigen Militär.

Nach dem Krieg erfuhr ich, dass praktisch meine ganze Klasse eingezogen und nach Ungarn geschickt worden war. Meine Klassenkameraden sollten die 6. SS-Panzerarmee verstärken und das seit Monaten belagerte Budapest entsetzen. Es kamen nur wenige zurück. Die 6. SS-Panzerarmee wurde zerschlagen, und Budapest wurde von den Russen befreit.

Bei Kriegsende war ich noch keine 16 Jahre alt. Glücklicherweise hatte auch mein Vater nie einrücken müssen. Er war fast völlig taub aus dem Ersten Weltkrieg zurückgekommen; mit seiner Gebirgsartillerieeinheit war er in den Dolomiten so unter Beschuss geraten, dass er seither fast nichts mehr hörte: Er war wehrdienstunfähig. Aber das hinderte ihn nicht daran, ein Waffendepot des Volkssturms zuzunageln. Bei Hutter und Schranz, einer großen Holzhandlung, holte er sich extra große Nägel dafür.

Nicht zum Jungvolk – und später zur HJ – zu gehen, erwies sich als unproblematisch: Ich ging einfach nicht hin. Ich ignorierte die Einladungen, die bald den Ton drohender Aufforderungen annahmen: Die Mitgliedschaft ab dem zehnten Lebensjahr sei Pflicht.

Aber abgesehen von den gehässigen Bemerkungen einiger Mitschüler passierte nichts. Das hing vielleicht damit zusammen, dass Fritzi Haas und ich fast die einzigen Kinder waren, die sich weigerten. Wir hielten beide nichts von körperlicher Ertüchtigung und vormilitärischer Erziehung. Die meisten aus meiner Klasse waren dagegen begeistert dabei. Sie erzählten von Zeltlagern und Geländespielen, und an bestimmten Gedenktagen zogen sie mit Fackeln durch die Straßen. Im November saßen sie mit glänzenden Augen in der Schulbank und hofften, befördert zu werden.

Mein Vater und meine Mutter hatte mit der ganzen Hitlerei nichts am Hut. Vielleicht sahen meine Eltern deshalb schon früh, was bald alle, die sehen wollten, sehen konnten.

Jeden Samstagabend spielten meine Eltern Tarock mit Joschi und Miriam Kohn. Das waren gute Freunde, mit denen wir auch gemeinsame Ausflüge unternahmen. Sie waren bei den Wiener Stadtwerken beschäftigt, bei der Tramway. Im Büro. Mein Vater brachte sie gleich nach dem Anschluss zum Westbahnhof. Weil sie zu wenige Koffer hatten, wurde alles, was sie nicht zurücklassen wollten, in Schachteln gepackt. Mein Vater hatte sich eine Schubkarre ausgeborgt, auf der sich Koffer und Schachteln türmten.

Die Kohns reisten zu Verwandten in Frankreich, gerade noch rechtzeitig. Ich wäre gerne mit ihnen gegangen, zumindest bis zum Westbahnhof. Aber mein Vater verbot es. Er befürchtete, die Kohns könnten auffliegen. Aber sie kamen gerade noch rechtzeitig hinaus aus Österreich. Zu diesem Zeitpunkt war schon alles voll mit Polizei, SS und SA.

Mit Brigitte fuhr ich einmal zum Sonnbergplatz. Da gibt es noch immer den Sonnbergmarkt, den ich ihr zeigen wollte: einen wirklich schönen Markt zwischen Obkirchergasse und Krottenbachstraße, mit schönen alten Standeln. Er war noch wie früher – so als ob überhaupt keine Zeit vergangen wäre.

Natürlich gab es damals nicht so eine große Auswahl. Angeboten wurde, was die Bauern in der Umgebung ernteten. Bananen und Kiwi gab es überhaupt nicht; und Weintrauben nur im Herbst. Aber es war so sauber und appetitlich präsentiert wie vor fünfzig Jahren. Es gab Gemüse- und Obsthändler, eine Bäckerei mit verführerisch duftendem Brot, einen Blumenstand und einen Fleischhauer. An einem Stand wurden Steinpilze und Eierschwammerln angeboten.

Ich sah mir die Stelle auf der Straße vor unserem Haus an, wo ich „Rot Weiß Rot bis in den Tod" geschrieben hatte. Andere Leute hatten meinen Text ergänzt mit:

„Wählt Schuschnigg! Wählt Österreich!" Damals schien es noch eine Wahl zu geben. Heute glaube ich, dass Schuschnigg die Wahl verloren hätte. Aber ich erinnerte mich nicht nur der Parolen. Ich erinnerte mich auch daran, wie die Nazis ein paar Juden durch unsere Straße getrieben hatten. Mit Zahn- und Hand- und Schuhbürsten mussten sie unsere Parolen wegputzen.

Ich stand mit meinem Vater vor dem Haus. Wir sahen zu, wie sich die Juden an meinem „Rot Weiß Rot bis in den Tod!" abplagten. Es waren sogar Kinder darunter. Und uralte Männer in schwarzen Anzügen, mit Hüten und komischen Ringellocken. Sogar eine schwangere Frau war dabei.

Mein Vater murmelte immer wieder:

„Ich hab's gewusst. Ich hab's immer gewusst. Ich hab's immer schon gesagt."

Da waren die Kohns schon weg. Ich zeigte Brigitte die Stelle, an der einmal unser Haus gestanden hatte. Aber ich erzählte ihr nicht, dass die Juden dort die Straße putzen mussten. Ich wollte ihr den Tag nicht verderben. Ich habe es ihr, ehrlich gesagt, überhaupt nie erzählt.

Es hätte ihr jeden beliebigen Tag verdorben. Denn wenn ich ihr das mit dem Putzen erzählt hätte, hätte ich auch erzählen müssen, wie die fetten SA-Schweine die Juden anschrien. Wie sie Tritte austeilten. Wie sie über ihre eigenen Späße lachten.

Ich weiß schon lange, dass man nichts so erzählen kann, wie es wirklich war. Man kommt, wenn man es erzählt, dem, wie es wirklich war, nicht nahe. Jedenfalls nicht nahe genug. Es gelingt einfach nicht. Das ist nicht nur eine Frage der richtigen Worte. Welche Worte man immer findet, die Stimmung wird dadurch nicht mehr lebendig; und darüber bin ich sogar froh.

Der einzige Trost, den ich für mich finde, ist, dass in unserem Grätzel so gut wie keine Nazis lebten. Die SA-Schweine blieben ohne Publikum. Nur mein Vater und ich schauten zu. Und auch wir drehten uns um und gingen ins Haus zurück. Mein Vater war wütend, weil er nichts tun konnte. Er wiederholte noch immer, wie ein Mantra, dass er es gewusst habe, dass er es schon immer gewusst habe.

An diesem Tag beschloss ich, nicht zum Jungvolk zu gehen. Schon gar nicht zur Hitlerjugend. Eigentlich wollte ich nicht einmal mehr in die Schule gehen.

Aber das ließen meine Eltern nicht zu.

3

Ich bin oft gefragt worden, wie ich zu meinen Röhren gekommen bin. Es fing damit an, dass ich Maschinenfiguren zu zeichnen begann. Sie hatten ihren Ursprung in ausgebrannten Motorrädern und Autos, in gesprengten Panzern und abgestürzten Flugzeugen. Sie hatten ihren Ursprung im Krieg. Sie hatten ihren Ursprung in dem, was ich damals überall gesehen habe.

Meine Röhren hatten nichts mit moderner Kunst zu tun. Moderne Kunst war etwas, das damals kein Mensch kannte. Die Kriegsrelikte suchte ich auch nicht aus ästhetischen Gründen aus – dazu waren sie viel zu furchtbar. Ich zeichnete Trümmerhaufen, weil es das war, was ich überall vor Augen hatte. Die Zeichnungen waren für mich Erinnerungs-Skizzen. Als Vorrat gedacht. Als Rohmaterial.

Als Kind habe ich jeden verfügbaren Zukunftsroman gelesen. Die amerikanischen gab es damals noch nicht, Gott sei Dank; sie hätten zu viel angerichtet in mir. Dass der Krieg ein Verhängnis ist, wusste ich schon. Mit dem Lesen kamen dann weitere Verhängnisse dazu: Geschichten von Menschen, die von Maschinen beherrscht wurden. Geschichten von Menschen, die von Maschinen vernichtet wurden. Schließlich bastelte ich aus Teilen eines auseinandergebrochenen Motorrades, aus den Resten eines Scherenfernrohrs und den Trümmern eines abgestürzten Flugzeugs einen Getöteten.

Der Tod war damals sehr real für mich. Fast alltäglich. Wer in diesem Krieg starb, kam anders zu Tode als im Mittelalter. Oder im Rokoko. Oder im Biedermeier. Er starb nicht durch Säbelhiebe oder einen Lanzenstich. Er starb durch Maschinen. Darin bestand ihre eigentliche Bedeutung. Darin bestand ihre eigentliche Macht. Die Macht der Maschinen ließ bestimmte Vorstellungen vom Menschen nicht mehr zu.

Wir lebten in einer verdammten Zeit. In einer Zeit auch, in der man unbedingt irgendwo dazugehören musste, um nicht unter die Räder zu kommen. Zu den Nazis, zum Jungvolk oder zur HJ wollte ich auf keinen Fall. Mein Vater, ein, wie man das damals nannte, in der Wolle gefärbter Sozialdemokrat, meinte, in der Kirche gäbe es keine Nazis. Er hatte damit Recht – und Unrecht. Er hatte Recht, weil unser Pfarrer Josef Zeininger mit dem Nationalsozialismus wirklich nichts am Hut hatte – im Gegenteil!

Aber mein Vater hatte auch Unrecht, weil sich die Amtskirche längst mit Hitler arrangiert hatte. Sie ließ bei jeder Messe für den Führer beten. Aber die Amtskirche war ja schon bei der Kreuzigung abwesend gewesen.

Josef Zeininger hingegen war zu keinerlei Kompromissen bereit. Er hatte seine Kindheit als Sohn einer Landarbeiterfamilie in der Nähe von Linz auf einem Gutshof verbracht. Er wusste aus erster Hand, was Armut ist. Was Ausbeutung und Entbehrungen bedeuten. Er bewahrte sich lebenslang ein besonderes Gespür für Menschen, denen es erging, wie es ihm ergangen war.

Die Gruppe der Katholischen Arbeiterjugend, der ich mich anschloss, war die erste überhaupt in Wien. Pfarrer Zeininger brachte uns bei, standhaft zu bleiben. Zu unseren Überzeugungen zu stehen. Selbst wenn es so aussehen sollte, als würden immer die anderen gewinnen.

Er kümmerte sich um die Zwangsarbeiter aus Frankreich, die in den Rüstungsbetrieben im Sprengel der Krim-Pfarrei arbeiteten. Er setzte sich für sie ein und ging den Nationalsozialisten damit gehörig auf die Nerven. Auch die Zusammenarbeit mit dem jungen deutschen Theologen Otto Fuchs, der in Wien eine katholische Widerstandzelle aufgebaut hatte, war ihnen ein Dorn im Auge. 1943 wurde Zeininger verhaftet und zum Tode verurteilt. Aber er hatte Glück. Bevor er hingerichtet werden konnte, kam die Rote Armee.

Zeiningers Haltung prägte mich für mein Leben.

„Aus Teig wird Brot", sagt man dort, wo ich herkomme.

Anerkennung gewinnt man mit Brot natürlich nicht. Allerdings kann aus Brot wieder Teig werden – das nennt man dann Anpassung und Entwicklung. Wir leben in einer Welt, wo einem schon bei alltäglichen Dingen übel werden kann.

Schon lange, bevor ich Maschinenfiguren und Trümmerhaufen zu zeichnen begann, im Alter von sechs, sieben, acht Jahren, bastelte ich Kasperlfiguren und schrieb Stücke dafür. Ich zeichnete auf Klopapier eine durchgehende Handlung, fast wie in einem Film. Das waren richtige kleine Moritaten.

Damals hatte ich die Hawranek natürlich noch nicht erfunden. Aber in gewisser Weise war sie schon im Entstehen. Mit zehn Jahren schrieb ich ein ganzes Buch, mit vielen Illustrationen, alles auf Klopapier. Aber ich verbrannte es irgendwann. Die Geschichte war, so viel kann ich mich noch erinnern, von Wilhelm Busch stark beeinflusst. Der war eines der großen Vorbilder, die ich damals hatte. Ich schrieb sogar in Versform. Aber ich weiß nichts mehr über den Inhalt oder den Ausgang meiner Geschichte.

Meine Familie förderte das nicht extra. Aber sie verhinderte es auch nicht. Mein Vater und meine Mutter betrachteten es als Kinderei. Und das war es wohl auch. Der Bruder meines Vaters, mein Onkel Franz, meine Eltern und meine Schwester waren mein Publikum. Nach den

Aufführungen bekamen meine Schwester und ich von Onkel Franz jeder 20 Pfennig. Damit konnte ich mir Briefmarken kaufen; ich war damals ein begeisterter Sammler. Nach dem Krieg brachte ich die Marken zu einem Händler. Um das Geld konnte ich Farben und Malmaterial kaufen. Und Bücher.

Je länger der Krieg dauerte, desto prekärer wurde die Lage auf allen möglichen Gebieten. Die HJ wurde angewiesen, Altpapier zu sammeln. Und weil in den arisierten Häusern der Juden jetzt Nazis saßen, legten sie für die HJ Bücher aus den Bibliotheken der Juden vor die Tür. Bücher waren diesen Nazi-Typen nichts wert. Literatur bedeutete ihnen nichts – sie tut es heute noch nicht.

Bevor aber die HJ kam, um die Bücher einzusammeln, war schon ich da. Ich ging in aller Früh los und suchte mir die schönsten Bücher aus. Das ist der Grund, warum ich schon mit vierzehn Jahren eine erstklassig sortierte Bibliothek hatte: Schopenhauer, Kierkegaard, Lessing, Tolstoi. Die Schriften Ludwig Tiecks. Die Kontroversen von Adolf Loos. Die Corinth Legenden. Horaz' Briefe, E.T.A. Hoffmann. Nestroy. Und natürlich Karl Kraus. Vor den Türen lagen immer wieder Ausgaben der „Fackel". Später bezog ich sie dann bei Altpapierhändlern zum Kilopreis. Denn als die Bombe auf unser Haus fiel, war natürlich alles weg – und ich musste von vorne beginnen.

Wenn ich früh am Morgen unterwegs war, tat ich gut daran, höllisch aufzupassen. Der Diebstahl deutschen Altpapiers wurde wahrscheinlich streng bestraft. Aber ich wurde nie erwischt. Und ich ließ auch nicht nur Weltliteratur mitgehen, sondern ebenso jede Menge Schund. Rolf Torrings Abenteuer. Die vier Musketiere. Arsene Lupin. Detektiv John Spurlock. Jörn Farrows U-Boot-Abenteuer. Hans Dominik. Ich hatte eine riesige Sammlung an Groschenromanen, die im Krieg allesamt verboten waren.

Aber mit der gleichen Begeisterung wie diese Romanhefte las ich Gedichte von Oskar Loerke und Theodor Kramer, „Poetenleben“ von Robert Walser, „Die toten Seelen“ von Nikolai Gogol und „Lulu“ von Frank Wedekind. Dazu musste mich niemand anstiften. Das machte ich ganz von selbst. Ich war einfach neugierig. Ich wollte unbedingt wissen, was in den Büchern stand.

Auf die gleiche, zufällige Weise entdeckte ich auch die Oper für mich. Im Radio spielten sie ununterbrochen Puccini und Verdi. Bis heute habe ich für die italienische Oper nicht viel übrig. Ich glaube nicht, dass die Nazis sie mir verleidet haben; mich stört eher das Süßliche, Dramatische, Übertriebene, letztendlich Unechte daran. Mir gefielen Bach und Händel viel besser.

Im Musikunterricht wurde uns etwas geboten, das sich „deutsches Wunschkonzert“ nannte. Da wurde dann Wagner gespielt, der mir wieder viel zu großsprecherisch und pathetisch war. Aber wir hörten auch Beethoven, Tschaikowsky und Mozart. Einmal trat ein Streichquartett in der Klasse auf. Wir waren eine Woche lang taub, weil die Musik für das kleine Klassenzimmer viel zu laut war.

Jahre später beschaffte ich meinen Studenten Freikarten für das Konzerthaus. Ich war mit Egon Seefehlner befreundet, dem Generalsekretär und späterem Direktor der Staatsoper. Das Konzerthaus war damals für die moderne Musik zuständig, während der Musikverein die klassische Musik pflegte. Die Leute strömten natürlich in Scharen in den Goldenen Saal. Das Konzerthaus hingegen blieb meist halb leer. Mit den Freikarten wurden zumindest die Reihen gefüllt. Und auf diese Weise lernten wir

Claude Debussy und Maurice Ravel, Arnold Schönberg, Anton Webern und Alban Berg kennen.

Musik spielte für mich schon immer eine große Rolle. Aber es dauerte lange, bis ich eigene Schallplatten besaß. Manchmal sehe ich ein Bild von mir, eines der alten aus den späten 1950er oder frühen 1960er Jahren, das ich schon längst vergessen habe. Aber ich weiß noch immer, welche Musik ich dazu gespielt habe.

Ich kenne da einen Kritiker von Ö1, der jetzt wahrscheinlich behaupten würde, dass ich Farben beim Musikerlebnis sehe. Was für eine Idiotie! Was für ein hanebüchener Unfug! Aber es würde zu ihm passen, wenn er so einen Schmarrn behauptete.

Im Radio und im Fernsehen gibt es Kommentatoren, die von nichts eine Ahnung haben. Aber das hindert sie nicht, über alles zu reden, als würden sie es verstehen. Sie quatschen und quatschen und quatschen. Und obwohl ich diesen Piefke-Ausdruck – wie die meisten Piefke-Ausdrücke – verabscheue, drückt er recht genau aus, was hier passiert. Noch besser würde sabbern passen. Diese Leute spucken mit der Kultur herum, obwohl sie nicht einmal eine vage Vorstellung von dem haben, was da aus ihrem Mund kommt.

Genau für diese Leute habe ich die „Hawranek" erfunden. Denn dieses leere Gewäsch hat es ja schon immer gegeben. Und es hat mich schon immer wütend gemacht. Denen, die da quatschen und plappern und sabbern, sollte einmal so richtig übers Maul gefahren werden.

Natürlich kann man über einen Zusammenhang zwischen Farben und Tönen spekulieren. Das hat man schon in der Antike getan. Es hat nur zu nichts geführt. Es hat nur zu immer neuem Gewäsch in der Kunstliteratur geführt. In

Heinses „Ardinghello“ und in Tiecks „Sternbalds Wanderungen“ wurde die Utopie einer musikalischen Malerei entworfen; da war wenigstens noch Phantasie im Spiel. Aber die Behauptung Schopenhauers, das Ziel jeder Kunst sei es, wie die Musik zu werden, halte ich für einen ausgemachten Schwachsinn: Es ist das Ziel der Kunst, Kunst zu sein. Und sonst nichts.

Maler haben meist keine Ahnung von Musik. Sie hören sie, wie jeder sie hört. Oder wie jeder gerne Apfelstrudel isst. Aber Maler haben in der Regel keine Ahnung vom Handwerklichen der Musik, von Kompositions- und Harmonielehre. Es ist deshalb ein eher fruchtloses Unterfangen, über die Wechselwirkungen zwischen Musik und Malerei nachzudenken, wenn man keine Ahnung davon hat.

Alles, was Maler wissen, ist, dass sie von Musikstücken inspiriert, dass sie durch Musik auf die Arbeit an Gemälden eingestimmt, dass sie durch Musik von der Außenwelt abgeschirmt werden können. Aber diese Erkenntnis ist nichts weiter als eine Banalität.

Für die Kritiker, die angeblichen Kunstkenner und für die Kunstschwätzer war die Vorstellung einer „musikalischen Malerei“ natürlich das große Fressen schlechthin. Endlich meinten sie, eine Möglichkeit gefunden zu haben, die Abstraktion dem p. t. Publikum erklären zu können.

Das ging so weit, dass sie behaupteten, man könne abstrakte Kunst mit den Augen hören und mit den Ohren sehen. Wenn die Leute das nicht schafften, war das natürlich deren Problem. Für Sensibilitäts-Defizite durfte man schließlich nicht die genialen Verkünder neuer, Welt bewegender Erkenntnisse verantwortlich machen.

Letztlich blieb von diesem ganzen Nonsens nur, dass um 1900 in der Salonmalerei musikalische Titel geradezu inflationär waren. Und als Beweis für die abstruse These musikalischer Malerei taugt nicht, dass sich Mondrian für Tanz begeisterte oder Matisse ein Faible für Jazz hatte. Erst der Film veränderte alles. Der Film schien die ultimative Beziehung zwischen Tonkunst und bildender Kunst herzustellen. Er schien die Einheit entstehen zu lassen, die alle gesucht hatten.

Aber der Film ist nicht Kunst – jedenfalls in den meisten Fällen; er ist bloß Unterhaltung. Und Unterhaltung ist das Gegenteil von Kunst.

Alles, was nicht Kunst ist, ist das Gegenteil von Kunst.

Die Museen sind voll davon.

Kunst ist Kunst. Und Musik ist Musik. Was nichts daran ändert, dass ich, wenn ich male, mit Begeisterung Bruckner-Symphonien, Bach-Kantaten, Gregorianische Gesänge, Orff oder von mir aus auch Benny Goodman oder Charlie Parker höre. Der Punkt ist, dass, was ich male, nicht die Illustration oder Interpretation von Musik ist, sondern Malerei – also etwas ganz anderes. Der Punkt ist, dass, wenn man sein Handwerk ausübt, und wenn man will, dass das, was man macht, auch eine Bedeutung hat, zumindest für einen selbst, man etwas davon verstehen sollte – und nicht einfach auf der Leinwand herumkleckst. Der Punkt ist schließlich, dass man es einfach tut. Darüber zu reden ist müßig.

Ein Tischler macht einen Sessel – und das gelingt oder gelingt nicht. Bei einem Maler oder Schriftsteller oder Komponisten ist es genauso: Man weiß nicht, ob das, was man gerade macht, etwas wird oder nicht. Denn einmal ist man inspiriert, und ein andermal ist man abgestumpft. Einmal ist man konzentriert, und ein andermal von tausend Dingen abgelenkt. Das geht dem Tischler ganz genauso. Einmal erspart er sich eine Holzverbindung, dann wackelt der Sessel. Und wenn man diese Verbindung im Bild vergisst – ja, da gibt es auch Verbindungen –, dann ist das Bild eben verdorben. Man kann es nur noch auf den Müll werfen. Die Musik hat das weder verursacht, noch kann sie es verhindern.

Und weil es keine andere Kunstform gibt, bei der das Werk so unverändert erhalten bleibt wie bei der bildenden Kunst, muss man es zerstören, wenn es misslungen ist. Genauso wie der Tischler seinen wackligen Sessel nicht verkaufen wird, wenn er als Handwerker etwas taugt. Aber selbst, wenn er ihn verkauft, wird der Sessel irgendwann zusammenbrechen und auf den Müll geschmissen.

Das Bild hingegen bleibt so erhalten, wie ich es aus der Hand gebe. Unsere Anschauungen können sich verändern, unsere Vorstellungen mögen einem permanenten Wandel unterzogen sein; aber das Kunstwerk bleibt, wie es ist. Während alles Geschriebene irgendwann überarbeitet wird, während jedes Theaterstück den Absichten des Regisseurs untergeordnet wird, während der Dirigent entscheidet, ob er ein Musikstück schneller oder langsamer dirigiert (und das Tempo ist das Wichtigste bei der Musik), bleibt das Bild, wie es ist. Es ist die letzte unveränderte Erinnerung an eine Zeit, das letzte Symbol – selbst wenn die Symbolik gar nicht mehr verstanden wird.

Darüber zu reden ist müßig. Sinnlos. Zeitverschwendung. Ich will darüber kein Wort verlieren. Es macht mich sogar wütend, wenn ich andere darüber reden höre. Es macht mich wütend, in einer Musikstadt zu leben und zu sehen, dass dieselben Leute, die sich mit moderner Musik leidlich auskennen, keine Ahnung von moderner Kunst haben.

4

Ich war nie im Kindergarten. Auch meine Schwester nicht. Wir weigerten uns. Wir fühlten uns am wohlsten, wenn wir allein waren. Gemeinsam, aber jeder für sich.

Unsere Eltern besaßen einen Schrebergarten. Mitten drin stand ein kleines Häuschen aus Holz, angebaut war ein winziger Schuppen für das Werkzeug. Gewässert wurde mit Regenwasser, das in einer Tonne aufgefangen wurde. Meine Eltern zogen im Frühling Salat, Radieschen und Kohlrabi, im Sommer Kartoffeln und Tomaten und im Herbst und Winter Spinat und Wintersalat. Im Kräutergarten waren Schnittlauch, Liebstöckel, Thymian, Basilikum, Engelwurz, Melisse, Johanniskraut, Borretsch und natürlich Ringelblumen angepflanzt. Vor einem kleinen Gewächshaus war Platz für Bohnen, Salatgurken, Zucchini und Speisekürbisse. Es gab aber auch Erdbeer- und Himbeersträucher und Ribisel. Mein Vater war ein sehr guter Gärtner, der mehr als einmal Preise für sein Gemüse bekam.

Als Kinder liebten wir diesen Schrebergarten aber vor allem, weil er eine eigene Welt war, aus der man die ganze restliche Welt aussperren konnte. Er wurde neben dem Zeichnen und dem Lesen und der Musik der Ort, an dem ich mich am ehesten zu Hause fühlte.

Unser Schrebergarten befand sich am Hackenberg, oberhalb der Bensdorp-Schokoladefabrik. Man musste die Weinberggasse bis ganz ans Ende und dann in die Nottebohmstraße hineingehen. Ein Stück weiter kam man zum Schutzhaus. Die Gartensiedlung war ziemlich groß, aber auch verwinkelt. Die Schrebergärten waren damals der Ersatz für das Reisebüro. Gott sei Dank! Hätte es zu dieser Zeit schon Fremdenverkehr wie heute gegeben, wäre die Welt bereits untergegangen. Jetzt haben wir noch ein paar Jahre. Aber nicht mehr lange.

Der Schrebergarten war unser Paradies. Unsere Zuflucht. Meine Schwester und ich verbrachten viel Zeit dort. Ich denke, meine Beziehung zur Natur hat dort begonnen, Wurzeln zu schlagen. Später, als ich nicht mehr in die Schule gehen konnte, weil die Polizei mich suchte, versteckte ich mich gemeinsam mit Fritzi Haas in der Gartensiedlung. Aber schließlich wurde auch das zu riskant.

Fritzi war ein uneheliches Kind. Seine Mutter hatte noch drei andere Kinder; alle von verschiedenen Vätern. Fritzis Vater war, wie sich später herausstellte, Schleichhändler. Gegen Ende des Krieges fuhr er im offenen Mercedes durch die Siedlung – wie Hitler, nur ohne Chauffeur. Er besaß drei Wohnungen, obwohl das damals wegen der vielen Ausgebombten verboten war. Eine Zeitlang durfte ich eine dieser Wohnungen benützen.

Ich schrieb an einem Kriminalroman. Der Titel war: „Der rote Kreis". Es ging um ein Gemälde Rembrandts, das verschiedene Gruppen zu stehlen versuchten. Es wurden immer mehr Gruppen, und alle waren hinter dem Bild her. Ich besorgte mir eine Tafel, auf der ich eine Übersicht skizzierte. Ich notierte, welche Personen zu welcher Gruppe gehörten, und zog Linien und Kreise, die die Verbindungen darstellen sollten. Aber irgendwann verlor ich die Übersicht; sogar die Übersicht über die Übersicht. Es waren einfach zu viele Gruppen.

Schließlich warf ich den Roman weg. Damals lernte ich, dass die Kunst nicht darin besteht, immer mehr hinzuzufügen, sondern immer mehr wegzulassen.

Das Gute an dieser Wohnung war, dass ich hier meine Ruhe hatte. Der Nachteil war, dass es gefährlich war, hin- und wieder heimzukommen. Denn auf den Straßen waren immer öfter Streifen unterwegs. Wir wohnten damals noch immer in der Colloredogasse. Anfangs hielten nur wir uns in der Villa auf, wenn man von einem Hausmeister absah, der sich im Souterrain eingerichtet hatte.

Kurz vor Kriegsende zog das Ehepaar Bendler ein. Der Mann war Staatsanwalt im besetzten Generalgouvernement gewesen. Nun hatte er entsetzliche Angst vor den Russen. Das Hab und Gut der Bendlers wurde mit einem Lastwagen transportiert; schon daran konnte man erkennen, dass sie über ausgezeichnete Beziehungen verfügten. In Posen, erfuhr ich später, besaßen sie einen nagelneuen Austro Baby Steyr. Den mussten sie freilich zurücklassen.

Mein Vater traf Vorkehrungen, damit die Russen nicht ins Haus eindringen konnten. Er brachte an den Türen schwere Balken an und Gitter an den Fenstern. Das führte dazu, dass eines Tages ein zwölfjähriger Russe mit seiner Maschinenpistole durchs Fenster schoss: Die gefürchtete Rote Armee rekrutierte sich auch aus Kindern. Sogar Mädchen waren dabei.

In der deutschen Wehrmacht konnte man mit vierzehn, fünfzehn Jahren eingezogen werden; in der Roten Armee offenbar noch früher. Mein Vater schüttete diesem Kind in einer Uniform, die ihm viel zu groß war, einen Kübel Wasser hinaus. Der kleine Russe brüllte und drohte mit seinen Fäusten.

Mein Vater brüllte zurück:

„Bring mich doch um! Bring mich doch einfach um!“

Wegen seiner Schwerhörigkeit neigte er dazu, sehr laut

zu sprechen. Und wenn er brüllte, war das wie der Donner eines Gewitters. Der kleine Russe trollte sich und tauchte nie wieder auf.

Die Schwerhörigkeit meines Vaters hatte auch ihr Gutes: Sie bewahrte ihn vor der Front. Trotzdem war sie im Krieg ein Problem. Wenn eine Ansprache Hitlers im Radio übertragen wurde, musste ich immer laut erklären, was der Führer gerade gesagt hatte. Vieles verstand mein Vater falsch – oder wollte es falsch verstehen.

Bis wir ausgebombt wurden, hatten wir ein gutes Radio, ein Kapsch, keinen Volksempfänger. Wir konnten damit alle Feindsender empfangen. Das war natürlich nicht ungefährlich. Weil mein Vater schwerhörig war, saßen wir mit zwei Decken über dem Kopf vor dem Empfangsgerät. Es war fürchterlich heiß und stickig unter diesen Decken. Aber auf diese Weise hörte ich zum ersten Mal Glenn Miller, Count Basie, Duke Ellington und Benny Goodman.

Zu Sylvester 1944 durfte ich aufbleiben. Als Hitler ins All dröhnte, dass ihm die Vorsehung so schwere Prüfungen auferlegt habe, weil er zu Höchstem berufen sei, schrie mein Vater sein Bedauern über das missglückte Attentat hinaus. Als der Führer behauptete, es sei seine einzige Sorge, das deutsche Volk durch diese Zeit der Not hindurch zu führen, um ihm „das Tor in jene Zukunft zu öffnen, an die wir alle glauben, für die wir kämpfen und arbeiten", brüllte mein Vater, es gäbe keine Not, die nicht dieser vermaledeite Maler und Anstreicher verursacht hätte. Aber als sich Hitler im Zusammenhang mit seiner Rettung und dem Endsieg auf den Herrgott berief, war mein Vater nicht mehr zu halten.

Er richtete sich auf und donnerte:

„Die Hölle soll ihn holen!"

Das war wahrscheinlich im ganzen Cottageviertel zu hören.

Ich liebte meinen Vater. Er nahm sich selten ein Blatt vor den Mund, und die Direktheit, mit der er seine Meinung vertrat, nötigte mir Hochachtung ab. Er war in vielerlei Hinsicht mein Vorbild. Jenseits seiner schnörkellosen Geradlinigkeit, die, weil er immer sehr laut sprach, von manchen als Grobheit empfunden wurde, war er ein sanfter, geduldiger Mann, der seine Arbeit mit akribischer Genauigkeit erledigte.

Er hatte immer Zeit für mich. Er hörte mir immer zu, auch wenn ihm Zuhören generell schwer fiel. Er ermutigte mich; und obwohl meine Berufswahl völlig außerhalb seiner Erfahrung lag und für ihn nur schwer nachzuvollziehen war, bestärkte er mich darin, meinen eigenen Weg zu gehen.

Meine Zwillingsschwester und ich kamen am 8. August 1929 zur Welt. An diesem Tag brach das deutsche Luftschiff „Graf Zeppelin" zu seiner ersten Weltumrundung auf. Die Wiener Symphoniker gaben ein Konzert mit eingängigen Strauß- und Lanner-Melodien. Unsere Geburt trat fast zwei Monate zu früh ein, weshalb wir in der „Reichsanstalt für Mutter- und Säuglingsfürsorge Glanzing" in einen Brutkasten gesteckt wurden. Damals waren Brutkästen kleine, mit Wichsleinwandpolstern ausgekleidete Bettchen unter einer Glaskuppel mit Luftlöchern. Innen gab es eine Bestrahlungslampe. Wir wurden ständig mit Nivea Creme eingerieben.

Obwohl das die heutige Entwicklungspsychologie für sehr unwahrscheinlich hält, kann ich mich noch an den Geruch der Creme erinnern. Ich kann mich auch erinnern, dass auf der Glaskuppel Fettflecke von den Nasen waren, die Verwandte daran plattgedrückt hatten.

Auch als wir den Brutkasten nicht mehr benötigten, waren meine Schwester und ich noch lange In Behandlung. In Glanzing war man sehr stolz darauf, uns das Leben gerettet zu haben. Obwohl es sich um eine Stiftung des alten Kaisers handelte, sperrten die Nazis das Kinderkrankenhaus bald nach dem Anschluss zu. Den Ausschlag dürfte gegeben haben, dass es so viele jüdische Ärzte dort gab, dass, nachdem man sie vertrieben hatte, fast niemand mehr da war, der sich um die Patienten kümmern hätte können. Für mich war das der letzte Anstoß, mich niemals von diesen Leuten gängeln zu lassen.

Nach dem Krieg sperrte die Stadt Wien Glanzing zwar wieder auf, aber vor ein paar Jahren war es endgültig aus. Das Krankenhaus war weltberühmt für seine neonatologische Intensivbehandlung. Das Kind meiner Assistentin wurde hier gerettet – es war drei Monate zu früh dran. Später heiratete diese Assistentin einen italienischen Baron. Sie wohnte in einem Palais in Florenz. Dann stellte ihnen die Stadt Gemeindebauten vors Schloss. Jetzt sehen sie, wenn sie aus dem Fenster schauen, Gemeindebauten. Und die Leute in den Gemeindebauten sehen, wenn sie aus dem Fenster schauen, ein Schloss.

Das nenne ich Gerechtigkeit.

Für die Entscheidung, Glanzing zu schließen, sollte man den Bürgermeister noch nachträglich aus dem Fenster schmeißen. Und den Gesundheitsstadtrat. Und sämtliche Gemeinderäte, die das mitbeschlossen haben. Leute aus der ganzen Welt kamen nach Wien, um ihre Kinder in diesem hochspezialisierten Spital behandeln zu lassen – und die Bürokratie sperrte es einfach zu. Mit dem Argument, dass wir ohnedies die Semmelweis-Klinik hätten. Aber die Semmelweis-Klinik werden sie sicher auch noch zusperren. Weil es ja so viele Spitäler gibt.

Ständig wird darüber gejammert, wie viel Geld das kostet. Mit dem Geld, das sich Bund und Stadt da ersparen, wollen sie wahrscheinlich Fußballstadien bauen oder sechsspurige Stelzen-Autobahnen mitten durch Wohngebiete.

Meine Zwillingsschwester hieß Hilde; Hildegard Anna steht auf dem Taufschein. Ich heiße mit ganzem Namen Josef Maria Rudolf. Meine Eltern meinten offenbar, noch in der Monarchie zu leben. Oder sie hofften, dass aus uns eines Tages aufrechte Monarchisten werden. Der Plan ging fast auf. Im Krieg gründete ich eine Partei, die „Revolutionäre Monarchistische Partei RMP". Der erste und wichtigste Punkt des Parteiprogramms war die Vertreibung aller Habsburger. Es sollte ein Volkskaiser gewählt und eine Demokratie nach englischem Muster errichtet werden. Wie die funktionierte, wusste ich aus dem Radio.

1944, ein paar Tage bevor wir ausgebombt wurden, lieh ich mir in der Bibliothek der österreichischen Straßenbahnen in der Grinzinger Allee „Das Kapital" von Karl Marx aus. Ich kam nie dazu, es zu lesen; auch später nicht. Mir ging es weniger um das Buch, als um die Mutprobe: „Das Kapital" stand auf dem Index. Dann fiel die Bombe auf unser Haus, und das Buch war ebenso verschwunden wie meine alten Zeichnungen, meine Bücher, meine Schulhefte und die wenigen Kleider, die ich besaß.

Also ging ich in die Bücherei und sagte:

„Entschuldigen Sie bitte, aber das Kapital ist weg!"

„Das macht nichts", antwortete der Bibliothekar, nachdem ich ihm den Bombenschein gezeigt hatte.

„Wir kriegen bestimmt ein neues."

So war Wien damals; und ein wenig ist es auch heute noch so. 1933 war „Das Kapital" in einer Aktion wider den deutschen Geist öffentlich verbrannt worden, aber in einer kleinen österreichischen Bibliothek konnte man es sich zehn Jahre später noch immer problemlos ausborgen. Genauso wie die Bücher von Karl May, die ebenfalls verboten waren. Aber die hatte ich schon alle gelesen.

Karl May war wegen seines katholischen Gedankenguts verpönt. Und wegen seines pazifistischen Gedankenguts. Und wegen der Verhöhnung der Rassenidee. Und weil Karl May angeblich gegen Imperialismus, Gewaltpolitik, Machtstaat und Kolonialismus geschrieben hatte. Folgerichtig wurden ein paar Jahre später seine Bücher auch in der DDR verboten. Aus den exakt gegenteiligen Gründen.

Die Bibliothek der österreichischen Straßenbahn in der Grinzinger Allee war überhaupt eine Fundgrube. Sie war im Verwaltungsgebäude der Remise untergebracht. Dort gab es deutschsprachige Kriminalromane, die in Amerika oder in England spielten; auch sie natürlich alle verboten. Ohne sie hätte ich mir meine Grundkenntnisse über Gangster erst viel später aneignen können.

Damals war ja vieles verboten; sogar manche Kochbücher.

Nach dem Krieg war nur noch wenig verboten. Aber während man bis 1945 mühelos zwischen Nazis und halbwegs anständigen Menschen unterscheiden konnte, verschwammen danach die Grenzen. Es gab ein paar, die noch immer Nazis waren und für immer Nazis bleiben würden. Aber der große Rest redete sich und allen anderen ein, mit der Hitlerei nie etwas zu tun gehabt zu haben.

Der große Rest übte sich in Lauheit, in Gleichgültigkeit, in Apathie, in Interesselosigkeit. Der große Rest war indifferent. Meine Provokationen gingen oft ins Leere.

Einmal, in der Loos Bar, stimmte ich das Horst Wessel-Lied an:

„Die Fahne hoch / Die Reihen fest geschlossen / SA marschiert / Mit ruhig festem Schritt...."

Die Leute schauten kaum von ihrem Bier auf – oder was immer sie in ihren Gläsern hatten. Da warf sich plötzlich ein kleinwüchsiger Mann auf mich und versuchte mich zu erwürgen.

Teddy Podgorski, mit dem ich gekommen war, bemühte sich, die Hände dieses Verrückten von meinem Hals zu lösen, aber es gelang ihm nicht. Qualtinger stand daneben und lachte. Er fand das alles sehr lustig. Schließlich rammte Teddy dem Zwerg den Ellenbogen in die Rippen – und endlich ließ dieser los. Ich war ganz rot im Gesicht und konnte kaum atmen. Es stellte sich heraus, dass der Zwerg Fritz Hochwälder war, der Autor des „Heiligen Experiments".

Hochwälder musste 1938 aus Österreich flüchten. Es gelang ihm, sich bis nach Vorarlberg durchzuschlagen und durch den Rhein schwimmend zu entkommen. In der Schweiz wurde er allerdings sofort interniert. Kein Wunder, dass ihn das Horst Wessel-Lied auf die Palme brachte; aus irgendeinem Grund hatten wir uns bis dahin nicht kennengelernt. Hätte er mich gekannt, hätte er gewusst, dass er keinen Nazi vor sich hatte, sondern einen Verrückten, der die Leute provozieren wollte.

Sich vor 1945 „Das Kapital" auszuborgen, hatte für mich die gleiche Qualität, wie nach 1945 in einer Bar Nazi-Lieder zu singen. Ich sah mich als Individualisten. Als Gedanken-Freibeuter. Ich machte, was mir gerade einfiel. Für die meisten Leute empfand ich bloß Abscheu. Was diese Tramway-Schaffner, diese Schlafwagen-Oberkellner, diese Blindschleichen-Akrobaten von mir dachten, war mir völlig egal. Ich hatte meinen eigenen Moralkodex – die allgemein geltenden Regeln interessierten mich nicht.

Aber in der Loos Bar wäre das beinahe schiefgegangen.

5

Bei uns zu Hause gab es keine Bilder. Den einzigen Bezug zur Malerei stellte meine Tante Elsa dar. Die Schwester meiner Mutter war mit einem Restaurator des Kunsthistorischen Museums verheiratet. Und sie kaschierte für die Galerie Wolfrum Kunstdrucke auf. Dabei durfte ich öfters zuschauen. Reproduktionen von Brueghel und Rembrandt waren die ersten Bilder, die ich sah.

Irgendwann erwarben meine Eltern den „Früchtetanz“ von Peter Paul Rubens; vielleicht bekamen sie ihn auch von Tante Elsa geschenkt. Und noch später hing bei uns die „Bauernhochzeit“ von Brueghel. Das war alles: Reproduktionen; kein Schund zwar, aber nicht mehr.

Wenn man heute die Wohnung irgendeines Menschen betritt, starren einen meist die furchtbarsten Bilder an, die man sich vorstellen kann. Es ist so entsetzlich, dass man sich geniert, derselben Spezies anzuhören. Das reinste Gruselkabinett. Nicht ausgeschlossen, dass dazwischen mittlerweile ein Mikl hängt.

Meine Tante Elsa und ihr Mann kamen in den letzten Kriegstagen im Stalinorgelbeschuss um. Jemand von der Galerie Wolfrum bat meine Mutter, deren Aufgabe zu übernehmen. Für meine Mutter war das eine wunderbare Sache; sie musste nicht in die Fabrik arbeiten gehen.

Kunstdrucke waren damals sehr begehrt; nicht nur für zuhause, auch fürs Büro. Ein echtes Bild hätte sich in jenen Tagen niemand leisten können. Eine Zeitlang durfte auch ich helfen; es war keine Hexerei. Aber die Galerie konnte nur wenig Geld fürs Aufkaschieren bezahlen. Und da ich studieren wollte, arbeitete ich lieber auf dem Bau. Dort konnte man viel mehr verdienen.

Bevor ich die Akademie besuchte, ging ich auf die „Graphische". Ihr richtiger Name lautet: Höhere Graphische Bundes-Lehr- und Versuchsanstalt. Aber kein Mensch nannte sie so. Mittlerweile firmiert sie sogar hochoffiziell unter der Kurzbezeichnung. Bevor ich in diese Schule eintrat, überlegte ich lange, was ich eines Tages beruflich machen könnte. Ich dachte daran, Plakate zu gestalten, Bücher, Einbände. Aber es stellte sich heraus, dass der Unterricht Kreativität eher abwürgte als förderte. Dazu kam, dass meine Lehrer allesamt alte Nazis waren. Von dem ganzen völkischen Plunder hatten sie sich noch lange nicht befreit – und würden es wahrscheinlich auch nie tun.

Das war 1946. Man konnte diese Lehrer nicht hinauswerfen, weil es keine anderen gab. Ein paar waren sogar recht liebenswürdige Menschen. Aber alle waren sie verseucht vom Nationalsozialismus. Und alle waren sie Künstlerhausmitglieder. Nach zwei Jahren wechselte ich frustriert auf die Akademie.

Vor lauter Angst, nicht angenommen worden zu sein, traute ich mich zwei Wochen lang nicht, auf der Tafel nachzusehen, auf der die Namen der neuen Studenten aufgeführt waren. Als ich es endlich riskierte, sprach mich ein kleiner, dunkelhaariger Mann mit einem etwas verkniffenen Gesichtsausdruck an: „Was machen Sie denn da mit Ihren Röhrln, das sind doch keine Akte!"

So lernte ich Josef Dobrowsky, meinen Professor, kennen.

Die Röhrln waren nicht in meinem Kopf entstanden. Sie waren nicht das Ergebnis hochgestochener Grübelei: Es verhielt sich viel banaler. Ich war damals oft in Aspern. Mein Onkel Franz, mein Onkel Josef und mein Vater bauten ein Haus. Sie waren Maurer, bis auf Onkel Josef, der im Elektrizitätswerk beschäftigt war. Es sollte ein Haus für die ganze Familie werden.

In der Nähe war ein Flugzeug abgestürzt. Ein amerikanisches, ein Bomber, eine viermotorige Fliegende Festung. Die herumliegenden Trümmer übten eine ungeheure Anziehungskraft auf mich aus. Ich war ständig dort und zeichnete. Irgendjemand meldete der Polizei, dass sich ein junger Bursche merkwürdig verhielte; ein paar Polizisten kamen und nahmen mich fest. Sie sperrten mich ein, weil sie glaubten, ich sei ein Spion.

Das war 1944, ich war fünfzehn Jahre alt. Zu diesem Zeitpunkt war ich bereits untergetaucht, damit ich nicht einrücken musste. Ich zitterte dem Moment entgegen, an dem die Polizisten das herausfinden würden. Aber nach zwei Stunden ließen sie mich wieder frei. Sie hatten sich überzeugt, dass ich doch kein Spion war. Aber dort, bei diesem abgestürzten Flugzeug, entdeckte ich die Formen, die Josef Dobrowsky vier Jahre später irritieren sollten.

Nach dem Krieg hatte ich mehr als genug Anschauungsmaterial. Überall lagen alte ausgebrannte Tanks und Panzerwagen und kaputte Motorräder herum. Und ich zeichnete sie. Geblieben sind davon die Röhrenbilder. Eine Woche lang zeichnete ich nichts anderes als ein Scherenfernrohr, bei dem die Optik fehlte.

Ein Scherenfernrohr hat eine ausziehbare Mechanik, auf die ein Fernglas montiert ist. Es sieht ein bisschen aus wie ein Operngucker, also eine Art Feldstecher für Zwerge. Sein Zweck besteht darin, den Feind (oder was immer) beobachten zu können, ohne seinen Kopf aus der Deckung stecken zu müssen. Das funktioniert mittels einer Spiegeltechnik. Solche Dinge lagen nach dem Krieg massenweise herum. Es gab ungeheuer viel Schrott. Riesige Mengen an Kriegsmaterial. Bis alles eingesammelt war, fesselte es mein Interesse. Und so fing alles an.

Ich sah in diesen Relikten kein Kriegsmaterial. Ich war nicht etwa abgestoßen davon. Ich hatte auch keine moralischen Vorbehalte dagegen. Was ich machte, war kein Statement gegen den Krieg. Gegen die Zerstörung. Gegen den Hass. Nein, es war einfach das, was ich vor Augen hatte.

Mir gefielen die Formen. In den Zukunftsromanen, die ich damals mit Begeisterung las, war oft von Raketen die Rede. Für mich ist das die ideale Form überhaupt: rund, vorne spitz und hinten stumpf. Und als ich diese Formen, diese Röhren, immer wieder in meinen Zeichnungen verwendete, egal ob es sich um Akte oder Stillleben oder Landschaften handelte, erntete ich bei Dobrowsky und vielen anderen verständnisloses, aber nachsichtiges Kopfschütteln.

6

Große Kriege verursachen große Veränderungen. Weltkriege verändern die ganze Welt. Die Frage ist nur: Wussten das auch unsere Politiker? Waren sie anders – oder waren sie wie frühere Politiker? Hatten sie genug Phantasie, sich vorzustellen, dass die Welt nie mehr so sein würde wie zuvor? Dass alles in einem atemberaubenden Tempo zugrunde gehen würde? Ahnten sie, dass es bald immer größere, schnellere, monströsere Maschinen geben würde – die immer größere, immer monströsere Löcher in die Welt fressen würden? Konnten sie sich vorstellen, was die Gier der Macher anrichten würde? Rechneten sie mit den irreversiblen Folgen? Konnten sie sich das Ausmaß an Ausbeutung vorstellen? Das Ausmaß an Perversion?

Konnten sie sich den kleinen Tischler in der Großtischlerei als letztes Refugium ehrlicher handwerklicher Arbeit vorstellen? Konnten sie sich vorstellen, dass es keine Schuhmacher, Schneider, Sattler, Drechsler, Buchbinder, dass es so gut wie keine Handwerker mehr geben würde? Ahnten sie, dass die Gärtner, die Greißler und sogar die Hausärzte verschwinden würden? Dass die Bauernkinder in Scharen von ihren Höfen abwandern würden? Dass unsere Gasthäuser durch Resopal-Schweinereien und Verbundfenster ihren Charakter verlieren, ihre Gastgärten zu Parkplätzen demoliert würden? Dass die Architekten ihr Handwerk verlernen könnten? Dass sie nur noch imstande wären, alles schrankenlos niederzureißen? Ahnten sie, dass diese Niedertracht auch noch belohnt werden würde und erhalten bliebe?

Ein altes Sprichwort besagt, das Handwerk habe golde-
 nen Boden. Aber wo das Handwerk verschwindet, ver-

schwindet auch dieser Boden. Wir leben heute auf einer vergifteten Talmi-Erde. Zusammen mit der Wegwerf-Industrie mit den dazugehörigen Wegwerf-Direktoren und ihren Wegwerf-Gehältern.

Auch die Kunst verliert ihren Boden, wenn das Handwerk in ihr verschwindet. Auch die Kunst ist vergiftet.

„Kunst ist, was bleibt", konnte Gustave Flaubert vor hundertsechzig Jahren noch voller Überzeugung in seinem Tagebuch notieren. Aber mittlerweile ist auch die Kunst zu einer Wegwerf-Kunst geworden. Nicht nur alte, auch neue Werke sind vom Verfall betroffen. Von den in Formaldehydlösung eingelegten Haien Damien Hirsts löst sich schon nach wenigen Jahren die Haut vom Fischkörper ab, der Fisch zersetzt sich, und übrig bleibt eine trübe Brühe – Kunst? Die aus Schokolade, Käse und Brot hergestellten Werke von Dieter Roth verwesen, wie der Künstler es vorausgesehen hat: Der Verfallsprozess soll sie vollenden – Kunst? Für den Künstler, der für eine Biennale eine Wandinstallation herstellt, ist eine Lebensdauer von drei Monaten schon lang. Danach wird die Arbeit günstigstenfalls gelagert, meist jedoch bei nächster Gelegenheit entsorgt.

Das Handwerkliche der Kunst – sorgfältige, fachgerechte Ausführung, die Verwendung der besten Materialien, Dauerhaftigkeit – scheint für viele Künstler kein Thema mehr zu sein. Aber Kunst ist Handwerk, ihr Inhalt bloß der Auftrag für den jeweiligen Ausführenden. Ob aus dem, was einer macht, Kunst wird, hängt von seinem Charakter und seiner Gesinnung ab. Wer denken lernen will – und Denken ist ebenfalls Handwerk –, sollte den Unterschied zwischen Franz Anton Maulbertsch und Hans Makart, zwischen Fritz Wotruba und Arno Breker denken lernen. Von diesen Differenzen lebt die Kunst!

Die Frage ist: Wussten die Künstler von den bevorstehenden Veränderungen nach 1945? Ahnten sie, dass die Druckgraphik zur Wegwerfgrafik werden könnte? Der Kunsthandel zum Friedhof der jungen Meister? Dass die Reproduktion gewinnen würde, der Abguss, die Fälschung? Dass Leuchtstoffröhren und Fernsehlicht unser Licht werden würden? Wussten sie, dass es in unseren Museen kein Tageslicht mehr geben könnte? Dass die Farbenblindheit zunehmen würde?

Man sagt, Wissen sei Macht. Zuerst aber ist Wissen Pflicht!

Als ich die Graphische besuchte, war diese Lehranstalt für den Offset- und den Steindruck erstklassig eingerichtet. Es gab qualitätsvolle, lichtbeständige Farben, die sich ausgezeichnet mischen ließen – nicht diese gleichgeschaltete Zwergen-Skala, auf die man sich später beschränken musste. An den Maschinen konnte man üben, auf Steinen und Folien arbeiten. Das war noch so während der großen Zeit der Galerie St. Stephan, für die ich die Plakate – meine und fast alle anderen – druckte. Wie die Wiener Raunzer mit den Lithographien, Holzschnitten und Foliendrucken auf den Gewista-Plakatwänden umgingen, steht auf einem anderen Blatt.

Damals stand in der Graphischen eine großartige, halbautomatische Seifert-Lithopresse für schwere Steine, wie sie auch Toulouse-Lautrec verwendet hat. Für meine großen Bogenplakate war sie sehr gut zu gebrauchen. Dann wurde eine neue Schule gebaut, und diese unersetzbare Maschine zerschlagen. Meine letzten Folienplakate druckte die Mettenverlag-Druckerei. Aber auch diese Anstalt ist natürlich längst verschwunden – in dieser Welt hat nur der Pofel Bestand.

Ich kann nicht sagen, wie weit mich die damalige politische Situation dazu brachte, ausgerechnet Künstler zu werden – dieses Zudecken der Vergangenheit, dieses Ignorieren, dieses stillschweigende Integrieren der alten Nazis. Ich kann nicht sagen, wie weit das eine Triebkraft war, etwas dagegen zu unternehmen. Ich glaube, ich war schon damals überzeugt, dass meine Kunst nichts bewirken würde, jedenfalls nicht im politischen Sinn. Trotzdem steckte hinter der Entscheidung, eine künstlerische Laufbahn zu ergreifen, auch eine Art von Widerstand.

Aber mehr als über die Malerei, oder vielleicht nicht mehr, sondern direkter, habe ich mich über die Karikatur und die Figur der Hawranek gegen die Zustände zur Wehr gesetzt.

Es war ein quasi angeborener Widerstand, eine Art Vererbung. Ich wollte einer Gesellschaft, die ich nicht achten konnte, keine Bilder schenken. Ich wollte mit meinen Bildern nicht gefallen. Nicht diesen Leuten. Nicht diesen Leuten, die ich für dumpf und dumm hielt. Diese Leute wollte ich höchstens provozieren.

Vielleicht ist dumm auch nicht der richtige Ausdruck. Wahrscheinlich müsste man eher unaufgeklärt sagen. Aber schon Schopenhauer wusste, dass die Menschen mit der Aufklärung nichts anfangen können. Sie wissen davon, aber dann lesen sie den ganzen Müll in der Zeitung; vor allem in der Hausmeister-Zeitung.

Als nach der Aufklärung die Zeitungen über die Menschen kamen, war das wie ein Rückfall in die Despotie. Dann kamen das Fernsehen, die Computer, das Internet, Facebook und der ganze Plunder. Für mich ist das Beweis genug: Die Menschen wollen ihre Aufklärung gar nicht! Sonst könnten sie sich aufklären. Die Menschen fühlen sich wohl, wenn sie unten gehalten werden. Sonst würden sie sich nicht einlullen lassen. Sie würden nicht den ganzen Müll kaufen, der auf glatten Werbeseiten angeboten wird. Sie würden keine Autos mit hinuntergerückten Stoßdämpfern kaufen. Keine Sitzmöbel, für die ein gestörter Designer eine neue Beule entworfen hat.

Die Gesellschaft ist eine uns aufgezwungene Konvention mit schlechten Manieren; ungefähr so nötig wie eine Tanzschule. Die Leute wollen Walzer tanzen lernen. Dafür zahlen sie – man nennt es Steuern. Die Gesellschaft ist ein massives Hindernis auf dem Weg ins Paradies. Karl Kraus hat einmal geschrieben, die Familie sei ein Eingriff ins Privatleben. So ähnlich sehe ich die Gesellschaft: Eine uns aufgezwungene Familie, die wir nicht haben wollen – und die uns nicht haben will. Eine Zwangsbeglückung ohne Glück.

Die Kunst spielt bei all dem keine Rolle. Es gibt nicht den geringsten Beweis, dass die Figuren von Michelangelo und Donatello oder die Bilder von Altdorfer und Kokoschka je irgendeinen Einfluss auf die Gesellschaft gehabt hätten. Hätte es diesen Einfluss gegeben, hätte sich die Gesellschaft verändern müssen. Auch das Volkstheater verändert nichts, ebenso wenig das Burgtheater. Die Gesellschaft hält sich diese Institutionen nur für ihre Auftritte. In der Malerei bewegt sie sich auf dem Niveau der Dekoration. Sie ist gerade erst bei Klimt angekommen. Alles, was darüber hinausgeht, ist ihr zu hoch.

Schon ganz am Anfang meiner Karriere redete ich mir ein, dass Kunst nur für die Zukunft gemacht werde. Aber in Wahrheit glaube ich nicht einmal das. In Wahrheit belüge ich mich da nur selbst. Ich bin nämlich fast sicher, dass es auch in Zukunft nicht mehr Menschen geben wird, die einen Zugang zur Kunst haben werden. Es werden weiterhin nur einige wenige sein, so wie es in Rom immer einige wenige Pinien geben wird.

Die guten Leute sterben nicht aus, das nicht. Das Problem ist, dass die verkommenen immer mehr werden. Und wenn diese ganze Bagage eines Tages wieder in Höhlen sitzen wird, um an Knochen zu kauen, werden die neuen Malereien an den Wänden der Höhlen genauso wenig Beachtung finden wie jetzt – und die Kritiken werden wie seit jeher in den Sand geschrieben sein.

Aber da Kunst keinesfalls für jetzt sein konnte, redete ich mir ein, sie eben für später zu machen. Pizza, Fußball, Zitroneneis, das war für jetzt. Damit konnte ich mich abfinden. Damit musste ich leben. Also übte ich mich in Geduld. Also konzentrierte ich mich darauf, meinen eigenen Ansprüchen gerecht zu werden. Ich setzte alles, was ich hatte, dafür ein, wenigstens ein guter, ehrlicher Handwerker zu sein. Denn man weiß nicht, weiß es bis zur letzten Sekunde seines Lebens nicht, ob man Kunst produziert hat oder nicht.

Aber das darf man einem Galeristen oder einem Salonmaler nie verraten. Denn die wissen: Wenn sie tot sind, sind sie tot – für sie gibt es keine Zukunft.

Für sie gibt es kein Entkommen.

7

1945 lag die Zivilisation im Koma; aber die Kunst kollabierte nicht.

Schon wenige Tage nach Kriegsende spielten wieder die Theater – und es gab mehr Bühnen als jemals davor und danach. Eine Gründerzeit ohnegleichen begann. So rasch konnten die Filmgesellschaften gar nicht Pleite gehen, wie sie gegründet wurden. In einer Zeit, in der es keine Glasscheiben in den Fenstern gab, hatten die Leute offenbar keine anderen Sorgen, als Verlage zu gründen und Kunstzeitschriften zu verlegen. Und das, obwohl alliierte Zensur und eine strenge Bewirtschaftung für Papier und Druckfarbe die Sache nicht gerade erleichterte. Aber damals wurden mehr Monographien, Mappenwerke, Gedichtbände und Anthologien herausgegeben als zehn Jahre später, als es den meisten Leuten schon wieder halbwegs gut ging.

Die Gründer der unter den Nazis verbotenen Zeitschrift PLAN schrieben:

„Wir sind nicht nur materiell arm geworden, wir sind auch geistig verarmt. Die Parole heißt nun: Arbeit, Aktivität, Leistung. Wir rufen die unbekannte geistige Jugend!"

Und die Jugend folgte diesem Ruf. Begeistert. Der Befund geistiger Armut war im Übrigen völlig falsch: Nie zuvor und nie mehr danach hatte die Kunst einen höheren Stellenwert – und zieh damit alle Stimmen der Lüge, die sie als einen Luxus hinstellen wollten, der einen satten Bauch voraussetzt.

Und geistige Armut hatte es schon vorher gegeben – und würde es weiterhin geben. In den sieben Jahren des Tausendjährigen Reichs war sie sogar Programm gewesen.

Mit der Entnazifizierung ließ sich die Gesinnung vieler Menschen natürlich nicht austreiben. Und die Gesinnungslosigkeit ließ sich damit schon gar nicht austreiben. Dazu ging alles viel zu schnell. Dazu ging alles viel zu wenig in die Tiefe. Dazu war es viel zu sehr von außen aufgezwungen; man wollte es nur schnell hinter sich bringen. Die Wendehälse hatten Hochsaison. Innerhalb kürzester Zeit konnten sich die Schmalspur-Pinsler, die mit ihren unsäglichen Bildern zum Ruhm des Großdeutschen Reichs beigetragen hatten, nicht mehr daran erinnern, je etwas anderes als Kunst gemacht zu haben. Politik? Damit hatten sie doch nie etwas zu tun gehabt!

Die vorgebliche Distanzierung von nationalsozialistischem Gedankengut gelang problemlos den meisten Kritikern, zahllosen Kunsthistorikern und Zeitungsschreibern und so gut wie allen Schauspielern, Dichtern, Komponisten und Musikern. In geradezu atemberaubender Geschwindigkeit schlüpften sie aus ihren braunen Kleidern und waren nur noch berühmte Künstler.

Die Maler und Bildhauer taten sich da schon viel schwerer. Vielleicht, weil sich Bilder stärker im Unterbewusstsein festsetzen als andere Kulturfunktionen – was die Nazis übrigens ganz genau gewusst hatten. Die meisten ehemaligen Blut- und Bodenmaler gingen jedenfalls sang- und klanglos in Bedeutungslosigkeit unter, mit ihrem Einfluss war es schlagartig vorbei. Sie sammelten sich im Künstlerhaus, um die Zeitschrift „Kunst ins Volk" und in der „Liga gegen Entartete Kunst".

Den Schauspielern, Dirigenten, Musikern wurde von einer vergesslichen Öffentlichkeit alles verziehen. Den Malern nichts. Für die war alles aus. Niemand nahm ihnen ab, dass sie, wenn sie plötzlich ganz anders malten als anno dazumal im „Haus der Kunst", andere Menschen wären. Ein böser Irrtum! Das „Niemals wieder!", das in fast allen Bereichen ein hohles Lippenbekenntnis blieb, fegte sie hinweg.

1945 fiel das öffentliche Kunstleben von einem Tag auf den anderen in die Hände von uns Jungen. Auf allen anderen Gebieten machten die Alten einfach weiter, als wäre nichts geschehen. Aber bei der bildenden Kunst gab es wirklich eine Zäsur. Und jung waren wir wirklich, alle zwischen 1928 und 1930 geboren, also nach dem Krieg gerade erst 16, 17, 18 Jahre alt. Wie aus dem Nichts waren wir plötzlich da: Hutter, Fruhmann, Hundertwasser, Hrdlicka, Lehmden, Hollegha, Brauer, Fuchs, Rainer – und ich. Eine Generation hochsensibler Naturen, denen der Kriegsschock und das Nachkriegserlebnis noch in den Knochen steckte.

Wir hatten alle unsere inneren Verletzungen. Der Bombenkeller war unser Spielplatz gewesen, der totale Krieg unser Alltag, der politische Terror unsere Kindheit. Es ist nicht ausgeschlossen, dass es gerade dieser seelische Druck war, der besondere Begabungen bloßlegte. Wir waren alle von Anfang an Könner, wie von selbst ausgestattet mit einer stupenden Maltechnik.

Die Art, wie wir zur Kunst kamen, war abenteuerlich, wirkte zufällig, war aber zwangsläufig: Anton Lehmden gelangte 1945 als Siebzehnjähriger auf dem Waggondach eines Zuges von Preßburg nach Wien, mit einer Mappe voller Zeichnungen, die er für die Aufnahmeprüfung an der Akademie mitgebracht hatte.

Auch an der Akademie hatte sich mit Kriegsende ein dramatischer Wandel vollzogen. Herbert Boeckl, der nun Rektor war, hatte sich mittels des Abendakts durch die Nazizeit gerettet. Der Abendakt, bald legendär, ja geradezu mythisch verklärt, war nun so etwas wie eine Schule in der Schule. Für zwei Stunden täglich saß hier alles beisammen, was sich an der Akademie herumtrieb. Es war ein Wettbewerb der Schulauffassungen und Richtungen, und wer dort etwas galt, genoss allgemeines Ansehen. Zu diesem inneren Kreis zählten durchwegs Künstler, die später bekannt wurden: Alfred Hrdlicka, Rudolf Schönwald, Ernst Fuchs, Arik Brauer, Joannis Avramidis, Giselbert Hoke, Heinz Klima – und, ja, auch ich. Wir waren die Stars des Abendakts; Stars, die sich gegenseitig misstrauisch belauerten.

Mit unverhohlener Neugier beobachtete jeder das Tun der anderen. Diese permanente Vergleichsmöglichkeit war es vor allem, was uns antrieb. Es war aber nicht nur eine künstlerische Auseinandersetzung, auch eine politische. Die Diskussionen waren laut, frech und impulsiv. Wir stritten von früh bis spät.

Meist ging es um Tagespolitik. Die Dobrowsky-Klasse war ein wildes Sammelsurium ganz verschiedener Talente und Temperamente und politischer Gesinnungen. In meiner Erinnerung haben wir mehr politisiert als gemalt. Dobrowsky war ratlos ob der ständig schwelenden Rebellion in seiner Klasse. Ich war seine größte künstlerische Hoffnung (auch wenn er keine Ahnung hatte, worum es mir ging), aber auch seine größte menschliche Enttäuschung (gerade weil er keine Ahnung hatte, worum es mir ging). Er verstand überhaupt nicht, was mich antrieb, worauf ich abzielte – aber er fand immerhin, dass ich die besten Anlagen hätte, es zu tun.

„Wenn der junge Künstler lernt, aus dem banalsten Gegenstand die Schönheit herauszulesen, wenn er sie zu bewahren versteht, dann ist ihm eine wesentliche Aufgabe schon gelungen."

Herbert Boeckl war, wie Fritz Wotruba es ausdrückte, ein durch eine Begabung ausgezeichneter Mensch, der über einen riesigen Körper und ein ängstliches Herz triumphierte. Er hatte etwas von einem Priester, und seine Unterweisungen erinnerten an ein Hochamt. Herbert Boeckl war nie ein Nazi gewesen. Er hatte den Nazis nie nach dem Maul geredet. Er hatte im Gegenteil einer ganzen Menge Leuten das Leben gerettet, weil er den Gauleiter von Kärnten persönlich kannte. Er hatte in der Nazizeit praktisch geheim gemalt und nie ausgestellt. Aber er war Parteimitglied gewesen, und das hing ihm ein Leben lang nach.

Bei Josef Dobrowsky war es gerade umgekehrt: Der hatte in der Hitlerei seine große Zeit erlebt, wurde aber, weil er nie Parteimitglied war, auch nie mit Vorwürfen konfrontiert.

Boeckl mimte an der Akademie den großen Alten, den Einsamen, den Weisen.

„Der Strahl des Göttlichen trifft den Künstler, er ist sozusagen stigmatisiert. Der Strahl verbrennt ihn, und aus der ungeheuren Erhebung stürzt der Künstler in das Nichts."

Ja, so etwas konnte durchaus auch aus seinem Mund kommen. Aber meistens stützte er sich auf einen gesunden Schmäh. Vor allem aber war er ein großartiger Zeichner, in seinem Urteil treffend und böse. Ein strenger Lehrer, wenn auch mit zwei fatalen Neigungen.

Die eine war, dass er zu Monologen neigte. Wenn er einmal anfing, konnte er nicht mehr aufhören zu reden. Die zweite war, dass er gerne in die Zeichnungen seiner Schüler hineinzeichnete. Ich war mir sicher, dass ich das nicht zulassen würde. Aber sicherheitshalber wählte ich immer einen Platz ganz hinten, nahe beim Ausgang. Ganz unten saßen die Unbedarften auf ihren Holzkisten. Boeckl zwängte sich zwischen zwei Schüler und legte los. Während er das vor ihm sitzende Modell skizzierte, redete er die ganze Zeit.

Der Abendakt dauerte zwei Stunden. In der einstündigen Pause dazwischen imitierte ich Boeckl. Ich nahm eine Zeichenmappe in die Hand und begann, wie Boeckl, darauf herum zu kritzeln. Aber trotz dieser frechen Parodie wusste ich genau, wie wichtig er für unsere Generation war. Wir hatten nur wenig Respekt vor den meisten unserer Lehrer – außer vor Boeckl. Ich glaube, wir hatten ihn einfach gern. Er verstand vom Zeichnen mehr als jeder andere. Und er stellte hohe Ansprüche.

Was er von uns Jungen hielt, wusste ich nie. Die meiste Zeit ließ er uns, nachdem er das Modell positioniert hatte, allein. Er hielt sich in einem kleinen Nebenraum auf, der hinter einem halbrund angeordneten Vorhang lag. Wenn Michael Guttenbrunner, ein Lyriker, den die Nazis nicht zu brechen vermocht hatten, vorbeikam, wussten wir, dass wir Boeckl überhaupt nicht mehr zu Gesicht bekommen würden. Während wir zeichneten, stritten er und Guttenbrunner sich lautstark über Gott und die Welt, Politik und Philosophie.

Guttenbrunner hatte eine extreme Aversion gegen Autoritäten. Man hatte ihn aus der Graphischen geworfen, weil er sich geweigert hatte, das Horst Wessel-Lied zu singen; man hatte ihn wegen illegaler Betätigung für die Sozialdemokraten, und weil er einen Offizier geohrfeigt hatte, zum Tode verurteilt, dann aber nur an die Front geschickt, wo er zufällig überlebte.

Wenn Guttenbrunner nicht auftauchte, musste man immer damit rechnen, dass Boeckl aus seinem Zimmer kam und sich an unseren Arbeiten zu schaffen machte. Er zwängte sich zwischen den Holzkisten durch und schaute sich an, was wir fabrizierten. Einmal, ich hatte ihn nicht bemerkt, bis es zu spät war, beugte er sich über mich. Ich drehte meine Mappe zur Seite, damit er meine

Zeichnung nicht sehen, geschweige hineinzeichnen konnte. Er nickte, als wäre das ganz in Ordnung.

Dann sagte er:

„Es gibt zwei Arten von Kunst, was meinen Sie, Herr Kollege?"

Ich antwortete:

„Ja, Herr Professor. Gute und schlechte!"

Mehrere Kommilitonen in unmittelbarer Nähe lachten.

„Da haben Sie nicht Unrecht", schmunzelte auch Boeckl. „Aber ich habe etwas anderes gemeint."

Er richtete sich auf und hob seine Stimme.

„In der ganzen Kunstgeschichte gibt es nur diese beiden Auffassungen. Die eine ist die Auffassung Griechenlands, die die Welt als ein geometrisches Muster sieht. Die andere ist die Auffassung Persiens, Indiens und Chinas, die die Welt als eine Blume sieht. Cézanne und Picasso malen die Welt als Geometrie. Van Gogh, Renoir, Kandinsky und Chagall malen sie als Blume. Ich, beispielsweise, bin ein Geometriker. Ich arbeite Zylinder, Würfel, Dreiecke und Kegel heraus. Die Welt ist für mich Struktur. Ich sehe die Welt erfüllt von Linien und Winkeln. Aber ich sehe sie auch wütend und hässlich und nur gelegentlich schön. Sie erfüllt mich öfter mit Abscheu als mit Freude. Hören Sie mir zu, Herr Kollege?"

Ich nickte bloß. Als ich aufblickte, sah ich, dass die anderen Studenten aufgehört hatten zu zeichnen und gebannt zuhörten.

„Die Welt ist ein schrecklicher Ort", sagte Boeckl leise. „Ich male nicht, um sie als einen schöneren Ort zu zeigen, als er ist. Ich male, um meinen Gedanken darüber, wie elend die Welt in Wahrheit ist, Ausdruck zu geben. Nichts ist wirklich für mich außer meinen Gefühlen. Nichts ist wahr für mich außer meinen Gefühlen, so wie ich sie in meinen Bildern ausdrücke. Ich weiß, dass diese Gefühle wahr sind."

Er machte eine Pause, fuhr sich mit der Hand über das Gesicht und senkte den Kopf.

„Denn wenn sie nicht wahr wären", jetzt flüsterte er fast, aber jeder konnte ihn hören, weil niemand sich bewegte. „Denn wenn sie nicht wahr wären, wären sie eine Kunst, die ebenso schrecklich ist wie die Welt."

Ich holte tief Luft, drehte meinen Bogen um und begann eine neue Skizze. Unser Modell, ein junges, dralles Mädchen, saß ganz still. Der Scheinwerfer, der auf sie gerichtet war, vermittelte den Eindruck, als wäre sie in Sonnenlicht gebadet. Ich schaute sie an und arbeitete mit größter Sorgfalt. Ich übertrug ihren Körper in Striche, Linien und Zeichen. Jede leichte Veränderung der fließenden Formen ihres Körpers erforderte eine Veränderung in der Wahl der Mittel. Ich begann eine dritte Zeichnung.

Herbert Boeckl war inzwischen wieder hinuntergegangen und bedeutete der jungen Frau, sich neu zu positionieren. Sie beugte sich jetzt auf ihrem Stuhl nach vorne, das Gesicht in den Händen. Ihre Brüste hingen schwer herab. Ich fertigte zwei Zeichnungen in dieser Stellung an. Dann stellte sie ein Bein auf den Stuhl und umschlang es mit den Armen. Ihr Kinn ruhte auf dem Knie, ihre Schenkel waren offen. Ich zeichnete sie auch so.

Als nach einer Stunde die Pause begann, hörte ich nicht auf zu zeichnen. Aus meinem Gedächtnis zeichnete ich das Modell weiter und weiter. Wenn eine Zeichnung fertig war, riss ich das Blatt ab und legte es auf den Boden. Boeckl kam, wieder unbemerkt von mir, und hob den Stoß Zeichnungen auf. Das letzte Blatt hielt er hoch.

„Sehen Sie es?" fragte er leise.

Ich sah es.

8

Nach der Graphischen war die Akademie eine deutliche Verbesserung. Es herrschte ein ganz anderer Ton. Aber auch an der Akademie gab es einige Professoren, die mir gegen den Strich gingen, wenn sie auch meist nur stockkonservativ und nicht pathologisch reaktionär waren. Josef Dobrowsky war loyal, bemüht und hilfsbereit, aber kein Lehrer, der einen Lehrplan verfolgt oder den Unterricht in irgendeiner Weise strukturiert hätte. Er war ein Mensch, der ständig stille Verzweiflung verbreitete.

Wie die meisten anderen Professoren der Akademie hatte er den Ersten Weltkrieg überlebt, die Inflation, die Weltwirtschaftskrise, den Ständestaat und schließlich Hitler. Wie viele dieser Generation war er zermürbt. Nachdem er bereits ein hochgeachteter Maler gewesen war, war seine Kunst von einem Tag auf den anderen nicht mehr gefragt.

Dobrowsky hatte irgendwann einmal sogar so etwas wie die Avantgarde repräsentiert – nun liebäugelte er mit der Abstraktion, war aber zu ängstlich, um sie auszuprobieren. Vermutlich fürchtete er sich davor, dass die Leute über ihn lachen könnten. Er kokettierte mit dem Surrealismus, wagte aber auch dieses Experiment nie. Also malte er weiter wie bisher.

Aber in seinem Innersten schätzte er nicht, was er machte. Und deshalb war er auch kein Vorbild. Und deshalb wimmelte es in seiner Klasse von Leuten ganz verschiedener, ja entgegengesetzter Richtungen. Es gab Konstruktivisten und Abstrakte, es gab Naive und Surrealisten, es gab Expressionisten und Realisten und solche, die bloß die Lehramtsprüfung machen wollten. Und dazu gab es Kitschmaler und Kirchenmaler und tumbe Porträtisten.

Die ständigen Konflikte in der Dobrowsky-Klasse führten immer wieder zu Auseinandersetzungen mit dem Rektorat, und als einmal das Wort Streik in der Luft lag, waren wir sofort Feuer und Flamme. Dobrowsky war ratlos angesichts unserer Umtriebe. Aber wenn der Druck von oben zu stark wurde, wenn das Rektorat oder das Ministerium oder wer auch immer auf die Krawalle mit Sanktionen zu reagieren drohte, stellte sich unser Professor stets schützend vor uns.

Damals war alles im Fluss, widersetzte sich jeglicher Schematisierung und Etikettierung. Alle alten Einteilungen waren hoffnungslos überholt. Und da wir mangels Vorbildern selbst herausfinden mussten, welche künstlerischen Einflüsse für uns galten, waren wir ständig auf der Suche nach Gesprächspartnern, nach einem Widerpart, nach Anregern, Förderern und Fordernden. So kam es zu wechselnden Gruppierungen und losen Assoziierungen, zu einem beständigen Klassenwechsel. Denn keiner wusste, was in den anderen Meisterschulen los war; wir wussten nur, was wir nicht wollten, und verfolgten unsere Ziele hartnäckig, ja geradezu trotzig – und nicht selten außerhalb der Akademie.

Ich fühlte mich in der neuen Umgebung wohler, wenn auch nicht wohl. Um mich wohlfühlen zu können, hätte man mir meinen Charakter aus dem Leib reißen müssen. Ich kenne Zufriedenheit, über die manche Leute sagen, sie sei der Gipfel menschlicher Lebensart, nicht einmal im Ansatz. Ich kann mich nicht erinnern, innerlich je ausgeglichen gewesen zu sein und nichts anderes verlangt zu haben als das, was ich habe.

Es war undenkbar für mich, dass ich mich mit den herrschenden Verhältnissen je arrangieren könnte. An der

Welt im Großen wie im Kleinen gab es so viel auszusetzen, dass ich bis an mein Lebensende damit beschäftigt sein würde, dagegen anzukämpfen. Mit Leuten, die das nicht so erlebten, konnte ich nichts anfangen. Denn mir bohrte sich dieses Wissen, dieses Empfinden wie ein Stachel ins Fleisch.

Das zweite, was mich womöglich noch stärker hindert, mich wohlzufühlen, ist, dass ich nachtragend bin. Ich bin rachsüchtig. Ich vergesse nie, was mir jemand angetan hat. Und ich halte überhaupt nichts von Versöhnung. Wie soll das auch gehen? Meine Verletzungen sind mein Kapital – wie könnte ich mein Kapital verschleudern?

Es gibt Leute, die mich allen Ernstes für lustig halten. Leute, denen meine spitzen Bemerkungen, mein Wiener Schmäh, den Eindruck vermittelt, ich würde das aus Spaß machen. Dabei bin ich wütend. Nichts als wütend! Meine Erfahrungen mit den Professoren der Graphischen lagen mir noch immer schwer im Magen, als ich diese Institution längst verlassen hatte. Sie verwandelten sich nach und nach in Hass auf alle Künstlerhauskünstler. Mit diesem Abscheu war ich nicht allein.

Die rückständige, ausschließlich an der Vergangenheit orientierte Gesinnung, die sich selbst Jahre nach dem Krieg um kein Jota geändert hatte, stieß nicht nur mir auf. Nicht nur ich war erbittert, dass die „Kunsthäusler" mit ihrer hinterwäldlerischen Kunstauffassung und ihrer auffälligen Nazi-Vergangenheit, mit anderen Worten: mit ihren grauenhaft langweiligen Bildern noch immer das Bild der Kunst in der Öffentlichkeit abgaben. 1950 fand ich endlich eine Gelegenheit, meinen Ressentiments Luft zu machen.

„Habt ihr schon das neue Plakat der Kunsthäusler gesehen?" fragte ich in einer Pause.

Das Künstlerhaus bereitete gerade seine Jahresausstellung vor. Beworben wurde sie auf Plakaten, die in der ganzen Stadt affichiert waren.

„Das schaut dir ähnlich, dass du es bemerkt hast", stichelte Alfred Hrdlicka. „Reaktion und Reaktionär gesellen sich gern!"

Hrdlicka war ein Aufwiegler, ein ewiger Diskutant, ein Großsprecher, ein Krachmacher, ein Exzentriker und Fanatiker – nicht nur in Bezug auf die Kunst, auch in Bezug auf die Politik. Wir lagen uns ständig in den Haaren; egal, was der eine sagte, der andere war mit Sicherheit dagegen.

„Das schaut dir ähnlich, dass du es noch nicht bemerkt hast!" ereiferte ich mich. „Da hättest du einmal die Gelegenheit, deine antifaschistische Haltung unter Beweis zu stellen, aber du versteckst dich lieber hinter kommunistischer Sophisterei!"

Ich sah sofort, dass ihn das getroffen hatte.

„Was meinst du damit?" fragte er.

„Ich meine, dass wir endlich eine Möglichkeit haben, den Kunsthäuslern und dem Rest der Stadt zu zeigen, was wir von ihrer Kunst halten."

Dann erklärte ich, was ich mir vorstellte.

„Du meinst, wir überkleben alle Plakate mit einem Klebestreifen? Und was soll da draufstehen?"

„Kitsch!" antwortete ich.

Hrdlicka war sofort dafür.

„Ich glaub' das nicht, dass der Mikl und der Hrdlicka einmal einer Meinung sind!" rief jemand aus dem Kreis, der sich um uns gebildet hatte. Von da an war klar, dass alle mitmachen würden. Die ganze Dobrowsky-Klasse. Mehr als das: Alle waren Feuer und Flamme, den Leuten vom Künstlerhaus einen Denkzettel zu verpassen, den sie nicht so schnell vergessen würden.

Die Plakate in einer Nacht- und Nebelaktion mit Klebestreifen zu versehen, auf denen „Kitsch!“ stehen sollte, wurde generalstabsmäßig vorbereitet. Wir bildeten Zweierteams, die mit Kleisterkübeln und frisch gedruckten, knallroten Streifen ausrückten, sobald es dunkel war. Wir hatten die Bezirke untereinander aufgeteilt, zumindest einer eines Teams sollte sich in der Gegend gut auskennen. Wir wollten schließlich möglichst alle Plakate mit unserem Statement verzieren.

Niemand absentierte sich. Sogar ein ziemlich konservativ orientierter Kommilitone, der etwas älter war, ein ehemaliger Nazi-Leutnant, wollte nicht abseits stehen. Unglücklicherweise war er der einzige, den die Polizei erwischte und verhaftete.

Ich war mit Rudolf Schönwald unterwegs. Wir wohnten beide im 19. Bezirk; ich in der Gebhardtgasse bei meinen Eltern, Schönwald in der Pyrkergasse, zwei Straßen, die nur durch die Döblinger Hauptstraße getrennt sind. Stundenlang schlichen wir durch die stillen Gassen und suchten nach Künstlerhaus-Plakaten. Schönwald hatte bald genug und wollte nur noch nach Hause. Aber mir fiel immer noch ein Platz ein, an dem ein Plakat hängen konnte. Bevor wir uns einer verdächtigen Wand näherten, streckten wir vorsichtig unsere Köpfe um die Ecke, lauschten, ob wohl niemand käme, und nahmen dann das Plakat im Sturm.

Das Ganze wuchs sich zu einem fürchterlichen Skandal aus. Am schlimmsten war, dass alle möglichen Leute der Urheberschaft verdächtigt wurden – nur nicht ich. Der auf frischer Tat ertappte Leutnant musste bei der Polizei ein bizarres Verhör über sich ergehen lassen, das in der Frage gipfelte:

„San Sie a Surrealist oder wos? Steck'n Sie vielleicht mit dem Picasso unter ana Deck'n?“

Damals war Surrealist ein Schimpfwort. Picasso war das ultimative Schimpfwort überhaupt. Ganze Generationen von Möchtegern-Künstlern bewiesen ihren Widerspruchsgeist, indem sie malten wie er. Dem gesunden Volksempfinden kam das gerade recht. Alles Moderne war ihm von vornherein verdächtig.

Am Hauen und Stechen beteiligte sich eine überwältigende Mehrheit der Bevölkerung; die Hitlerei war in den Köpfen noch allgegenwärtig. Bei manchen ging sie nie heraus. Es wurde behauptet, Picasso male, als Symbol des Satans, Köpfe mit drei Augen. Schönwald versprach jedem, der ihm so ein Bild brächte, tausend Schilling.

Der Leutnant schwieg im Verhör eisern über meine Verwicklung in die „Kitsch"-Plakataktion. Er belastete überhaupt niemanden. Letztlich konnte er sich irgendwie herausreden. Das Künstlerhaus war tief getroffen und leckte seine Wunden. Verschwörungstheorien machten die Runde. Alle möglichen Leute wurden der Urheberschaft geziehen. Die Gütersloh-Klasse war besonders verdächtig, weil dort die eigentlichen Surrealisten saßen oder sich zumindest dafür hielten. Bald hieß es, da müssten Ernst Fuchs oder Arik Brauer oder sogar alle beide dahinterstecken.

Innerhalb der Akademie sprach sich dann aber doch herum, wer diese infame Gemeinheit ausgeheckt hatte. Die Phantasten dachten allen Ernstes daran, mich zu verklagen, um ihren guten Ruf wieder herzustellen. Aber schließlich sahen sie ein, dass sie sich weder reinwaschen noch Geld bekommen würden; von wem auch?

Heute denke ich, dass diese ganze „Kitsch"-Geschichte in gewisser Hinsicht eine Vorstufe zur Hawranek war: Es war eine Möglichkeit, mit der ich unmissverständlich klar gemacht hatte, dass ich etwas für unerträglich hielt – in diesem Fall die damalige reaktionäre Kunstauffassung des Künstlerhauses und die Geschichtsklitterung mehrerer ihrer Mitglieder, nur für die Kunst und nie für die Politik gelebt zu haben. Es war eine Möglichkeit, mit der ich die wachsende Wut in mir herauslassen konnte. Was auf den ersten Blick wie ein lustiger Streich aussah, sollte bewirken, dass den Lachern das Lachen im Hals steckenblieb. Die Hawranek-Zeichnungen waren viel aggressiver als die „Kitsch"-Klebestreifen. Sie waren regelrecht blutrünstig; pure Wut eben. Aber ohne vergleichbares Echo.

In der Klasse Dobrowsky bildeten sich mehrere kleine Gruppen, hauptsächlich Zweierteams. Innerhalb dieser Teams gab es einen regen Austausch, aber auch ganz praktische Gründe zur Zusammenarbeit: Der zur Verfügung stehende Raum war unglaublich beengt. Wenn einer etwas ablegte, kam sofort ein anderer und räumte es zur Seite. Verwendete man ein Modell, dauerte es nicht lange, bis einem jemand den Blick darauf verstellte.

Ich kooperierte eng mit Wolfgang Hollegha. Das war naheliegend, weil wir die einzigen Studenten waren, die abstrakt arbeiteten – Rainer hatte der Akademie ja längst den Rücken gekehrt, und Prachensky stieß erst später dazu, weil er vorerst, jedenfalls offiziell, Architektur studierte.

Hollegha und ich kamen gut miteinander aus, wir respektierten einander. Ich zeichnete nach wie vor meine Röhrenakte, Hollegha beschäftigte sich mit Erdgeistern. Obwohl mir als Stadtkind die Vorstellung von Erdgeistern völlig fremd war, stieß ich mich nicht daran: Hollegha kam aus Frohnleiten, da mochte es so etwas schon geben. Ich beneidete ihn sogar um seine Naturverbundenheit.

Aber nicht nur er, auch die Natur hatte Glück. Wolfgang ist ein anständiger Mensch. Und er behandelt auch die

Natur anständig. Es könnte sein, denke ich mir manchmal, dass er von der Natur dringender gebraucht wird, als er sie benötigt. Wenn er nicht wäre, denke ich mir manchmal, würden sich ausschließlich Kunsttanten und irgendwelche Heilsverkünder und Katastrophenapostel mit ihr beschäftigen. Sie würde von Existenzen missbraucht, die sich mit ihr ein Alibi verschaffen wollen.

Hollegha arbeitete äußerst methodisch. Das gefiel mir. Von der ersten Skizze an bewegte er sich wie auf Schienen, ohne Unterbrechung, ohne Unsicherheiten auf das fertige Bild zu. Es fiel ihm nicht im Traum ein, sich dem Zeitgeist anzubiedern. Der Zeitgeist, da waren wir uns einig, war etwas für die Angeber, für die Unechten, für die Rosstäuscher und Schmierenkomödianten. Sie hatten diesen Begriff erfunden, um eine Verbindung zwischen dem Kunsthimmel und dem Kunstjournalismus herzustellen.

Aber der Kunsthimmel ist nur ein Stück Pappendeckel, in das fransige Löcher geschnitten sind. Und über den Kunstjournalismus ist das letzte Wort längst gesprochen. Da wollten wir nicht einmal anstreifen. Den Zeitgeist überließen wir den Scharlatanen als Refugium. Den Breitwand-Anstreichern. Den Fließband-Akrobaten. Von diesen Leuten verbaten wir uns jegliches Lob, jeglichen Tadel; jeglichen Kommentar.

Früher oder später, denke ich, wird man die Qualität der Bilder Holleghas erkennen. Eher später wahrscheinlich, denn die Wahrheit ist langsam. Aber dafür dauert sie dann auch lange.

Die Erdgeister richteten ständig irgendein Unheil an – jedenfalls redeten wir uns ständig auf sie hinaus. Einmal explodierte ein Sack mit Preußisch-Blau, was zur Folge hatte, dass noch Monate danach jedes Joghurt eine eigenartige Farbe annahm. Hollegha und ich stritten die ganze Zeit, aber es kam nie zum Zerwürfnis. Leider interessierte er sich nicht für Politik – dieses weite Feld unendlicher Debatten überließ er anderen.

Alfred Hrdlicka war da ein ganz anderes Kaliber. Es verging keine Gelegenheit, in der wir nicht heftig übereinander hergefallen wären. Hrdlicka war Kommunist. Er bezeichnete sich gerne als Ultra-Stalinist, weil er entdeckt hatte, dass das die Leute schockierte. Es gefiel ihm, angefeindet zu werden. Wenn er angefeindet wurde, so sein Kalkül, musste er ja wohl im Recht sein.

Rudolf Schönwald, der zweite Kommunist in der Klasse, war im Vergleich zu ihm eher so etwas wie ein gemäßigter Marxist. Ich verstand nie, wie jemand mit Verstand zu so einer Weltanschauung gelangen konnte. Wir schenkten einander nichts, warfen uns unsere Argumente an den Kopf, als gäbe es kein Morgen. Die anderen Studenten standen um uns herum; sie amüsierten sich offenbar prächtig bei unseren verbalen Raufereien. Meist begannen unser Streit ohne Einleitung; einfach, weil alle schon darauf warteten.

„Hast du heute schon einen Demokraten gefressen?" rief ich Hrdlicka entgegen.

„Ja, warum?" antwortete er. „Es war so ein richtig fetter Kapitalist. Ich hab' noch immer Sodbrennen davon."

„Ich hoffe, du musst dich nicht übergeben", erwiderte ich. „Wie haben schon genug Rot auf den Paletten."

„Rot ist wenigstens eine Farbe! Es steht für Feuer, für Hitze, für das Leben, für Bewegung. Aber ich seh' schon, du wirst einmal alles schwarz malen. Das würde zu dir passen!"

„Schad', dass du als Kummerl das nicht beurteilen kannst. Bei euch sind ja alle gleich. Sind Maler im Kommunismus überhaupt erlaubt? Oder werden sie gleich nach Sibirien verfrachtet?"

Auch wenn unsere Auseinandersetzungen zuweilen etwas Spielerisches hatten, war doch die tiefe Abneigung, die wir füreinander empfanden (und nicht nur für die Überzeugungen des anderen), die eigentliche Triebfeder. Ich nannte Hrdlicka Volksgesundler, einen von den Nazis übernommenen Begriff, von dem ich wusste, dass er ihn besonders hart treffen würde. Hrdlicka revanchierte sich, indem er Hollegha und mich als die CIA-Typen bezeichnete. In seinen Augen war die Abstraktion eine von den Westlern aufoktroyierte Kunst, für die es in Österreich überhaupt keine geistigen Voraussetzungen gab.

Immerhin schafften wir es, unsere jeweiligen ideologischen Standpunkte herauszuarbeiten. Hrdlicka erklärte, dass es keine Alternative zum gemeinsamen Eigentum an Produktionsmitteln gebe. Gegen die monströse Ungerechtigkeit in der Welt, in der einige Wenige alles besäßen und alle anderen so gut wie nichts, gegen die Ausbeutung, die Krisen, die Korruption, die Spekulation, für all das gäbe es nur eine einzige Alternative: staatliche Wirtschaftsplanung und gemeinsamen Besitz. Ich konterte mit den Verbrechen der KPdSU, mit den Millionen Toten, mit den Schauprozessen, Säuberungen und Massenvertreibungen während der Stalin-Zeit.

„Die Menschen sind nicht gleich!" rief ich. „Gerade an diesem Ort solltest du das begreifen!"

„Die Menschen sind gleich!" ereiferte er sich. „Wir sind alle die gleichen Würmer auf der großen Landkarte der Mächtigen, die sich einen Spaß daraus machen, uns zu manipulieren."

„Wenn ich die Wahl habe zwischen einem geldgeilen Sack und einem engstirnigen Politruk, muss ich nicht lange nachdenken. Ich werde lieber ausgebeutet als in einen Gulag verbannt."

In ein paar seltenen Momenten gestand Hrdlicka ein, dass der Kommunismus praktisch überall auf der Welt von machthungrigen Funktionären pervertiert worden sei. Aber was wir sähen, sei ja nicht Kommunismus. Den habe es ja noch nie tatsächlich gegeben. Was wir sähen, seien lediglich realsozialistische Irrwege.

„Was Kommunismus wirklich ist, können wir nur herausfinden, wenn wir uns auf den Weg machen und es ausprobieren", polterte er.

„Kein Mensch mit auch nur ein bisschen Hirn im Kopf wird dich auf diesem Weg begleiten, Alfred. Kein Mensch! Kein Mensch wird dir glauben, dass die Idee gut ist, aber die Ausführung bisher schlecht war. Das oberste Gebot, auf dem alles fußt, ist Gleichheit. Und das ist faschistisch! Die Menschen sind nicht gleich, sie sind verschieden! Um einen kommunistischen Staat zu schaffen, muss man nicht nur den Leuten alles wegnehmen, was sie besitzen, man muss auch ihren Charakter ändern. Man muss ihn sogar brechen. Man muss den Menschen den Glauben austreiben und ihre unterschiedlichen Fähigkeiten erst recht. Denn die Menschen sind nicht nur nicht gleich, die meisten wollen es auch gar nicht sein. Marx und Engels haben genau gewusst, dass Kommunismus ohne Unterdrückung nicht geht. Wie sonst hätte das Proletariat sich ihrer Meinung nach von der Bourgeoisie befreien sollen, wenn nicht, indem die Ausbeuter und Unterdrücker enteignet, eingeschüchtert, eingesperrt, vertrieben oder umgebracht werden? Schon die Wege zum Kommunismus sind verbrecherisch – und nicht erst irgendwelche Irrwege, die Menschen später in seinem Namen beschritten haben."

Wohl schon tausend Mal hatte mir Hrdlicka zu erklären versucht, dass die ganze Menschheitsgeschichte eine Geschichte von Klassenkämpfen sei:

„Was ist falsch daran, an eine Gesellschaft zu glauben, die frei ist? Die frei sein könnte, wenn sie nur wollte!"

„Aber wie sähe diese Gesellschaft aus?" entgegnete ich. „Alles gehört allen, alle haben dieselben Pflichten. Jeder muss womöglich alle Aufgaben beherrschen und womöglich im Rotationsprinzip ausführen. Jeder wäre gezwungen, es sich abzutrainieren, manches lieber zu tun als anderes. Was er besonders gut kann, muss er schlechter machen, damit ja keine Ungleichheit entsteht. Aber schon bald wäre es wie in Orwells Farm der Tiere: Einige der Gleichen wären gleicher! Und das wären dann die, die das Arbeiten und das Denken kontrollieren. Im Himmel, zumindest glauben das die Christen, ist man frei. Da gibt es keine Aufseher, die überwachen und strafen. Sonst wäre es ja die Hölle. Und genau das ist dein Kommunismus: die Hölle!"

Die meisten Kommilitonen standen auf meiner Seite. Aber nicht, weil sie meine Meinung geteilt oder meine Argumente für überzeugender gehalten hätten: Seit die Rote Armee in der Stadt gewütet hatte, genossen die Kommunisten nicht gerade viele Sympathien. Hrdlicka versuchte uns zwar zu überzeugen, dass es nicht darum gehe, das Verhalten der Russen zu entschuldigen. Sondern dass es um die Idee gehe, eine bessere Welt zu errichten. Aber diesen Unterschied erachteten die meisten von uns als Illusion.

Jahre später erschien in der Abendausgabe einer Tageszeitung eine Glosse von Hrdlicka, in der er mich als „Mikl Maus" bezeichnete. Ich forderte Rudolf Bazil, meinen Anwalt, auf:

„Mach was!"

Bazil fuhr ins Straflandesgericht und beantragte die Beschlagnahmung der Zeitung. Es gelang. Am nächsten Tag ging ich durch die Straßen von Wien, im Bewusstsein meines Triumphes und auf der Suche nach Hinweisen, dass die Leute zu schätzen wussten, was ich für sie getan hatte. Aber die Wiener schauten genauso grantig drein wie an allen anderen Tagen auch, vielleicht sogar noch mehr, weil sie ihre Mieselsucht nicht in ihrer Zeitung befriedigen konnten. Der Herausgeber der Zeitung verzieh es mir nie. Er war ein wichtiger Sammler. Aber von nun an musste ich ihn zu meinen Feinden zählen. Andererseits – ein Tag ohne Hausmeisterzeitung, das war es mir wert!

Heute ginge eine Beschlagnahmung nicht mehr so leicht. Aber damals rückte die Polizei aus und zog die Käseblätter in allen Kiosken und Trafiken ein. Das machte viel Aufhebens. Mein Verhältnis zu Alfred Hrdlicka wurde dadurch natürlich auch nicht besser. Aber das hätte ich gar nicht gewollt. Ich hasste seine politischen Ansichten, und damit hasste ich auch den Menschen, der hinter ihnen stand. Es gibt Leute, die mich kompromisslos, hartnäckig, unnachgiebig, unbeugsam und beharrlich nennen. Es gibt aber auch Leute, die mich für uneinsichtig, stur, dogmatisch, starrköpfig und unduldsam halten. Gott sei Dank muss ich nicht entscheiden, wer Recht hat.

Genau die gleiche Charakterisierung wäre auch für Hrdlicka nicht ganz falsch gewesen. Während mein Verhältnis zu ihm noch mehr abkühlte – wenn das überhaupt möglich war –, freundete ich mich mit Schönwald an. Nachdem er dem Kommunismus den Rücken gekehrt hatte. Politik spielte zwischen uns keine Rolle mehr. Wir teilten hingegen die Begeisterung für Karl Kraus, den damals noch kaum jemand kannte.

Ich las noch immer in jeder freien Minute, vor allem zeitgenössische Literatur. Im Gegensatz zu meinen Kommilitonen mied ich Publikationen über moderne Kunst. Ich verstand zwar die Hoffnung, etwas über das zu erfahren, was uns bewegte. Aber ich bezweifelte, dass es in einer Zeitung oder Zeitschrift zu finden sein könnte. Dort, war ich überzeugt, würde nur das übliche Bildungsschwätzer-Geschwafel stehen, das mich im günstigsten Fall wütend machen, im ungünstigsten Fall in Depressionen stürzen würde.

Denn die Bildungsschwätzer haben von Kunst keine Ahnung. Sie kaschieren ihre Ahnungslosigkeit mit Phrasen. Und mit dem Erfinden völlig unsinniger Einordnungen. Sie agieren wie die Archivare im Museum, wenn sie Bilder und Plastiken in Regale stellen: von oben nach unten, von links nach rechts. Aber was diese Bilder und Plastiken bedeuten, durchschauen sie nicht. Wenn sie gezwungen wären zu wählen, entschieden sie sich immer für das Schlechte. Ihnen fehlt die Einsicht, dass Kunst abwechselnd und zusammenwirkend aus Handwerkerfleiß, Konzentration, Qualitätsgefühl und Erfinderschicksal besteht.

Es macht auch keinen Sinn, ihnen das zu erklären. Selbst wenn man sie mit dem Kopf darauf stieße, wiesen sie es pikiert zurück. Sie haben für das Handwerk nichts übrig. Denn über das Handwerk lässt sich schwer schwafeln.

Es mangelt diesen Leuten auch ganz generell an Qualitätsgefühl. Hätten sie es, würde es sie zwingen, in die Tiefe zu gehen und nicht nur an der Oberfläche herumzuschwimmen. Auch mit Intuition haben sie nichts am Hut. Sie reden zwar ständig davon, sie feiern sie geradezu; aber sie glauben nicht daran. Und deshalb brauchen sie ihre Kasterln und Laden, in die sie alles stecken können. Deshalb glauben sie auch an den Fortschritt. Aber bei der Kunst gibt es keinen Fortschritt, keine Fortbewegung – wie könnte sich auch die Wirklichkeit fortbewegen?

In Wahrheit sind Bildung und Wirklichkeit Gegensätze. Deshalb vergraben sich die Bildungsschwätzer in Sekundärliteratur und suchen Trost bei den prächtigen Abbildungen in den Katalogen. Für sie ist die Reproduktion das einzige Sichtbare – so tief stecken ihre Köpfe bereits im Bildungssand. Sie sprechen gerne vom Kunstkonsum; noch so eine Diffamierung, wie sie von den Medien ständig verbreitet wird. Die Medien haben ein Gespür für Impertinenz; und genau diese Impertinenz bedienen die Bildungsschwätzer. Sie ist ihr Futter. Sie hören erst auf, danach zu suchen, wenn sie in Ehren und Würden begraben wurden.

Die Kunst haben sie freilich ihr Leben lang nicht gefunden.

9

Ich hatte schon immer ein Problem damit, anderen zu vertrauen. Nähe, wie sie in Büchern in leuchtenden Farben beschrieben und von vielen Menschen als erstrebenswert, ja als höchstes Glück angesehen wird, ist mir ein Gräuel. Lange konnte ich mir nicht vorstellen, mit einem anderen Menschen zusammenzuleben. Und als ich es schließlich tat, in immerhin drei Ehen, von denen zwei dramatisch gescheitert sind, war meine Distanziertheit ein immer wieder kehrender Anlass für Streit. Die Wahrheit ist: Ich brauche Abstand. Ich brauche Distanz. Ich brauche das Gefühl, jederzeit tun und lassen zu können, was ich will. Jederzeit, ohne auf die Bedürfnisse anderer Menschen Rücksicht nehmen zu müssen.

Eine Zeitlang redete ich mir ein, dass das eine Form von Freiheitsdrang sei. Vielleicht sogar eine notwendige Voraussetzung für meine künstlerische Arbeit. Aber ich weiß seit langem, dass ich diese Distanz ganz unabhängig davon nötig habe. Sie ist nicht das Ergebnis einer bewussten Entscheidung. Sie ist eine Kluft, die ich unbewusst und ganz automatisch aufreiße. Gegenüber jedermann. Genau gesagt, war diese Kluft schon immer da; erstaunlicherweise schienen die meisten Menschen sie nicht einmal wahrzunehmen. Sie balancieren auf einem schmalen Grat über dem Abgrund, ohne zu wissen, in welcher Gefahr sie sich befinden.

Ich hingegen weiß um den Abgrund. Ich vergesse nie, was ein falscher Schritt bedeuten könnte. Ich mauere mich ein. Ich schichte die Mauer höher und höher. Vergrößere den Abstand. Beobachte die Erosion, der mein Verteidigungswall ausgesetzt ist. Es ist ein ständiger Kampf, eine unaufhörliche Wiederholung, mit der ich die Welt auf Abstand halte.

Ich fühle mich nur wohl, wenn ich allein bin. Und ich denke, dass diese starke innere Neigung, dieses Grundbedürfnis meines Lebens, angeboren ist. Meine Zwillingsschwester, so verschieden wir sonst auch waren, hat das auf die gleiche Weise empfunden wie ich; in der gleichen Unabänderlichkeit. Wenn wir zusammen waren, blieb jeder von uns für sich – und besser als alle anderen Menschen um uns verstanden wir, warum wir das brauchten.

In der griechisch-römischen Antike kursierten zahlreiche Zeugungstheorien für Zwillinge. Die ältesten mythologischen Berichte gehen davon aus, dass eines der Kinder eine Gottheit zum Vater habe. Es gibt unzählige Legenden um Zwillinge, die sich angeblich so übereinstimmend, so verwechselbar verhielten, als würden sie ein und dieselbe Persönlichkeit besitzen. Sogar in den Lebensgeschichten von Zwillingspärchen, die in frühester Kindheit getrennt wurden, fand man frappierende Übereinstimmungen der Lebensführung, was den Schluss nahezulegen schien, unser Schicksal sei bereits seit dem Tag unserer Geburt festgelegt.

Doch die Lebensgeschichte meiner Zwillingsschwester hat mit meiner keinerlei Ähnlichkeiten. Wir waren so verschieden, wie man sich das nur vorstellen kann. Nur in einem ähnelten wir uns: im Bedürfnis, für uns zu bleiben; jeder für sich allein.

Dabei hatte ich immer einen großen Freundes- oder eigentlich Bekanntenkreis. In letzter Konsequenz war aber auch meine vorgebliche Geselligkeit nur eine Barriere, eine weitere Verteidigungslinie, die ich um mich gezogen hatte. Eine Zeitlang war ich fast jede Nacht unterwegs. Und oft endeten diese Nächte gar nicht. Sondern gingen nahtlos über in einen Tag, an dem ich Bilder malte, mit meinen Kommilitonen stritt und meinem Professor klarmachte, dass ich seiner Hilfestellung nicht bedurfte.

Leute, die mich in dieser Phase meines Lebens kannten, würden mich wohl als leutseligen Typ beschreiben. Vielleicht ein wenig zynisch. Vielleicht ein wenig zu kompromisslos in seiner Kritik. Aber jedenfalls als einen, der im Zentrum des Geschehens stand und bei jedem Unfug mitzumachen bereit war. Aber selbst hinter diesem Verhalten versteckte ich mich. Die durchzechten Nächte waren nur eine andere Methode, mir die Leute vom Leib zu halten.

Ich könnte nicht behaupten, dass es in meiner Kindheit oder Jugend Vorfälle gegeben hätte, die dieses grundsätzliche Misstrauen gegenüber anderen Menschen erklären würden. Natürlich war die Hitlerei nicht die beste Zeit, Vertrauen zu seinen Mitmenschen aufzubauen. Man war besser vorsichtig mit dem, was man sagte. Die Gestapo hatte ihre Spitzel überall, wie unser Greißler und Pfarrer Josef Zeininger schmerzhaft erfahren mussten. Aber ich glaube nicht, dass ich mich in einer anderen Zeit zu einem vertrauensvollen Menschen entwickelt hätte. Ich glaube, dass dieses Misstrauen, diese Vorsicht, dieses Bedürfnis nach Distanz Teil meines innersten Wesens ist – unabhängig von äußeren Gegebenheiten.

Andererseits, es geschehen ständig Dinge um mich, die mich in meiner Haltung noch bestärken – so als handle es sich dabei um eine Entscheidung, auf die ich Einfluss nehmen könnte. Die Welt ist ein Abgrund, eine Kloake, ein Höllenpfuhl, da wird mir kaum jemand widersprechen. Ein Ort, an dem sich die Nazis wieder ganz ungeniert gebärden. An dem der sexuelle Missbrauch katholischer Pfarrer an Kindern ungeahndet bleibt. An dem allgegenwärtiger Konsumwahn herrscht. An dem alles verdorben und vergiftet ist. Die Welt ist ein Ort der Verdammnis, aus dem jegliche Anständigkeit verschwunden ist. An dem die Medien mit ihrem geistigen Müll und ihren Falschinformationen pervertieren, was einmal Wahrheit hieß. An dem das Alte und Gewachsene, das Handwerk, vernichtet wird, ohne dass es irgendjemanden zu kümmern scheint. An dem die Literatur, die Kunst längst abgedankt haben; mit einem Wort: ein Ort, an dem all das, was uns ausmacht oder ausmachen sollte, verrottet und verkommen ist.

Es gibt mehr als genug Gründe, skeptisch zu sein. Vorsichtig zu sein. Sich nicht einlullen zu lassen. Da braucht es meine angeborene Paranoia nicht, um das zu sehen.

Aber vielleicht nehme ich das alles viel zu ernst.

Franziska, meine erste Frau, sagte einmal, ich würde, wenn ich nach Hause käme, geradezu danach forschen, was nicht in Ordnung sei. Was sich verändert habe. Was sich als gefährlich herausstellen könne. Und dabei habe sich gar nichts verändert. Es sei alles wie immer. Ich hingegen würde mich aufführen, als würde hinter allem, was sie und unsere Kinder und unsere Nachbarn und unsere Freunde machten, eine böse Absicht stecken.

Ich würde auf der Suche nach Beweisen für diese Annahme jeden Raum mit Blicken absuchen. Ich würde jedes Wort auf die Goldwaage legen. Ich würde jeder auch nur eingebildeten Veränderung nachschnüffeln. Ich vermittelte ihr das Gefühl, als müsse sie mir beweisen, mir nicht untreu gewesen zu sein. Als müsse sie mir beweisen, mich nicht manipulieren zu wollen. Es mache ihr Angst, wenn ich, darauf angesprochen, sofort wütend würde. Wenn ich sie unflätig beschimpfte. Oder, noch schlimmer, wenn ich mich tagelang zurückzöge und nicht mehr mit ihr spräche. Mit ihr nicht und mit keinem anderen Menschen. Es komme ihr vor, als würde ich wie ein dunkler Stein im Wohnzimmer sitzen: eine Menschenhülle, die alle sozialen Kontakte abgebrochen hat.

Auf dem Höhepunkt unserer ständig wiederkehrenden Streitereien warf sie mir vor, ihr nur noch mit Misstrauen und Argwohn zu begegnen. Aber nicht nur ihr, sondern allen Leuten. An manchen Tagen sei ich außerstande, in völlig harmlosen Vorgängen nicht feindselige oder kränkende Absichten zu sehen. Sie könne es nicht mehr ertragen, dass ich permanent ihre Loyalität bezweifelte. Oder die Vertrauenswürdigkeit von Freunden.

Obwohl ich ihr damals vehement widersprach, wusste ich, dass sie Recht hatte. Ich hasse es, kritisiert zu werden. Ich halte Abstand, weil ich befürchte, gekränkt zu werden. Ich hielt auch Abstand zu meiner eigenen Frau – nein, ich vertraute ihr nicht; warum sollte ich? Mein Vater hatte mich gelehrt, mich stets nur auf mich selbst zu verlassen. Das hätte er mir gar nicht erst erklären müssen; ich wusste es längst. Also blieb ich misstrauisch. Also war ich ständig auf der Hut. Also rechnete ich stets mit dem Schlimmsten, damit, alles zu verlieren, betrogen und ausgenutzt zu werden.

Gleichzeitig gab ich mir alle Mühe, mein Bedürfnis, Macht und Kontrolle auszuüben, innerhalb vernünftiger Grenzen zu halten. Aber mehr noch bemühte ich mich, meine Gefühle zu verbergen. Denn mir war klar, dass der Schaden, der sich aus meinem Verhalten ergab, schwerer wog als der Nutzen, den ich daraus zog. Aber oft konnte ich nicht anders.

Oft war ich außerstande, mir meine Fehler einzugestehen. Wenn ich andere kritisierte, fühlte ich mich im Recht

– und war maßlos in meiner Kritik. Wenn ich von anderen kritisiert wurde, empfand ich es als ungeheuerliche Anmaßung, als Böswilligkeit – und war maßlos in meinem Hass. Ich schlug zurück, so fest ich konnte. Leute, die mich kritisierten, ließ ich nie mehr in meine Nähe. Selbst wenn es Hinweise gab, alles sei nur ein Missverständnis gewesen, war ich nicht bereit, die erlittene Verletzung zu verzeihen.

Franziska warf mir mehr als einmal vor, ich würde ihr die Worte im Mund umdrehen. Ich würde ihre Absichten ins Gegenteil verkehren. Und das aus keinem anderen Grund, als um Recht zu behalten. Sie warf mir vor, dass ich gar nicht den Versuch machte zu verstehen, was jemand meinte, wenn er sich kritisch über mich oder meine Kunst äußerte. Sie warf mir vor, dass ich nur die Beleidigung, die Missachtung darin sähe. Sie warf mir vor, dass ich mit Zurückweisung nicht umgehen könne. Dass ich mit Zurückweisung nicht umgehen könne, sei aber gar nicht das größte Problem.

Das größte Problem sei, dass ich nicht fähig sei, etwas, das jemand sagte oder tat, anders als feindselig oder verächtlich-machend wahrzunehmen. Ohne den geringsten Anlass zweifelte ich an ihrer Treue. Ich sähe überall Verschwörungen. All das führe zu unseren ständigen Streitigkeiten, denen sie sich nicht länger gewachsen fühle. Vor allem weil ich nie bereit sei, auf ihre Argumente einzugehen. Sondern nur stets Recht behalten wolle.

Sie, sagte Franziska, und eigentlich schrie sie es heraus, ertrage mein Misstrauen und meinen Argwohn nicht mehr. Sie ertrage es nicht mehr, dass ich ihr unterstellte, mich auszunutzen, zu schädigen, zu täuschen. Sie ertrage die Zweifel an ihrer Aufrichtigkeit nicht mehr. Sie sei es doch gewesen, die aus keinem anderen Grund als meiner

Karriere aufgehört habe zu malen und auszustellen. Sie ertrage es nicht länger, alles, was ich erführe, so auszulegen, als sei es in böswilliger Weise gegen mich gerichtet.

Sie habe es satt, jedes Wort auf die Goldwaage legen zu müssen. Weil ich selbst in die harmloseste Bemerkung, in das belangloseste Vorkommnis eine versteckte, abwertende oder bedrohliche Bedeutung hineininterpretierte. Sie könne sich nicht länger damit abfinden, wie nachtragend ich sei. Sie könne nicht länger damit leben, dass ich vermeintliche Kränkungen, Verletzungen oder Herabsetzungen nicht verzeihen könne. Sie sei es leid, dass ich alles, was geschehe, als Angriff auf mich wahrnähme. Und ständig bereit sei, einen anderen Menschen – auch sie – aufgrund eines solchen vermeintlichen Angriffs mit Hass und Zorn zu überschütten.

Erst lange nach unserer Scheidung war ich in der Lage einzusehen, dass mein Argwohn, mein Misstrauen zuweilen tatsächlich ungerechtfertigt gewesen sein mochten. Dass ich Beziehungsprobleme hatte, nicht nur mit ihr, wie ich mir eine Zeitlang einzureden versuchte.

Aber ich konnte aus meiner Haut nicht heraus.

Ich reagierte weiterhin auf Feindseligkeit mit Feindseligkeit, auch wenn sich herausstellte, dass mir gar keine Feindseligkeit entgegengebracht worden war. Ich blieb misstrauisch, und besonders misstrauisch verhielt ich mich gegenüber Leuten, die mir besonders herzlich begegneten.

„Warum sollten sie das tun?" fragte ich mich, und die Antwort lag auf der Hand: Um mich auszunützen. Um mich zu täuschen. Um hinter meinem Rücken über mich zu lästern. Um mir zu schaden.

Es gab gute Gründe, argwöhnisch und misstrauisch zu sein. Es gab gute Gründe, distanziert zu bleiben. Was heute in einem freundlichen Licht auftrat, konnte sich schon morgen in sein Gegenteil verkehren. Was gerade noch als Erfolg wahrgenommen worden war, konnte sich sehr schnell als Katastrophe erweisen. Es gab gute Gründe, vorsichtig zu sein. Es gab gute Gründe, die Rüstung zu pflegen und das Visier geschlossen zu halten. Es gab gute Gründe, den Exzentriker zu spielen, den Zyniker, den Lebemann, den Künstler; es war ein guter Schutz. Denn dicht unter dem, was ich von mir herzeigte, gähnte ein Abgrund. Ich spürte den eisigen Wind, der von dort heraufwehte. Er konnte sich in einer Sekunde zum Sturm aufpeitschen und alles hinwegfegen.

Und noch während ich lachte und trank und lästerte, und meine Freunde an Schandbarkeit noch zu übertreffen versuchte, spürte ich, wie der Abgrund näher rückte.

Näher und näher!

10

Als ich mein Studium an der Akademie begann, das war 1948, steckte diese altehrwürdige Institution mitten in einem Neubeginn. Es herrschte eine ungeheure Aufbruchsstimmung. Natürlich gab es noch ein paar seltsame Typen, die von früher übriggeblieben und im Grunde unbelehrbar waren. Aber das Sagen hatten jetzt Herbert Boeckl und Fritz Wotruba. Heute kann man sich wahrscheinlich gar nicht mehr vorstellen, wieviel Nachholbedarf es an Wissen über das gab, was sich in Europa und Amerika während des Dritten Reichs in der Kunst ereignet hatte. Aber das Neue provozierte auch Gegenwind.

In einem Haus, das dreihundert Jahre alt ist, gibt es selbst dann, wenn es der Humanität geweiht ist, einen Bodensatz an unauslöschlichem und untilgbarem Sumpertum. Wotruba und Boeckl war dieses Verstockte, Verbohrte, Kleinmütige völlig fremd. Sie nannten es mit höflicher Zurückhaltung „das Akademische“ und lehnten sich mit aller Kraft dagegen auf. Aber es war eine Sisyphusarbeit. So oft sie auch den Stein der Erkenntnis den Sumperer-Berg hinaufrollten, stand oben ein Bürokrat und zitierte genüsslich Paragraphen, warum dies nicht möglich und jenes überhaupt ausgeschlossen sei.

Wotruba schrieb wütend dagegen an. Obwohl seine Aufsätze mittlerweile in Vergessenheit geraten sind: Damals fanden sie hohe Aufmerksamkeit. Für mich waren sie der wichtigste Unterrichtsstoff überhaupt. Ich sog die Abneigung gegen die Borniertheit quasi mit der Muttermilch auf.

Ab 1969 war ich dann selbst als Lehrer an der Akademie – und nichts hatte sich geändert! Man musste ununterbrochen gegen die Bürokratie ankämpfen. Gegen die Nie- *8.*

dertracht. Gegen die Dummheit. Gegen das Beharrungsvermögen. Ausrotten ließ es sich nicht. Gewinnen konnte man nur an Nebenfronten. Das Akademische, dieser zähschleimige Bodensatz an bürokratischer Verbohrtheit, versucht jede Initiative im Keim zu ersticken. Nichts ist ihm verdächtiger als Phantasie, die Freiheit der Gedanken, das Ausprobieren von etwas Neuem.

„Da könnt' ja jeder kommen!"

„So einfach geht das nicht!" und

„Das wird nie was!" sind die klassischen Ansagen, die die Wiener erfunden haben, um nicht mit etwas behelligt zu werden, mit dem sie sich nicht auseinandersetzen wollen.

Fritz Wotruba schrieb einmal in einem Aufsatz, dass der „Ursinn der künstlerischen Unrast nicht die Befriedigung des schon Gekonnten, schon Dagewesenen ist, sondern vielmehr das mühselige Suchen eines neuen Weges".

Die Besitzstandsbewahrer des Akademischen, die sich längst überall breit gemacht hatten, blockierten diese Suche mit Inbrunst. Sie legten Wotruba – und allen, die es nach ihm versuchten – so viele Steine in den Weg, wie sie nur konnten. Ihr Selbstverständnis ist die Verwaltung des Status quo – also eines Zustands, der der Friedhofsruhe verdächtig nahe kommt. Der österreichische Beamte hat die Aufrechterhaltung von Ruhe und Ordnung verinnerlicht; darin sieht er seine eigentliche Aufgabe. Er hat sozusagen ein Gewohnheitsrecht darauf erworben.

Alles, was nicht so abgewickelt wird, wie es schon immer abgewickelt wurde, empfindet er als unerträgliche Störung; er kann gar nicht anders, als mit der ganzen Kraft seiner Autorität dagegen anzugehen.

Der österreichische Beamte ist im Grunde kein Mensch, sondern eine Institution. Für ihn sind Ruhe und Ordnung nicht einfach Synonyme für Recht und Gesetz, sondern für Moral, für Zucht, für Wohlanständigkeit und richtiges Verhalten. Der österreichische Beamte hat einen langen Atem und den dicksten Arsch im Saal. Auf diesem Körperteil harrt er aus, bis die Sache ausgesessen ist.

Um den Status quo zu bewahren, hat er abertausende Vorschriften erfunden. Wenn Gefahr besteht, dass die Dinge sich wandeln könnten, wacht er, der schon am frühen Morgen mit „Mahlzeit!" grüßt und seine Pensionsansprüche bereits beim Vorstellungsgespräch errechnet hat, urplötzlich auf und waltet seines Amtes. Alles Genuine, alles Neue, alles Originelle gefährdet nach seiner Weltsicht den natürlichen Zustand der Dinge. Wodurch immer er ihn bedroht sieht, er muss es vereiteln. Für ihn ist der Ursinn der Kunst nicht mehr als eine lästige Störung.

Ist ein System aber erst einmal vom Akademischen infiltriert, bekommt man es nicht mehr hinaus aus ihm. Man bekommt es aus einem Symphonieorchester nicht hinaus. Man bekommt es aus einem Museum nicht hinaus. Wenn es sich einmal festgesetzt hat, geht es nicht mehr weg. Selbst ein Bienenzüchterverein, hätten ihn erst einmal die Beamten übernommen, wäre erledigt.

Die Bienen hoffentlich nicht.

Für mich ist das die Erklärung, warum die tausenden und abertausenden jungen Leute, die Kunst studiert haben, fast alle verschwunden sind: Sie sind am Beamtenvirus zugrunde gegangen. Sie sind von der Bürokratie erstickt worden: ein Massenmord an Phantasie, an Kreativität! Die Polizei fühlt sich allerdings unzuständig. Die Politik sowieso. Eigentlich müssten tausende junge Leute herumlaufen, die Bilder malen und Steine behauen, Drucke herstellen und Filme drehen.

Freilich kann ich nicht ausschließen, dass alle diese jungen Leute Installateure geworden sind.

Aber es gibt ja auch fast keine Installateure mehr.

In diesem ewigen, aber hoffnungslosen Kampf (weil am Ende immer die Bürokratie triumphiert) gab es kaum Mitstreiter. Wolfgang Hollegha war einer der wenigen, die auf meiner Seite standen und mit mir durch dick und dünn gingen, von einer Niederlage zur nächsten.

Ein wirklicher Freund eben.

Fünf Jahre lang teilten wir ein Atelier. Genauer gesagt: Hollegha teilte sein Atelier mit mir. Wir – Markus Prachensky, Arnulf Rainer und ich – trafen uns dort regelmäßig. Denn das Hollegha-Atelier besaß etwas, das damals einen ungeheuren Wert hatte: einen Kocher. Ich konnte dort mein Grieskoch warm machen, Rainer seine Nudeln.

Wir kannten uns alle von der Akademie. An der Akademie durfte man damals nicht abstrakt malen; auch so eine Sumperer-Vorschrift; meine Röhren gingen gerade noch durch. Hollegha musste, um sein Diplom zu bekommen, ein Stillleben in der Art von Braque malen. Er machte es seiner Mutter zuliebe. Ich verzichtete auf das Diplom, weil es mir völlig wurscht war, ob ich es hatte oder nicht. Aber es wäre mir nicht völlig wurscht gewesen, wenn ich mich dafür verbiegen hätte müssen.

Wenn mich Hollegha oder Prachensky – mit Rainer habe ich praktisch keinen Kontakt mehr – heute besuchen, sitzen wir im Wohnzimmer, reden über alles Mögliche und betrachten die Bilder an den Wänden. Über Kunst reden wir nie. Die Zeiten sind vorbei. Die gemeinsamen Zeiten sind vorbei. Interpretationen sind mir noch immer ein Gräuel. Aber damals, Anfang der 1950er Jahre, waren wir fast Freunde. Und trotzdem: Sich ein Atelier zu teilen, ist eine Sache. Zu arbeiten, eine ganz andere. Wenn man erst einmal anfängt, wenn man mitten hineingeht in eine Sache und quasi die Tür hinter sich zumacht, braucht man nichts und niemanden mehr – und will auch nichts und niemanden mehr: keine Mitstreiter. Keine Kollegen. Keine Komplizen. Keine Claqueure. Niemanden. Man hat nur noch seine Arbeit. Man ist ganz allein – und das ist gut so.

Abseits der Akademie und des Ateliers mied ich die Gesellschaft von Malern. Meist war ich mit Schauspielern zusammen. Mit Musikern. Mit Regisseuren. Die waren viel unterhaltsamer. Nach einem Tag an der Staffelei sah ich keinen Sinn darin, im Wirtshaus zu sitzen und mit meinen Kollegen über Malerei zu diskutieren. Das kam mir absurd vor, geradezu grotesk. Wie eine Art geistiger Masturbation. Meine damaligen Kommilitonen redeten über nichts anderes. Ich konnte das nie verstehen. Was sollte es für einen Sinn machen, sich über Kunst zu unterhalten, wenn man ohnedies Künstler war? Ein Zahnarzt redet doch in seiner Freizeit auch nicht dauernd über Zähne!

Vor allem, wo es doch so viele, so viel ergiebigere Themen gab. Ich war viel mit Helmut Qualtinger unterwegs. Zu dieser Zeit verwechselte ihn noch niemand mit dem „Herrn Karl" – obwohl, wenn ich mich recht erinnere, die Ähnlichkeit schon damals frappant war. Wir lernten uns bei einem Branntweiner in der Weinberggasse in Oberdöbling kennen. Dort, ganz in der Nähe, hatten wir gewohnt; dort war ich aufgewachsen, in der Krim.

Ich war von Qualtinger fasziniert. Er hatte die richtige Art Schmäh – also richtig bösartig. Er machte sich ständig über die Leute lustig. Einmal lancierte er den Wien-Besuch des berühmten Eskimodichters Kobuk, der mit seinem Werk „Das brennende Iglu" groß angekündigt wurde. Zahlreiche Reporter fielen auf diese Zeitungsente herein und versammelten sich am Wiener Westbahnhof. Dem Zug entstieg statt des erwarteten Gastes Helmut Qualtinger, mitten im Hochsommer in einen dicken Pelzmantel gewandet. Von einem Radioreporter nach seinem ersten Eindruck von Wien befragt, antwortete er:

„Haaß is.“

Aber es war nicht nur sein Schmäh, den ich bewunderte; mehr noch gefiel mir, mit welcher Schärfe er die Kunstszene kritisierte, ja geradezu sezierte. Ich fühlte mich ihm verwandt: Auch meine Malerei war aggressiv; ich malte sogar harmlose Dinge aggressiv.

Mit von der Partie war meist auch Otto Kobalek. Jutta, meine zweite Frau, glaubte lange, er existiere gar nicht wirklich, sondern sei nur eine von meinen Erfindungen. Aber schließlich begegnete sie ihm doch. Ich kann nicht wirklich beschreiben, wie Otto war. Oder was er war. Er trat als Happening-Künstler zu einer Zeit auf, als es den Begriff Happening noch gar nicht gab. Er bezeichnete sich als Arbeiterdichter (ein Gedicht endete mit: „Und geht die Welt zu Grund – ich liebe dich und die Partei und den Gewerkschaftsbund“) und hob im Gutruf, dem damaligen Zentrum der Kunstszene, die Kobalek-Steuer ein: einen Zwanziger von jedem. Für seine Beschimpfungen war er gefürchtet.

Er war Schauspieler, Mitglied des Vienna Art Orchestra und Sänger: Der Schlager „Jessas na“ erlangte für ein paar Wochen Kultstatus. Es rankten sich ungeheuer viele (und meist auch ungeheuerliche) Geschichten um ihn. Nicht alle waren wahr. Aber für jede war Otto Kobalek gut – sie hätten zumindest alle wahr sein können.

Helmut Qualtinger, der geniale Querulant und Sadist, der später berühmt wurde (wie man eben in Wien berühmt wird), Otto Kobalek, der liebenswürdige Mensch, der sich zu Tode soff, eben weil er ein liebenswürdiger Mensch war, und ich waren meist im Grätzel zwischen dem Theater am Naschmarkt, dem Café Dobner und dem Studio der Hochschule in der Kolingasse unterwegs. Dort spielte sich alles ab. Dort trafen sich Künstler und Schauspieler, und bald war ein ganzer Tross von Leuten dabei, die sich anhängten.

Das war in den späten 1940er Jahren. Wenn man den Leuten heute etwas von den vierziger Jahren erzählt, denken sie sofort an Hitler. Aber Hitler war schon lange weg; nur dieser Bodensatz an verseuchten Leuten war noch da. Und das ist er im Grunde noch immer; wir sind ihn nie losgeworden.

Ich bestand darauf, nur „Mikl“ genannt zu werden. Nicht Pepi oder Josef oder sonst wie.

„Ich bin der Mikl!“ war mein Stehsatz. Und wenn mich jemand anders anzureden versuchte, bekam er dieses „Ich bin der Mikl!“ um die Ohren geschlagen. In dieser Gesellschaft war ich nicht der Maler mit den eigenartigen, röhrenförmigen Akten, sondern der Possenreißer, der stets sehr förmlich im dunklen Anzug und mit Krawatte unterwegs war. Ich war berühmt – oder eher berüchtigt – dafür, ständig in fremde Rollen zu schlüpfen, und jeden, der zum ersten Mal zu unserer Partie stieß, aufs Glatteis zu führen.

Die Person, die Nächte lang unterwegs war, hatte mit dem Menschen, der tagsüber Bilder malte, so gut wie nichts gemein. Unter den Malern war ich nur mit Wolfgang Hollegha wirklich befreundet. Er war schon ein Jahr vor mir an die Akademie gekommen, aber er begann sich schnell an mir zu orientieren. Vielleicht, weil ich mich gab, als wüsste ich genau, was ich wollte. Vielleicht, weil er vom Land stammte und sich in der Großstadt unsicher fühlte. Wir redeten über Picasso und Braque, über die Windsbraut und Guernica, über Kubismus und den Krieg. Hollegha hatte damals schon ein eigenes Atelier, und als er sah, dass ich große Formate malen wollte, lud er mich ein, es bei ihm zu machen.

Sein Atelier war riesig, mit hohen Decken, noch höher als die Räume am Schillerplatz. Kürzlich habe ich die Akademie nach längerer Zeit wieder einmal besucht. Entweder ist sie geschrumpft, oder die Hausmeister, die jetzt die Akademie verwalten, haben überall Zwischen-Decken eingezogen. Sollte ich mich irren, waren es eben die geistigen Zwischen-Decken, die mir ins Auge stachen: Alles wirkte so halb, so flach, so geduckt.

Hollegha und ich waren die Ersten, die abstrakt malten; lange Zeit waren wir auch die einzigen. Rainer war ja nur ganz kurz an der Akademie, außerdem hatte er damals noch seine surrealistische Phase. Prachensky studierte Architektur und stieß erst später zu uns. Wir durften in Dobrowskys Atelier arbeiten, weil der es nicht benötigte. Ich zog in ein kleines Kammerl ein, Hollegha in den großen Raum. Während unserer ganzen Studienzeit teilten wir uns diese Räume. Dort wurden wir weitgehend in Ruhe gelassen.

Wenn uns Dobrowsky aufsuchte, stöhnte er:
„Diese Verrückten! Verhungern werden s'!"

Mein Kammerl befand sich stets in penibler Ordnung. Alles musste an seinem Platz sein. Diese Perfektion und Disziplin, die sich auch in meiner Arbeit niederschlägt, schaute sich Hollegha von mir ab. Ich erklärte ihm, dass ein Bild in sich geschlossen und logisch sein müsse. Dass es sonst auseinanderzufallen drohe. Dass der Raum dreidimensional in der Fläche liege, untrennbar mit ihm verbunden.

„Woher weißt du das alles?“ fragte er mich.

Denn in der Akademie hatten wir das nicht gelernt; Abstraktion fand dort nicht statt. Aber ich musste es gar nicht lernen. Es war alles schon da, schon bevor ich auf die Akademie ging. Wahrscheinlich sogar schon, ehe es mir richtig bewusst wurde.

Einmal besuchten wir meine Eltern, wo ich noch immer ein kleines Zimmer hatte, in dem Pastelle von mir hingen. Hollegha war begeistert.

„Wenn ich deine Bilder sehe“, sagte er, „weiß ich, dass ich erst ein Anfänger bin.“

Er hatte nicht Unrecht. Ich war auf erstaunliche Weise fertig.

Vielleicht funktionierte unsere Freundschaft auch deshalb so gut, weil wir, abgesehen von der Arbeit, die uns verband, absolute Gegensätze waren. Hollegha kam vom Land und hatte keine Ahnung, wer Adolf Loos war. Die Namen Karl Kraus, Gotthold Ephraim Lessing, Ludwig Tieck hatte er noch nie gehört. Durch mich lauschte er zum ersten Mal in seinem Leben einer Bruckner Symphonie, der Winterreise von Schubert, einem Orgelkonzert von Händel.

Aber es war dennoch keine einseitige Freundschaft. Ich lernte von ihm ebenso viel. Als wir seine Eltern in Frohnleiten besuchten, kletterten wir auf einen Weichselbaum und diskutierten die Frage, ob ein Baum eine Maschine sei. Ich war davon überzeugt; Hollegha bestritt es vehement.

Später, als ich Blumen zu malen begann, spielte das alles keine Rolle mehr. Werner Hofmann war angesichts meiner Blumenbilder entsetzt. Das sei, sagte er, als entdecke ein Kommunist plötzlich, dass er eigentlich Kapitalist sei. Nicht nur er, viele Leute waren irritiert. Aber mit der Zeit gewöhnten sie sich daran. Und zuletzt fanden sie auch die Blumenbilder großartig.

Zumindest einige.

Was uns, Hollegha und mich, noch verband, war, dass wir die Unterstellung, wir würden gegenstandslos malen, nur weil die Leute den Gegenstand in unseren Bildern nicht mehr erkannten, ständig von uns zu weisen gezwungen waren. Der Ausgangspunkt unserer Bilder sei immer was Sichtbares, mussten wir unzählige Male erklären, weil das den Leuten offensichtlich nicht plausibel war.

Meist bedienten wir uns dazu Piet Mondrians, angeblich einem Paradebeispiel ungegenständlicher Malerei. Dabei hatte Mondrian jahrzehntelang nach der Natur gearbeitet. Er begann mit Darstellungen holländischer Bauern, wie schon van Gogh. Später malte er Landschaften, Bäume und baute folgerichtig daraus seine Abstraktionen. Aber gegenstandslos war seine Malerei nie. Selbst seine letzten Bilder – „Broadway-Melodie" und „Boogie-Woogie" – folgen einer bestimmten Vorstellung, haben einen Inhalt.

Seine Schüler hingegen übertrugen geistlos, was sie sahen, und kamen nicht weiter als bis zum äußerlichen Muster, zum waag- und senkrechten Kanalgitter. Auch bei Hans Arp, einem weiteren angeblichen Archetyp ungegenständlicher Bildhauerei, kann man stets Formen erkennen, die es gibt. Die Trennung von nichtfigürlich und figürlich ist stumpfsinnig.

In den Nächten gingen wir getrennte Wege. Hollegha kam kaum einmal mit, weil er sich in der Gesellschaft, in der ich mich bewegte, nicht wohl fühlte. Er mochte Qualtinger nicht (was nicht schwer fiel), und Otto Kobalek (der auch angetrunken ein liebenswürdiger Bursche blieb) auch nicht. Er konnte mit den ganzen Schauspielern und ihrer Entourage nichts anfangen, mit ihrer Art von Humor, mit ihrem Zynismus, ihrer Abgebrühtheit.

Ich hingegen bewegte mich hier wie der Fisch im Wasser.

Heute frage ich mich, wann ich eigentlich schlief. Jedenfalls konnte ich eine ganze Nacht lang die Leute unterhalten, ohne müde zu werden. Einmal gab ich einen Samurai – mit einem Blechdeckel auf dem Kopf. Ich verblüffte meine Freunde, indem ich russisch sprach, obwohl ich kein Wort russisch verstand. Aber es klang überzeugend. Sobald ich damit angefangen hatte, ging Otto Kobalek auf diese Posse ein. Wenn wir in der richtigen Stimmung waren, blieb kein Auge trocken. Immer wieder gab ich mich als Arzt aus und erzählte, welche Operationen ich gerade gemacht hätte. Leute, die zum ersten Mal zu unserer Runde stießen, hatten keine Zweifel, dass ich am Vormittag einen zweiseitigen Pneumothorax gesetzt hatte.

Tagsüber malte ich wie besessen. Damit war ich nicht allein: Wir alle stürzten uns auf unsere Arbeit wie Verdurstende nach einem langen Marsch durch die Wüste. Die Stimmung an der Akademie war kurz nach dem Krieg ganz anders als heute. Das lag vor allem daran, dass die Studenten ganz anders waren. Wir wollten etwas erreichen! Wir waren von uns überzeugt! Als ich 1969 Professor wurde, ärgerte ich mich oft über Hörer, die keinen Ehrgeiz hatten, kein Ziel, keine Kraft. Wir hingegen wollten nichts als malen! Wir waren aus dem finsteren Loch des Faschismus gekrochen, und plötzlich hatte sich eine riesige, leuchtende, frische neue Welt geöffnet. Jeder von uns hatte Schreckliches erlebt; aber genau deshalb nahmen wir das Leben auch viel intensiver wahr. Intensiver und auch dankbarer für die Chance, die sich uns bot.

Galerien gab es damals kaum. Auf die Idee, etwas zu verkaufen, kamen wir gar nicht erst; die Vorstellung war viel zu absurd. Die Galerie Würthle wurde von Wotruba und eher arrivierten Künstlern dominiert. Unsere Heimat wurde die Galerie St. Stephan; das war damals die Galerie der Jungen, der Wilden, der eigentlichen Avantgarde. Erstaunlich, wie schnell sich alles entwickelte.

Otto Mauer hatte eine Ausstellung mit französischer Druckgraphik gemacht. Dann organisierte Boeckl eine Schau. Als Prachensky mit Mauer ins Gespräch kam, fragte ihn dieser, ob er nicht für die katholische Zeitschrift „Wort und Wahrheit" schreiben wolle. Prachensky antwortete, erstens sei er nicht gläubig und zweitens Maler; er könne nicht schreiben. Mauer nahm es schmunzelnd zur Kenntnis. Aber er fand bald ein anderes Opfer: Arnulf Rainer begann, seine Kunst von der Glaubensseite, von der philosophischen Seite her zu betrachten.

Nach der Akademie hatten Hollegha und Prachensky ein Gemeinschaftsatelier in der Liechtensteinstraße. Im Herbst kamen Rainer und ich zu Besuch. Wir beschlossen, eine Gruppe zu bilden, da, was wir machten, anders war als alles, was alle anderen Maler machten. Und weil wir überzeugt waren, die Besten zu sein. Wir sprachen mit Otto Mauer darüber. Und so wurde die Gruppe St. Stephan daraus. Sie wurde nie erweitert. Ein paar Leute machten am Rande mit: Andreas Urteil. Roland Goeschl. Peter Bischof. Rudolf Hoflehner. Maria Lassnig. Aber sie waren nicht Teil der Gruppe.

 Das waren nur wir Vier.

11

Wenn ich male, gehe ich immer vom Gegenstand aus. Deshalb gibt es auch so viele Stillleben von mir: Weil ich dabei lerne. Wenn ich Äpfel und Birnen und Weinflaschen und Blumen male, entwickelt sich manchmal eine Figur daraus. Umgekehrt passiert das nie. Ich habe nie aus Figuren Blumen gemacht. Oder Erdäpfel. Das eine ist Studium. Damit man etwas in sich hat, aus dem man schöpfen kann. Und gleichzeitig lernt man dabei, gewinnt Erfahrung. Wenn man das nicht macht, wenn man die Natur außer Acht lässt, wenn man nur kritzelt und schmiert und aus nichts nichts macht, hält man das auf die Dauer nicht durch. Man kann nicht Jahrzehnte lang nur kritzeln und schmieren ohne irgendeine Basis, ohne einen Grundstock.

Ich glaube, dass es eine rein ungegenständliche Malerei überhaupt nicht gibt. Manche nehmen sie nur als Ausrede, weil ihnen nichts mehr einfällt. Oder weil sie überhaupt nie etwas im Kopf hatten. Oder in den Händen. Die meisten Maler können ja nicht einmal einen Pinsel richtig halten.

Mit Ungegenständlichkeit werden meist Künstler wie Piet Mondrian oder Kasimir Malewitsch, die Suprematisten oder die Konstruktivisten in Verbindung gebracht, die scheinbar ohne Figur ausgekommen sind. Aber selbst dort sehen wir drachenähnliche Formen oder Kreise oder Quadrate. Und auch ein Quadrat ist eine Figur. Man kann nicht ohne Basis malen. Selbst die Tapetenmaler müssen Streifen machen, Kugeln, Wellen, was weiß ich. Und auch das sind Figuren. Und in diesem Sinne existiert nonfigurative Malerei überhaupt nicht, denn alles, was man macht, beruht auf dem Wissen über eine Figur.

Auch wenn man hergehen und die Abenteuer eines Punktes auf einer Fläche bildnerisch darstellen wollte, wäre der Punkt eine Form. Der Rest, eine Fläche richtig anzustreichen, ist, das weiß ich als alter Zimmerausmaler und Anstreicher, besser als gar keine Kunst.

Es ist zumindest gutes, ehrliches Handwerk.

Und gutes Handwerk ist wichtig. Ich habe mir als Zimmerausmaler einige handwerkliche Fertigkeiten angeeignet, die mir als Künstler sehr zugute gekommen sind. Für die Kritiker, die ihr Gesülze von Genialität und ähnlich hochtrabenden Vorstellungen vor- und nachbeten, klingt das natürlich absurd. Aber früher, als das Handwerk und die Kunst noch sinnvoll waren, lernte man als Künstler zuerst einmal das Handwerk.

Niemand begann seine Karriere auf dem Markusplatz oder im Petersdom. Zuerst musste man etwas lernen. Man musste etwas von Farben verstehen. Man musste grundieren beherrschen. Man musste all die Techniken lernen, damit die Malerei nicht gleich wieder von der Leinwand herunterfällt. Man musste sich mit Papiersorten auskennen. Und man musste lernen zu drucken. Das alles ist Handwerk! Vielleicht ist es bloß Zufall, dass ich als Hilfsarbeiter viel öfter zum Ausmalen eingesetzt war als für jede andere Arbeit. Aber genützt hat es mir auf jeden Fall.

Gutes Handwerk ist wichtig. Heutzutage meinen ja manche Leute, es könne auch ohne gehen. Das nennt man dann Design. Sogar Kunst wird designt. Am Computer. Aber aus nichts wird nichts. Einen guten Sessel kann nur ein guter Tischler machen. Am Anfang und am Ende hängt immer alles vom Handwerk ab. Erst danach kommen Phantasie, Kreativität, Konstruktion, Bildidee. Wenn das nicht so ist, ist es Betrug. Dilettantisch. Billiges Dilettantenzeug.

Wir Vier, also Rainer, Hollegha, Prachensky und ich, wurden immer als „die Abstrakten" apostrophiert. Wir waren der erklärte Gegensatz zu den Phantastischen Realisten, aber auch zur figurativen Malerei. Aber das macht überhaupt nichts von dem begreiflich, worum es uns ging. Das macht nichts von dem begreiflich, worum es mir ging. Denn abstrakt ist jede Malerei.

Selbst ein lebensnahes Bild von einem Baum ist ja kein Baum, sondern ein Bild. Es ist die Abstraktion eines Baumes. Malerei ist Abstraktion. Immer! Aber Abstraktion braucht Konstruktion. Ohne Konstruktion funktioniert sie auf Dauer einfach nicht. Ohne Konstruktion kann man nichts erschaffen. Aber ohne Phantasie kann man, zugegeben, auch nichts erschaffen. Und ohne Handwerk geht schon gar nichts. Das sind die Grundbedingungen.

Entbehrlich ist es hingegen, dass man, bevor man beginnt, sich mit Malerei zu beschäftigen, theoretische Abhandlungen darüber liest. Es ist nicht nur entbehrlich, es ist sogar schädlich. Da ist es fast noch besser, man setzt sich ins Kaffeehaus und liest eine Hausmeister-Zeitung. Darin gibt es genug Theorien.

Ansonsten genügt es zu wissen, dass Malerei keine sklavische Wiedergabe der Natur ist, es auch nie war, sondern dass sie abstrahiert von der Natur; dass sie also etwas ganz anderes ist.

Will man es ganz genau wissen, kann man herauszufinden versuchen, wie ein Bild konstruiert wurde. Aber dazu genügt es, die Briefe von Paul Gauguin und Paul Cézanne, von Edouard Manet und Lovis Corinth zu studieren.

Aber man sollte sich niemals mit Sekundärliteratur abgeben. Man sollte niemals etwas lesen, das von jemandem kommt, der keine Ahnung hat. Also nichts von dem, was

Kunsthistoriker, Kunstkritiker und Kuratoren von sich geben. Auch nichts von dem, was Versicherungsdirektoren in die Welt setzen. Sie wissen, wie man die Bilder versichert. Sonst wissen sie nichts. Auch nichts von Sammlern. Sie wissen, wie man Bilder findet. Aber sonst wissen sie nichts. Und meist finden sie ohnedies nur schlechte Bilder.

Kürzlich fragte mich jemand, wie man Sammler wird. Da gibt es bestimmt Bücher darüber; tonnenweise Altpapier. Gut zum Einheizen! Vor ein paar Wochen hielt ich ein Buch in den Händen mit dem Titel: „Was ist Kunst?" Das ist eine typische Sumperer-Frage. Eine typische Hausmeisterfrage. Eine typische Staatsbeamtenfrage. Beantwortet von ihresgleichen. Ich habe das Buch sofort weggeschmissen. Denn alle diese Zuordnungen sind vollkommen nutzlos. Dieses ganze Schubladendenken ist vollkommen nutzlos.

Ich habe in meinem ganzen Leben nur wenige Sammler kennengelernt, die diese Bezeichnung wirklich verdienen. Otto Breicha war einer. Er hatte über Kunst wirklich etwas zu sagen. Er war auch in der Literatur sehr bewandert. Wenn er anfing, über Arno Schmidt zu sprechen, konnte man glauben, er stamme aus Florenz. Er verstand auch eine ganze Menge von Musik. Er wusste ungeheuer viel. Und er empfand ungeheuer viel.

Ja, es gibt Leute wie ihn; aber sie sind selten. Und dann gibt es die anderen; die sind nicht selten. Die reden und reden und reden. Aber in Wahrheit stehlen sie einem die Musik. Denn während sie reden und reden und reden, verrinnen die Minuten, und schon ist der dritte Satz des Streichquartetts Nr. 1 von Beethoven weg. Ausgelöscht. Totgeredet.

Mein Eindruck ist, dass die Musik solchen „Experten" in Wahrheit gar nicht wichtig ist. Würde sie ihnen wichtig sein, würden sie schweigen und den dritten Satz spielen. Und genauso ist es auch bei der Kunst. Die Kuratoren geben vor, dass Bilder Vermittlung bräuchten. Sie geben vor, dass irgendjemand sie, die Kuratoren, brauche. Aber es ist wie bei des „Kaisers neuen Kleidern". Irgendwann wird ein Kind aufstehen und rufen:

„Die Kuratoren sind ja alle nackt!"

Und dann werden hoffentlich alle sehen, dass die keine Ahnung haben.

Dann wird hoffentlich allen klar sein, dass diese Art von Vermittlung niemand braucht – außer den Kuratoren selbst! Denn ihre Vermittlung ist gar keine Vermittlung, sondern hohles Geschwätz. Es ist eine Verarschung. Würde ihnen die Kunst wirklich am Herzen liegen, würden sie schweigen.

Was zuweilen nottut, ist nicht Vermittlung, sondern Information. Die benötigen auch die Künstler. Arnulf Rainer ging ins Ausland, um sie sich zu beschaffen. Wolfgang Hollegha lebte von der Natur, in der er aufgewachsen war. Seine Beziehung zur Natur war noch viel stärker als meine; ich bin ein Stadtkind. Markus Prachensky studierte neben seiner Malerei Architektur – und das spürt man, wenn man seine Bilder ansieht.

Ich hingegen tat nichts als malen. Ich blieb in Wien. Ich las keine Kunstliteratur. Als die ersten Kunsthefte in Wien auftauchten, französische, schweizerische, deutsche, interessierten mich die Uhrenreklamen darin mehr als die Fachbeiträge.

Schon wir Vier verfolgten also völlig verschiedene Wege. Wer ein bisschen genauer schaute, kam nicht auf die Idee, uns in die gleiche Schublade zu stecken. Aber all die Kuratoren und Kritiker und Kunstkenner schauen ja nicht genau. Man kann sie leicht daran erkennen, wie sie durch Ausstellungen rennen. Man weiß sofort, um wen es sich handelt. Sie huschen von Raum zu Raum, werfen kaum einen Blick nach links oder rechts; sie verharren nie vor einem Bild oder einer Plastik. Sie vermitteln den Eindruck, als wären sie viel zu bedeutsam, um ihre Zeit mit so etwas Banalem wie Schauen und Nachdenken zu verschwenden. Aber dass sich die Leute nicht Zeit nehmen, ist kein Problem der Malerei allein. Es ist ebenso ein Problem neuer Musik. Es ist ebenso ein Problem neuer Literatur.

Man spricht von deutscher Literatur und meint die Summe der Autoren, die deutsch schreiben. Aber da gibt es, ebenso wie in der Musik und der Malerei, entscheidende Unterschiede. Es muss einen Grund haben, dass die neue Musik bei uns entstanden ist und nicht in Schleswig-Holstein. Unsere Landschaft erzeugt eben – für mich als großem Anhänger der Natur ist das unübersehbar – andere Bilder als die Lüneburger Heide.

Auch der deutsche Expressionismus ist anders als der österreichische, wenn es bei uns überhaupt je einen gegeben hat. Kokoschka, Gerstl, Boeckl waren ja keine Expressionisten. Und die deutsche Plastik hat so gut wie nichts mit Wotruba zu tun.

Wenn sich das alles jedoch verwischt zu einer vermeintlichen Internationalität, dann zeigt eine Stahlplastik aus den siebziger Jahren, ganz egal, ob sie in Düsseldorf oder am Voest-Gelände in Linz oder in Budapest oder am Nordpol entstanden ist, keine Unterschiede mehr. Das hat die Kunstvertreter-Kuratoren-Generation geleistet. Bravo! Sie tauchen auf der ganzen Welt auf. Mit dem Flugzeug sind sie heutzutage auch viel schneller dort. Aber niemand hat ihnen gesagt, wohin die Reise gehen soll.

Dass man uns Vier also angesichts der Geschwindigkeit, mit der Kuratoren, Kritiker und so genannte Kunstkenner ihr Urteil fällen, als abstrakte Maler bezeichnete, das geht ja noch. Aber dann hat man uns auch noch zu den gegenstandslosen Malern eingeordnet und zu den Informellen.

Und da fängt der Unfug erst so richtig an.

Ein so genannter Hauptvertreter des Informel war Wols, der mit richtigem Namen Wolfgang Otto Schulze hieß. Der malte – und wenn man seine Bilder ganz genau anschaut, sieht man es – sehr kleine Figuren. Zum Teil waren diese Figuren so klein und so verzeichnet, dass man sie nur als Flecken oder kleine Hügel oder als plastische Landkarten wahrnehmen kann. Diesen Wols haben die Herren Kunstkritiker und Kunsthistoriker und Kunstkuratoren, die ja nie ganz genau schauen, geradewegs zum Gegenstandslosen, zum Informellen erklärt. Aber das war er nie! Und wir Vier waren es auch nicht! Wir Vier hatten überhaupt wenig gemeinsam. Wir waren nie ein Kollektiv. Jeder hat auf seine Weise gemalt.

Und, ja, es störte mich auch, dass wir meist nur als Gruppe, als Strömung wahrgenommen wurden. Das war übel, aber man weiß ja, wie das geht. Die Kunstkritiker erfinden eine Strömung und der gehören dann eben bestimmte Leute an. Sie brauchen für alles eine Schublade. Irgendwo hineingesteckt zu werden, passierte nicht nur uns; das geht allen so. Alle werden wir in Schubladen gesteckt. Obwohl mir das, was die Phantastischen Realisten machen, ziemlich auf den Geist geht – ich halte einiges darunter für schlicht verlogen –, bin ich mit Anton Lehmden befreundet. Seit Jahrzehnten. Und das bedeutet, dass ich auch seine Malerei immer geschätzt habe. Denn man kann nicht mit jemandem befreundet sein, dessen Arbeit man verachtet.

Ernst Fuchs andererseits habe ich nie auch nur die Hand gegeben. Weil mir das, was er gemacht hat, nicht gepasst hat. Es ist – meiner Meinung nach – schäbiger Kitsch. Na ja, ganz am Anfang vielleicht nicht. Da war er grandios. Aber dann hat er alles vergeudet. Sein Talent. Seine Reputation. Seine Integrität. Von da an war alles immer von irgendwo beeinflusst und einfach Kitsch. Auch sein salbungsvolles Auftreten ist mir schon immer auf die Nerven gegangen. Ich mag auch keine Pfarrer, die so reden.

Bevor mir die Galerie St. Stephan, oder, wie sie aus Feigheit und Bösartigkeit umbenannt werden musste, die Galerie nächst St. Stephan zur Heimat oder zumindest zu einem Ort wurde, an dem ich ausstellen konnte, war ich im Art Club. Man darf sich den Art Club nicht als geschlossenen Zirkel vorstellen. Es war ein Ort, an dem Künstler ihre Bilder zeigten. Es gab fast nichts anderes. Da war die Secession. Die Galerie im Griechenbeisl. Die Neue Galerie. Und Würthle natürlich, die aber nur den Etablierten offen stand. Man konnte die Galerien in Wien bequem an den Fingern einer Hand abzählen. Zwangsläufig herrschte dort auch eine Art gemeinsames Selbstverständnis vor. Es gab überlappende Intentionen. Lagerbildung.

Im Art Club hingegen gab es ganz unterschiedliche Interessengruppen. Ältere Mitglieder redeten nicht einmal mit mir. Und ich nicht mit ihnen. Das war nicht einmal böse gemeint; es war einfach so. Sie hatten andere Erinnerungen. Andere Freundschaften. Andere Bezugspunkte. Die meisten von ihnen hatten sich schon vor dem Krieg gekannt. Sie hielten zusammen, das war eine Generationenfrage.

Ich ging in den Art Club, weil keine Alternativen existierten. Hätte ich eine Alternative gehabt, hätte ich sie wahrscheinlich wahrgenommen. Die wenigen Galerien hatten ihr festes Publikum und ihre festen Künstler. Zu den Eröffnungen kamen immer die gleichen Leute. Auch der Art Club hatte sein Publikum. Das Lokal, der Strohkoffer, war winzig. Wenn es brechend voll war, bedeutete das, dass kaum mehr als fünfundzwanzig, vielleicht dreißig Besucher gekommen waren.

Wenn man heute den Leuten zuhört, wie das war, damals, glaubt man, dass drei-, vierhundert Leute dagewesen sein müssen. Mit der Zeit wird eben alles verklärt. Das Lokal hieß übrigens zwar Strohkoffer, aber es gab dort gar kein Stroh. Die Wände waren mit Schilf bespannt. Sogar bei der Wandbespannung stimmt die Erinnerung mit der Realität nicht überein.

Begonnen hatte es damit, dass Gustav Kurt Beck, der die Nazizeit in Italien überstanden hatte, mit der Idee nach Wien zurückkam, etwas nach dem Vorbild des Pen Club zu gründen. Aber es gab von Anfang an Streit, und es endete im Streit. Die Proponenten, Beck, Gütersloh, Boeckl und Paul Otto Haug trafen einander im Cafe Rebhuhn in der Innenstadt. Haug, der in den letzten Kriegstagen in der Akademie gewohnt und das Institut vor den Einlass begehrenden Russen, laut „Nix Faschista! Gut Kultura!" rufend, gerettet hatte, warf Boeckl vor, ein Nazi zu sein. Boeckl sprang auf und ging. Wotruba solidarisierte sich mit ihm und ging auch.

Übrig blieb Gütersloh, der Präsident wurde. Letztlich war das Ausscheiden von Wotruba und Boeckl der Grund, warum Hundertwasser, Lehmden und ich, obwohl wir sehr jung waren, in den Vorstand gewählt wurden.

Von den alten Künstlern wurde nur eingeladen, wer außer Verdacht stand, je ein Nazi gewesen zu sein. Von den jungen Künstlern wieder nur die, denen man gewisse progressive Qualitäten zubilligte. Da aus diesen Jungen ausnahmslos etwas wurde (auch wenn es zum Teil nur der Markt war, der ihnen die höheren Weihen verlieh – ein elender Maßstab), müssen die Auswahlkriterien nicht ganz verkehrt gewesen sein.

Die erste Ausstellung zeigte der Art Club in den Räumen der Neuen Galerie, deren Inhaber, Otto Kallir-Nirenstein, von den Nazis vertrieben worden war und jetzt in New York lebte, wo er Schiele und Gerstl zeigte.

1950 präsentierte sich der Art Club in der Secession; mehr als achttausend Besucher sahen die Schau. Johann Muschik, der Erfinder der unsäglichen Wortschöpfung „Wiener Schule des phantastischen Realismus“ resümierte mit folgendem denkwürdigen Satz:

„Die Schar der Abstrakten wächst sich langsam zu einer Menschheitskrätze aus.“

Karl Maria Grimme, der im Dritten Reich ein Kritikerstar gewesen war, beobachtete „zumeist Widerwärtiges in plastischem, öldruckartigem Realismus“ – obwohl damals überhaupt keine Realisten, oder was man dafür halten konnte, vorkamen.

In diesem Jahr wurde Alfred Schmeller als einziger Nichtkünstler in den Art Club gewählt. Schmeller war ein geselliger Mensch, den man unvermeidlich überall antraf, wo gesoffen wurde. Er war aber auch ein Aufrührer, steckte hinter einer ganzen Reihe kleinerer Revolten. Unter seiner Führung veränderte sich der Art Club von einem Pen Club für Maler zu einer lustigen Partie.

Schmeller fand, dass wir ein Lokal als ständigen Treffpunkt benötigten. Max „Mecky“ Lersch bot dafür den Keller der Loos-Bar neben der Kärntnerstraße an. Der Keller war nicht besonders groß: drei Tische, ein Klavier und ein paar Hocker. Die Wände wurden mit Schilfmatten vom Neusiedler See ausgekleidet. Dort spielte sich eine Art immerwährendes Gschnasfest ab.

Es gab Leute, die den Künstlern ihr Bohème-Gehabe vorwarfen. Aber Arik Brauer warf sich schnell in die Bresche:

„Was heißt hier, Bohème vorspielen? Die Leute sind ja wirklich arm, und sie sind wirklich Künstler."

Wer tatsächlich Mitglied im Art Club war, ist bis heute zweifelhaft; ich war eine Zeitlang Sekretär und wusste es auch nie. Otto Breicha listete vierundsechzig Mitglieder auf, aber davon waren mindestens neun strittig. Arnulf Rainer, der beispielsweise auf der Liste stand, bestritt später vehement, je auch nur Teilnehmer gewesen zu sein.

Der Strohkoffer hatte ein dichtes Programm: Alle drei, vier Tage gab es Lesungen, Jazz, moderne Musik, Vorträge, Ausstellungen. An manchen Tagen standen die Leute bis zur Kärntnerstraße an, um eingelassen zu werden: Der Strohkoffer hatte den Ruf, dass es dort sehr freizügig zuginge.

Humbert Finck, der (später) berühmte Reiseschriftsteller, war Garderobier, Roman Haller machte die Gesichtskontrolle, die Künstler wurden durch die Keller der Nebengebäude eingeschleust. In den Nischen des Kellerlokals wurde debattiert, getrunken, geschmust, die Luft war erfüllt von den Gedanken an ungeschriebene Bücher und ungemalte Bilder.

Als Jean Cocteau einmal nach Wien kam, war der Andrang so groß, dass es zu Prügelszenen kam. Cocteau nahm es gelassen:

„Es gibt heute so etwas wie eine Verschwörung des Lärms", sagte er. „Die Künstler werden totgelobt. Jede Gesellschaft will ihre Dichter töten."

Das Ende des Art Club war so turbulent und chaotisch wie sein Beginn. Heinz Leinfellner versuchte, mir eine Ohrfeige zu geben, traf aber nur mein Genick. Es hätte nicht viel gefehlt, und der Art Club wäre in einer allgemeinen Rauferei untergegangen – was vielleicht sogar ehrlicher gewesen wäre. Aber damals, am Anfang, war es sehr wichtig für mich, irgendwo dazuzugehören. Es gab mehrere, wechselnde Gruppierungen. Alles passierte auf engstem Raum. Die älteren Künstler kamen meist nur zu den Eröffnungen. Es störte sie, dass Alkohol getrunken und geraucht wurde. An manchen Abenden fotografierte Franz Hubmann, und Uzzi Förster spielt auf. Klarinette. Wirklich feiner Jazz. 1948 machte er seine ersten Schallplattenaufnahmen und leitete eine Combo. Später spielte er mit Lionel Hampton, dem Modern Jazz Quartet und Ella Fitzgerald, mit Fatty George, Oscar Klein, Joe Zawinul und Friedrich Gulda. 1955 pachtete er ein Lokal in der Krugerstraße, in dem er regelmäßig auftrat. Dann übersiedelte er in den Keller des Chattanooga am Graben. Dort traf sich dann die ganze Aktionismus-Szene.

Eine Zeitlang gab Uzzi Förster praktisch jede Woche im Strohkoffer eine Vorstellung. Er war ein Viech, wie die Wiener sagen, ein begabter Blödler, der sein Publikum einen ganzen Abend mit seinem Schmäh unterhalten konnte.

Aber es kamen nicht nur Künstler und ihr Publikum. Einige waren wegen Uzzi Förster da. Andere wegen Friedrich Gulda (den ich nie mochte). Und es wurden Vorträge gehalten, die wieder ganz andere Leute anzogen. Und natürlich waren die typischen Adabeis dabei, wie sie überall zu finden sind; so beengt kann der Platz gar nicht sein. Wenn man sich Fotos aus dieser Zeit anschaut, glotzt immer jemand in die Kamera, den niemand kennt, von
 dem niemand weiß, wer das ist – aber er ist da.

Ich hatte nie das Gefühl, ein Künstler zu sein. Weder bei meinen ersten Erfolgen noch bei einer bestimmten Ausstellung. Es gab natürlich Leute, die mir sagten, ich sei jetzt berühmt. Aber was heißt das schon anderes, als in den Wiener Kaffeehäusern bekannt zu sein.

„Weltberühmt in Wien", nannten wir das.

Ich hatte nie das Gefühl, ich könnte ein großer Maler werden. Man kann Jahrzehnte lang arbeiten, ohne an so etwas auch nur zu denken. Bei einigen jungen Leuten beschleicht mich allerdings das Gefühl, es gehe ihnen vor allem um Anerkennung, darum, prominent zu sein. Die haben das stets im Hinterkopf. Aber gleichzeitig wissen sie auch, dass, wenn es ihnen tatsächlich gelingen sollte, alles aus ist. Denn der Ruhm ist, neben allem anderen, auch ein großes, schwarzes, alles verschlingendes Loch.

Ich habe immer auf die Zukunft gesetzt, und damit meine ich hundert, zweihundert Jahre. Ich habe mir vorgestellt, dass ich irgendwie miterleben könnte, wie das, was ich gemacht habe, als gut oder nicht gut genug erkannt wird. Ich habe mir vorgestellt, dass ich quasi als Gespenst beobachten könne, was mit meinen Bildern geschieht.

Ich bin immer davon ausgegangen, dass man frühestens nach hundert Jahren beurteilen kann, ob etwas Bedeutung hat oder nicht. Ob es bleiben wird oder nicht. Nach hundert Jahren gibt es genügend Abstand. Dann ist der ganze Kitsch weg. Dann ist das ganze überflüssige Füllzeugs weg. In hundert Jahren wird die heutige Kunst so gesehen werden, wie wir heute die Aquarellmalerei des 19. Jahrhunderts betrachten: als lieb, aber irrelevant. So wie wir heute das alte Florenz sehen: Damals arbeiteten dort hunderte Herrgott-Schnitzer, die sind inzwischen auch alle weg. Übrig geblieben ist nur Donatello. Und von ihm gab es nicht hunderte, sondern nur einen. Nach hundert Jahren ist der ganze Schmarrn weggeputzt.

Ich bin jetzt seit mehr als sechzig Jahren Maler. Aber das ist eine viel zu kurze Zeitspanne. Es braucht eine viel größere Distanz. Und zu meiner eigenen Arbeit brauche ich eine noch größere Distanz als gegenüber dem, was andere machen. Aber auch bei dem, was andere machen, wage ich nicht zu sagen, was in hundert Jahren noch Relevanz haben wird. Die ganze Kunstproduktion seit dem Krieg ist für mich noch nicht beurteilbar. Ich glaube, aus heutiger Sicht ist das einfach noch nicht möglich.

Natürlich könnte ich jetzt ein paar Namen nennen, ein paar von diesen Kulturfließbandschwindlern, die jetzt sehr teuer sind und die dann längst verschwunden sein werden. Wie Hans Makart, der zu seiner Zeit auch ein großer Star war – aber geblieben ist von ihm nichts; gar nichts. Trotzdem glaube ich, dass einige Künstler Bestand haben werden. Nur, ich werde nicht mehr da sein, um es mit eigenen Augen zu sehen. Ich werde keine hundert Jahre mehr auf dieser Welt sein. Und die Klärung, was gut war und was nicht, die kommt erst.

Nur über den Kitsch, über den Müll, über die Fließbandschwindeleien ist das letzte Wort so gut wie gesprochen.

Alles, was ich weiß, ist, dass man vielleicht kein Schwindler ist, wenn einen das eigene Gewissen ständig plagt. Wenn man sich immer wieder die Frage stellt, ob das, was man macht, Bestand hat vor den eigenen Augen.

Die meisten Schwindler wissen schließlich ganz genau, dass sie Schwindler sind. Einige haben sich allerdings so verstrickt in diesen Wahnsinn und Betrug, dass sie gar nicht mehr herausfinden aus ihren Lügen. Zu denen fällt mir nichts mehr ein. Für sie gibt es keinen Ausweg mehr.

Sie gelangen nicht mehr zur Wahrheit, soviel ist sicher. Je länger man schwindelt, desto sicherer wird der Schwindel für einen selbst zur Wahrheit. Das ist leider so. Sonst könnten sich ja all diese Schwindler von ihren Lügen befreien, spätestens wenn es ans Sterben geht. Aber sie tun es nicht.

Einige treten bis zuletzt auf, als wären sie völlig überzeugt davon, dass, was sie machen, einzigartig ist. Aber das schaffen sie nicht von Anfang an. Am Anfang kann man sie an ihrem Auftreten erkennen. Man kann sie an ihrem Verhalten gegenüber Menschen erkennen, die Geld haben. Da machen sie sich verdächtig. Da sind sie auf geradezu unappetitliche Weise liebedienerisch. Weil sie von Leuten mit Geld abhängen; von Leuten, die keine Ahnung haben. Sie verhalten sich im Grunde wie Autohändler. Die müssen auch Jahr für Jahr ihren neuesten Plunder losschlagen. Die brauchen auch jemanden, der ihnen abkauft, dass es sich beim ärgsten Schrott um eine tolle neue Errungenschaft handelt. Ihre ganze Existenz beruht darauf, andere zu überreden, ihren Schmarrn zu kaufen.

Für einen schlechten Maler sieht die Wirklichkeit genau so aus: Er muss aus seinem Klumpert etwas machen. Jetzt! Sofort! Wenn er einmal tot ist, ist er weg. Seine Geschäfte gehen vielleicht noch ein paar Jahre weiter, aber dann ist er unwiederbringlich vergessen. Dann wird er unwiederbringlich in den Orkus der Bedeutungslosigkeit hinuntergespült. Nein, es gibt keine bessere Waage als ein Jahrhundert oder zwei. Dazu braucht es keinen Eichmeister. Die Zeit funktioniert ganz von selbst. Die Zeit irrt sich nie.

Nur die Geschichtsschreiber irren zuweilen. Die Kunsthistoriker. Die Kritiker. Die Kunstagenten. Diese ganze Bande von Besserwissern. Aber was immer sie einst über all den hochgelobten Plunder gesagt oder geschrieben haben: Sie werden korrigiert werden. Früher oder später sind ihre Huldigungen Makulatur. Ebenso wie ihre Verrisse. Früher oder später setzt sich die Qualität von Kunst durch. Ganz ohne das Zutun dieser Kunstverwirrungsingenieure.

Meine idyllische Vorstellung von der Zukunft wird nur durch einen einzigen Umstand getrübt: Wir leben mittlerweile in einer Welt, die in einem nie zuvor registrierten Ausmaß geistlos, abgestumpft, brutal und gierig ist. In einer Welt, in der die Kunst nur noch als Konsumartikel, als Auktionsrekord und als Prestigeobjekt eine Rolle spielt. Wir leben mittlerweile in einer Welt ohne Hoffnung. Ohne Zukunft.

Mir ist schon klar, dass die Kunst auch in der Vergangenheit nicht nur die Versinnbildlichung des Wahren, Schönen und Guten war. Sie war schon immer ein wild umkämpftes Territorium, in dem nicht nur persönliche Vorlieben, soziale Statusfragen und finanzielle Interessen aufeinanderprallten. Im Lauf der Geschichte wurde die Kunst dafür missbraucht, den rechten Glauben zu propagieren, politische Ideologien durchzusetzen und wirtschaftlichen Interessen zum Sieg zu verhelfen. Sie war schon immer ein Politikum. Und es war seit jeher klug, sich zu fragen, wer sie finanzierte, wer sie definierte, wer von ihr profitierte. Die Antwort lautete meist: Die, die Macht hatten! Die Kunst war der Schafspelz, in den sich das Wolfsrudel der Mächtigen hüllte.

Für eine kurze Zeitspanne nach 1945 war das alles ohne Relevanz. Die Kunst spielte zwar keine Rolle, aber sie wurde auch nicht ausgebeutet. Es gab ein paar Menschen, die an sie glaubten. Über deren Motive konnte keinerlei Zweifel herrschen. Denn da sie keine Käufer waren, konnten sie auch keine Spekulanten sein. Da sie keine Sammler waren, waren sie auch frei von Gier.

Der Zuspruch, den man bekam, war echt.

Aber es hielt nicht lange vor. Schon bald begannen die Kritiker gehorsam wie Hunde zu bellen, sobald der Begriff Kunst hinter der Tür auftauchte. Sie waren allesamt ungebildet und dumm. Das war, als die Kunst schon wieder als etwas Luxuriöses galt, als etwas, das für normale Menschen nicht infrage kam. Es gab ein paar Leute, die das finanzierten, wie Manfred Mautner-Markhof. Für alle anderen war es schlicht eine Dreistigkeit, eine Zumutung, bodenlos und impertinent. Die Presse sah das genau so, und genauso bildete sie es in den Kritiken ab.

Selbst wenn ich ein guter Kunsthistoriker wäre (was ein Widerspruch in sich ist), könnte ich diesen Paradigmenwechsel, der damals eingetreten ist, nicht beschreiben. Ich würde schon daran scheitern, die Unterschiede der Zeit vor und nach Kriegsende zu erklären. Diesen jähen Umschwung nach sieben Jahren Diktatur, Barbarei und Unterdrückung. Ich würde schon daran scheitern, die Sirenen vor den Bombenangriffen zu beschreiben. Den Hunger. Die ständige Angst, in eine Uniform gesteckt und an die Front geschickt zu werden. Und dann, von einem Tag auf den anderen: die Amerikaner in ihren glänzenden Autos. Zigaretten und Kaugummis. Dosenfleisch in Hülle und Fülle. Schokolade und Bananen. Nylonstrümpfe. Und das Recht, ohne Angst über die Straße zu gehen. Und Bilder zu malen, wenn man es denn unbedingt wollte.

Die Moderne kam vor allem über die französischen Besatzer nach Österreich. Sie bildete Brückenköpfe, zuerst im Westen, und irgendwann tauchte sie auch im Osten auf. Aber sie konnte nicht wirklich Fuß fassen. Es war alles zerstört. Nicht nur viele der Orte, an denen Kunst stattfinden konnte: Das Verständnis vieler Menschen war zerstört.

Neben dem Wiederaufbau des ganzen Landes blieb für moderne Kunst kein Geld, keine Zeit, keine Bereitschaft, sich damit auseinanderzusetzen. Man ging ins Theater oder in die Oper. Man kaufte sich Postkarten. Das war die ganze Kultur, die die Leute sich gaben. Wir waren damals unglaublich arm. Aber kulturell waren wir damals nicht so arm, wie wir es heute sind.

Alfred Schmeller schrieb ein paar Jahre später einen Aufsatz, mit dem er die Situation recht gut traf:

„Wäre es nicht von Vorteil, sich mit der Möglichkeit vertraut zu machen, dass die Malerei und die Bildhauerei, dass die Kunst insgesamt auf ein totes Geleise geraten ist? Die Maler malen unentwegt und unter Entbehrungen weiter ihre Bilder, und kein Mensch kümmert sich darum. Vielleicht ist dies eine zwangsläufige Entwicklung. Jedenfalls sollten die Künstler am ehesten stutzig werden, denn sie verspüren die Folgen am eigenen Leib. Sie arbeiten ins Blaue hinein. Sie folgen ihrem Hang zur Gestaltung wahrscheinlich deshalb, weil sie sich sagen, dass Maler früher auch gemalt und nicht Semmeln ausgetragen haben. Sie behelfen sich, so gut es geht, sie führen Gelegenheitsaufträge aus, dekorieren Ausstellungen, liegen ihren Eltern auf der Tasche oder überlassen die Geldbeschaffung opferbereiten Ehefrauen. Die Maler hoffen auf plötzliche Anerkennung und Ruhm. Aber davon werden sie auch nicht leben können."

12

Als die Galerie St. Stephan ihre Pforten öffnete, waren die Amerikaner noch da. Die Russen auch, wenngleich sie sich nicht mehr so Furcht einflößend aufführten wie in den ersten Wochen. Es war eine gute Zeit. Es war ein gutes Leben. Weil es voller Hoffnung war. Voller Erwartungen an die Zukunft. Voller Glauben. Weil man sich noch der Illusion hingeben konnte, alles würde besser werden eines Tages.

Das Leben als Künstler war nicht leicht; aber wir nahmen es leicht. Jedenfalls habe ich, rückblickend, diese Erinnerung. Ich versuchte, ganz gegen mein Naturell, die Dinge hinzunehmen, die ich nicht ändern konnte, aber mir dort nichts gefallen zu lassen, wo ich mir einbildete, ich könnte etwas ändern. Nicht immer gelang es mir, das eine vom anderen zu unterscheiden.

In einem Artikel von Friedhelm Mennekes, den ich umgehend zurückwies, steht, dass ich „sehr früh einen überzeugenden Durchbruch hatte“. Ich habe keine Ahnung, um welche Art Krankheit es sich dabei gehandelt haben könnte. Ich war zu dieser Zeit noch immer Hilfsarbeiter und Zimmerausmaler. Ich war ein Bloßfüßiger aus dem Art Club, völlig verschuldet, weil ich Bilder malte, die nicht zum Verkaufen bestimmt waren. Kein Museum hatte damals eine Arbeit von mir in seinen Beständen.

Ich konnte allerdings viel ausstellen: Bis zum Ende der fünfziger Jahre wurden meine Arbeiten zu den Biennalen von Venedig, Lugano und Sao Paulo entsendet, zum Premio Lissone, zur Pittsburgh International und zur 4th Art International in Japan. Sie wurden im Stedelijk Museum Amsterdam, im Völkerkunde Museum Hamburg und bei der Guggenheim International Award Ausstellung gezeigt. Aber an einen Durchbruch kann ich mich nicht erinnern. *1*

Der erste Ankauf von so ziemlich jedem Künstler erfolgte damals durch das Kulturamt der Stadt Wien. Da es keine Käufer gab, hatte die Stadt Wien eine Monopolstellung – und nützte sie weidlich aus.

Im Kulturamt begegnete man uns Künstlern wie jeder x-beliebigen Partei, nur mit noch weniger Respekt. Professor Eduard Gaertner, der Hüter der amtlichen Despotie, tat sich besonders hervor:

„Jetzt kommen S' endlich weiter", grantelte er. „Wo haben S' denn Ihre Sachen? Na, geben'S es schon her! Danke, ich hab' genug g'sehen, das reicht!"

Es reichte wirklich. Wenn man einen Preis nannte, egal welchen, machte sich der Herr Professor darüber lustig. Er dozierte mit sadistischem Vergnügen, dass es eigentlich eine Zumutung sei, für das Machwerk, mit dem man ihn belästigte, auch noch Geld zu verlangen. Seine Unmutsbezeugungen waren Legende. Da konnte er einem so richtig hineinwürgen, wer der Herr und wer der arme Schlucker war. Nur, es gab keine Alternativen. Dabei war Gaertner nichts als ein emporgekommener Gebrauchsgraphiker.

„Gemma, gemma!" war sein Standard-Befehl an die Bittsteller, die vor ihm antraten; denn er musste, um seiner – in seiner Einbildung bedeutungsvollen – Stellung gerecht zu werden, ständig Zeitmangel vorspiegeln.

Die Galerie St. Stephan änderte an meiner wirtschaftlichen Misere vorerst gar nichts. Genau gesagt, hatte sie selbst ständig mit wirtschaftlichen Schwierigkeiten zu kämpfen; obwohl sie, verglichen mit anderen Galerien, hoch subventioniert wurde. Politisch galt sie als „schwarze" Einrichtung, als Vorfeldorganisation der ÖVP – sehr zum Leidwesen vieler ÖVP- und Kirchenfunktionäre, denen die unmoralischen, ja „un-bürgerlichen" Umtriebe der Galerie zutiefst zuwider waren.

Die Katholische Aktion und der Akademikerverband waren die Geld- und Quartiergeber, und öffentliche Mittel flossen ausschließlich aus dem Machtgefüge der schwarzen Reichshälfte. Erhard Busek war der führende Funktionär des Freunde-Vereins und nach dem Tod Otto Mauers dessen Präsident. Andererseits, zu den Vernissagen kam außer Busek und Heribert Steinbauer nie jemand von der Partei. Es kam überhaupt nie jemand von irgendeiner Partei. Nur die Vertreter der „Liga gegen Entartete Kunst" waren regelmäßig da, um sich zu alterieren. Wenn man heute durch Wien geht, trifft man ständig Leute, die behaupten, dass sie einen von der Galerie St. Stephan kennen, dass sie immer bei den Eröffnungen waren. Wenn das stimmen würde, wären bei den Vernissagen nicht vierzehn Leute gewesen, sondern hundertvierzig.

Otto Mauer hatte großes Interesse daran, seine Schäfchen zusammenzuhalten. Und wir vier hatten großes Interesse daran, dass sich niemand in unseren Kreis drängte. Obwohl wir ständig miteinander stritten – in diesem Punkt waren wir uns einig. Um uns bei Laune zu halten, organisierte der Monsignore zahlreiche gemeinsame Ausstellungen und Einzelpräsentationen. Und zwar nicht nur in der Galerie nächst St. Stephan, sondern in der Secession, im Völkerkundemuseum Hamburg, in der Galerie „Der Spiegel" in Köln, in Reutlingen, im Kunstmuseum Bern. Er unterstützte meine Ambitionen, an internationalen Ausstellungen teilzunehmen. Er hatte auch bei meiner Nominierung für die Biennale in Venedig seine Hände im Spiel, da bin ich mir ganz sicher.

Mit Künstlern, die sich bei uns anhängen wollten, gingen wir nicht gerade zimperlich um. Vor allem Wolfgang Hollegha konnte ziemlich aggressiv auf alles reagieren, das ihn störte.

„Da sieht man ja mein Bild nicht, wenn die Plastik mitten Im Raum steht“, tobte er, als Otto Mauer in einem Raum, in dem mehrere Holleghas hingen, eine schlanke, rot-blaue Säule von Roland Goeschl aufstellte.

Mauer reagierte wütend:

„Was soll das heißen, man sieht Ihr Bild nicht mehr? Heißt das, Sie empfinden ein Kunstwerk als störend?“

Hollegha gab nicht nach: „Es heißt, dass ich dieses Kunstwerk als störend empfinde. Es ist viel zu dominant. Es zerschneidet mein Bild in zwei Teile!“

„Das tut es keinesfalls!“ schrie Mauer. „Wer Ihr Bild sehen will, kann ja um die Plastik herumgehen!“

„Wer sollte das tun“, schrie Hollegha zurück, „nachdem diese zwei Meter große Keule mein Bild mittendurch zertrümmert hat?“

„Ich sage Ihnen was!“

Mauer nahm seine ganze Selbstbeherrschung zusammen.

„Ich werde jetzt in mein Büro gehen und ein Telefonat führen. Und wenn ich zurückkomme, will ich von all dem nichts mehr hören. Und wenn Ihnen das nicht passt, betrachten Sie die Ausstellung als abgesagt!“

Sobald der Monsignore sich wutschnaubend zurückgezogen hatte, nahmen wir die Goeschl-Plastik und tauschten sie gegen eine typische gedrehte Figur von Andreas Urteil aus, die wesentlich kleiner und vor allem nicht bunt war. Hollegha grummelte zwar noch immer herum, aber auf einen Bruch wollte er es dann doch nicht ankommen lassen. Als Otto Mauer das nächste Mal durch die Ausstellungsräume ging, tat er so, als würde er den Austausch nicht bemerken.

Es herrschte wieder Ruhe; bis zum nächsten Mal.

Ich hatte eigentlich kein Problem damit, wenn zu mei-
5 nen Bildern Skulpturen gestellt wurden. Aber ich regte

mich trotzdem auf. Aus Prinzip. Weil mich prinzipiell alles störte, das mir oder meinen Bildern zu nahe kam. Zu Roland Goeschl und Andreas Urteil hatte ich ansonsten ein gutes Verhältnis. Wir waren zwar nicht befreundet, aber wir kamen gut miteinander aus. Wenn wir eine Ausstellung aufbauten, tranken wir ein Glas miteinander und noch ein Glas – und stritten die ganze Zeit. Wir hatten unterschiedliche Vorstellungen: wie Kunst präsentiert werden müsse; was Kunst überhaupt bedeute. Wir waren in fast nichts einer Meinung.

„Die Wahrheit ist doch, dass ihr Maler euch bloß mit der Oberfläche abgebt. Mit Farbe. Mit den wirklich wichtigen Dingen habt ihr nichts zu tun“, ätzte Goeschl.

„Und ihr Bildhauer vielleicht schon?“ widersprach ich. „Ihr bleibt doch auch nur an der Oberfläche. Nur liegt bei euch der Fokus halt auf der Form. Aber die Welt hebt ihr damit auch nicht aus den Angeln.“

„Und wozu dann das Ganze? Wozu der ganze Aufwand, mit der wir die Kunst zur wichtigsten Sache der Welt erklären?“

Goeschl blieb immer ruhig, wenn er diskutierte. Er sezierte Inhalte, Begriffe, Worte. Er überlegte, ehe er etwas sagte. Was er dann sagte, war nie verletzend. Nie beleidigend. Aber scharf.

„Wenn du erwartest hast, die Kunst könne dem Leben einen Sinn geben, gibst du dich einer Illusion hin. Nichts kann dem Leben einen Sinn geben. Aber sie kann das Leben immerhin erträglich machen!“

Ich griff zur Flasche und schenkte uns ein. Wir mochten unterschiedliche Erfahrungen haben; unterschiedliche Vorstellungen. Aber wir waren uns meist einig, dass es gut sei, noch ein Achterl zu trinken. Für einen Alkoholiker war diese Zeit das reinste Paradies.

Wir prosteten einander zu.

„Auf das Chaos der Welt!“ brachte ich einen Trinkspruch aus.

„Auf das Chaos der Welt, das die Kunst nicht beenden wird!“ ergänzte Goeschl.

„Ich habe gelesen, nach Auschwitz könne es keine Kunst mehr geben“, begann er erneut. „Und wenn, müsse sie schwarz sein, chaotisch, indifferent, sinnlos, dissonant. Ich glaube, Adorno hat das gesagt.“

Ich hob mein Glas.

„Vielleicht ist es das“, sagte ich, „was die Kunst leistet, zumindest für uns. Dass wir uns nicht einverleiben lassen. Dass wir uns den Zwängen nicht unterwerfen. Dass wir unsere eigenen Wege gehen und auf günstigere Zeiten warten. Weißt du etwas Besseres?“

Er schüttelte bloß den Kopf.

Und später, nach einem weiteren Glas, wechselte er unvermittelt das Thema:

„Ich weiß nicht, wie du das gesehen hast, aber ich habe das Zeichnen gehasst in der Akademie. Es hat ja nur den Zweck, die Proportionen leichter zu finden. Unter dem Strich geht es nur um Farbe. Selbst die Form wird nur sichtbar durch Farbe. Die Farbe ist das Ziel! Die Farbe ist Anfang und Ende der Kunst! In der Akademie haben sie so getan, als wäre es das Zeichnen. Aber dem Gerüst den Vorrang über das Gebäude geben zu wollen, ist lächerlich. Alles beruht auf der Farbe. Nur durch Farbe sehen wir überhaupt etwas. Nur durch Farbe entstehen Ausdruck und Form!“

Und später, nach einem weiteren Schluck Rotwein, antwortete ich nachdenklich:

„Ich habe das Zeichnen immer geliebt.“

7 Ich schüttelte den Kopf.

„Die Zeichnung ist ein weites Feld, Roland. Es reicht von Lascaux bis Cézanne, von Leibl bis nach Mexiko, von China bis nach Hietzing, bis zu Wagner und Mungenast und Picasso und noch viel weiter. Entfernungen spielen keine Rolle, niemand misst hier Schritte oder Kilometer. Nur die Qualität zählt: Gut ist einfach, schlecht ist kompliziert, also zu viel des Guten. So einfach ist das."

„Du bist ein Romantiker", ätzte Goeschl. „Aber ein ganz geheimer. Du bist dir hoffentlich im Klaren darüber, dass das eine Minderheitsmeinung ist."

Da sagte er mir nichts Neues. Die Kuratoren und Kritiker und Kunsthistoriker und all die anderen, vorgeblich professionellen Betrachter präferieren das Komplizierte. Das Einfache weisen sie zurück. Sie sind kurzsichtig, dafür aber eingebildet. Das Einfache ist ihnen nicht kompliziert genug. Das Einfache bietet ihnen nicht genug Möglichkeiten für ihre Erklärungs-Verrenkungen. Das Malheur der öffentlichen (oder eigentlich: veröffentlichten) Kunstbetrachtung ist es, dass es keine Rezepte gibt; und deshalb ist auch keine Heilung der professionellen Besserwisser in Sicht.

Was für ein Jammer!

Die Kuratoren und Kritiker und Kunsthistoriker und all die anderen, angeblich so professionellen Bildbetrachter verstehen nicht, dass eine Entwurfsskizze nichts anderes ist als eine spontane, vom Einfall gezeichnete Notiz. Vom Gehirn ausgehend, an den Augen vorbei zur Hand und von der Hand auf das Papier gebracht, lebt die Idee plötzlich als sichtbares Zeichen auf. Eine gute Skizze ist der eingefangene, festgehaltene Gedanke. Ursprünglich. Unprätentiös. Aber daraus folgt, dass, wer nicht denken, auch nicht zeichnen kann.

Damals kam gerade die Diskussion um technische Zeichnungen auf. Die Kunstszene wälzte sich begeistert im Suhl dieses Themas. Die Pros und Kontras der Frage, ob die technische Zeichnung eine Verbesserung bringe oder nicht, flogen hin und her. Dabei war das Urteil längst gesprochen.

Natürlich können Reißbrett und Reißschiene, elektrische Maschinenzeichnung, Fotografie und Klebebilder die Großzügigkeit der Hand nicht ersetzen, vorausgesetzt, sie wird auch wirklich großzügig vom Gedanken geführt. Denn für den guten Gedanken gibt es mehr Dinge zwischen Himmel und Erde, zwischen Dach und Keller, als sich die Bundeskammer der Architekten und Ingenieur-Konsulenten, mehr Dinge, als sich die verschlafene Schulbildung träumen lässt.

Es war lächerlich zu glauben, man könne den geometrischen Aberglauben gegen die Klugheit des Auges ausspielen. Wer über genug Verstand und nur ein bisschen Intuition verfügt, weiß, dass nur die Ideenskizze die notwendige Aufklärung über das Bauwerk bringt. So war es schon immer, und so wird es auch weiterhin sein. Alles, worüber sich allenfalls diskutieren ließe, ist die Frage: Waren die großen Architekten deshalb große Architekten, weil sie gute Zeichner waren? Oder waren sie großartige Zeichner und sind deshalb großartige Baumeister geworden?

Aber selbst hier liegt die Antwort auf der Hand: Das eine bedingt das andere. Es ist wie bei der Henne und dem Ei. Am Anfang steht immer die Skizze, die Idee – und dann erst kommt alles andere.

Wir machten eine neue Flasche auf. Ich fühlte mich wie ein Fisch im Wasser. Ich liebe Streitgespräche. Streiten ist sinnvoll. Sein Sinn liegt darin, unterschiedliche Auffassungen auf den Punkt zu bringen.

Zuweilen gelingt das sogar. Ich kenne jedenfalls keine andere Kulturtechnik, die das leisten würde. Ein richtiger

Streit setzt Leidenschaft voraus. Einmal waren wir bei Werner Hofmann eingeladen, und alle standen schon in Hut und Mantel bereit zum Aufbruch. Aber ich war mit einem Streitgespräch mit Markus Prachensky noch nicht zu Ende. Wir hatten auf dem Weg zu Hofmann gestritten. Wir hatten uns während des Essens gestritten. Und wir stritten noch, als alle nur noch nach Hause wollten.

Schließlich mischte sich Hofmann in den Streit ein, und seine Frau Jacqueline erlag der irrigen Auffassung, uns beruhigen zu müssen. Aber es gab nichts zu beruhigen. Wir waren einfach noch nicht fertig.

Schließlich gingen wir im Streit auseinander. Aber als wir uns das nächste Mal trafen, war da nicht die geringste Verstimmung. Es war ja nicht darum gegangen, den anderen zu beleidigen oder herabzusetzen; es war darum gegangen, unterschiedliche Standpunkte bis zum Äußersten auszureizen.

Auch bei den Partys, die Sammler für uns Künstler gaben, wurde hitzig diskutiert – über Kunst, über Politik, über gesellschaftliche Fragen. Werner Hofmann liebte diese intensiv geführten Auseinandersetzungen ebenso wie ich. Es kam vor, dass unsere Gastgeber verzweifelten angesichts unserer Wortgefechte. Sie unternahmen sinnlose Schlichtungsversuche. Sie verstanden nicht, dass das nichts Persönliches war. Sondern Teil der Kultur, in der wir uns damals bewegten. Ebenso, wie es Teil der Kultur war, ein Glas nach dem anderen zu leeren. Schließlich reichte es mir.

Ich sagte: „Ich gehe!"

Aber ich ging nicht. Sondern diskutierte weiter.

Schließlich sagte Hofmann: „Ich gehe!"

Aber auch er ging nicht.

Wir blieben alle noch mehr als eine Stunde.

Auch in der Galerie gab es ständig Dinge, über die herzhaft gestritten wurde. Aber immer öfter mischte sich ein gehässiger Ton in die Auseinandersetzungen. Wir akzeptierten nicht nur keinen anderen Künstler in unserem Kreis: Wir selbst begannen uns auf die Nerven zu gehen. Es war ein bisschen wie in einer Ehe: Nach einer Zeit weiß man alles über den anderen. Und nicht alles gefällt einem. Aber man ist auf Gedeih und Verderb zusammengeschweißt. Ein paar Impulse von außen, ein bisschen frisches Blut hätte uns gut getan. Aber das wollten wir nicht. Eifersüchtig bewachten wir unser Revier – und sahen nicht, dass wir es gar nicht mehr wollten; dass es uns immer mehr verleidet war.

Nur ein paar Bildhauer wurden von uns geduldet: Roland Goeschl und Andreas Urteil, mit denen ich befreundet war. Joannis Avramidis und später Erwin Reiter. Ingeborg Pluhar, eine tolle Frau, mit der ich, wenn ich sie und Roland Goeschl von den Bildhauerateliers in der Meiereistraße abholte, immer wieder einmal auf einen Umtrunk im Gasthaus Emminger ging, durfte als Studentin einmal Zeichnungen ausstellen. Da konnten wir nichts dagegen machen. Mauer hatte ein Faible für Frauen.

Kiki Kogelnik war seine absolute Favoritin, aber auch Maria Lassnig, die manchmal vorbeikam und sich mit uns unterhielt, schätzte er sehr – ob als Frau oder als Künstlerin, habe ich nie ganz herausgefunden.

Heute klingt das entsetzlich, aber damals nahmen wir weibliche Künstler nicht wirklich ernst. Wir sahen sie nicht als Konkurrenz an. Außerdem, was hätten wir schon tun können? Wenn Mauer etwas wollte, wirklich wollte, musste man abwarten, bis er es bekommen hatte; oder bis er einsah, dass er es niemals bekommen würde. Ich kann nicht sagen, ob die Ausstellungen Verbeugungen vor der Kunst dieser Frauen waren – oder etwas ganz anderes.

13

Über die Galerie hatte Mauer ganz eigene Vorstellungen. Nicht, dass er uns von seinen Überlegungen ausgeschlossen hätte – er sprach sogar sehr gerne darüber. Wenn er zu dozieren begann, spürte man den Bekehrungsdrang, von dem er sich nie ganz lösen konnte. Er war überzeugt, die Kunst könne der Hebel sein, den Glauben zu entfachen; wobei es ihm natürlich nicht um den Glauben an die Kunst allein, sondern um den Glauben an eine höhere Wesenheit ging. Zu einer Zeit, als die Wissenschaft ihre Überlegenheit bei der Erklärung fundamentaler Fragestellungen tagtäglich unter Beweis stellte, beharrte er darauf, dass es letztlich nur mittels der Intuition möglich sein werde, den wesentlichen Antworten des Menschseins nahe zu kommen.

„Die Kunst", sagte er einmal, „ist ihrem Wesen nach eine Manifestation der Glorie Gottes, ein Hymnus seiner Herrlichkeit."

Ich hatte da einen etwas anderen Zugang: Egal, wie viel einem die Naturwissenschaftler vom Universum erklären, manche Phänomene bleiben chaotisch und unberechenbar. Sie erweisen sich aber auch für die Intuition als unzugänglich. In vielen Bereichen unseres Lebens herrscht schlicht die blanke Anarchie.

Ich war mit Otto Mauer darin einig, dass man die Geschichte der Menschheit durchaus auch als eine unendliche Suche nach einer höheren Ordnung sehen könne. Von der Sprache über die Gesetzgebung bis hin zu Religion und Wissenschaft dient alles dem Ziel, unserem chaotischen Dasein einen Rahmen zu geben. Aber anders als der Monsignore vertrat ich die These der Existenzialisten, über die es fälschlicherweise immer wieder heißt, sie glaubten nicht an eine allem zugrunde liegende Ordnung. Dabei haben sie lediglich einen klaren Blick für die Risiken und Torheiten, die mit einem obsessiven Ordnungswillen einhergehen.

Ich habe meinen Studenten immer wieder gesagt, dass unsere Bemühungen, Ordnung zu schaffen, ebenso sinnlos wie riskant seien, wenn wir dabei versuchten, ein Phänomen zu regulieren, das sich unserem Verständnis völlig entziehe: das menschliche Verhalten.

Es war immer wieder lustig mitanzusehen, wie sie darauf mit einer Mischung aus Empörung und Verwirrung reagierten. Dabei ist, mich ordnungsliebend zu nennen, eine bodenlose Untertreibung. Ich bin mir durchaus bewusst, dass ich pedantisch, voreingenommen und intolerant bin. Aber ich bin mir auch bewusst, dass uns die Dunkelheit, in der wir leben, auf diesem Gebiet unweigerlich scheitern lässt.

„Weil Kunst Deutung ist, ist sie aber auch Gericht und Urteil; und wahre Kunst ist wahres Urteil über das Antlitz und das Drama der Welt."

Selten brachte Otto Mauer seine Überlegungen so auf den Punkt. Viel öfter verlor er sich in tausend abwegigen Analysen, gebar Gedankenarabesken mit unzähligen literarischen und kunstwissenschaftlichen Anspielungen und entwarf ebenso gewaltige wie gewagte Satzgebilde. Wenn er aber, nach solch himmelhohen Ausflügen in die Abgründe der Metaphysik, der Semiotik, der Ästhetik, der Kunsttheorie oder gar der philosophischen Anthropologie in die Realität zurückkehrte, waren seine Wünsche zwar etwas, worüber diskutiert wurde; aber letztlich hatten wir sie zu akzeptieren.

Seine Eröffnungsreden waren rhetorische Meisterwerke. Natürlich immer ein wenig philosophisch und religiös verbrämt. Dieses Religiöse fügte er sehr geschickt ein. Er wusste genau, dass das nicht jedermanns Sache war. Er hatte kein Problem damit, dass wir uns nicht für Glaubensfragen interessierten. Was er bei den Vernissagen sagte, war nicht für uns, sondern für das Publikum gedacht.

Ich hatte einen besonderen Draht zu Otto Mauer. Wahrscheinlich, weil ich der einzige Künstler war, den man als gläubigen Menschen bezeichnen konnte. Allerdings redete ich nie über meinen Glauben. Mit Mauer nicht und mit anderen Leuten schon gar nicht. Mein Glaube geht nur mich etwas an. Aber ich bin Katholik. Das mag nicht zu meiner Abneigung gegenüber Organisationen, die vom Akademischen infiziert sind, passen. Und darüber, dass die Kirche vom Akademischen geradezu vollgesogen ist, kann es keine Zweifel geben.

Dennoch stoße ich mich nicht daran, oder jedenfalls nicht ständig. Vielleicht, weil sich für mich das Wesen des Katholizismus nicht in Lehre und Dogma und Gehorsam erschöpft, sondern in einer bestimmten Art zu fühlen. Ich mag alte Kirchen. Ich mag den Geruch des Weihrauchs. Ich mag die Stille, die Geräusche meiner Schritte auf dem steinernen Boden, das Knarzen der alten Bänke. Ich mag Gregorianische Gesänge und das Läuten der Glocken. Ich mag vor allem das Licht, das durch bunte Glasfenster fällt, und betrachte selbst den Kitsch bunter Madonnen und himmelwärts blickender Heiliger mit Nachsicht.

Ganz besonders mag ich Wallfahrtskirchen; sie sind meist völlig kunstfreie Räume. Niemals würden sie sich auf etwas Waghalsiges einlassen. Daher sind sie in gewisser Hinsicht fehlerfrei. Jedenfalls mit weniger Fehlern behaftet als Kunsthallen und Museen. Sie erfüllen, was sie versprechen. Alte Kirchen sind für mich so etwas wie eine Hoffnung, eine der letzten Hoffnungen überhaupt. Dagegen kommen Obskuritäten wie Kirchenrecht, Pillenenzyklika und Priesterzölibat nicht an.

Jedenfalls, so denke ich, war meine diffuse, infantile, aber unverbrüchliche Gläubigkeit die Basis meiner Freundschaft mit dem Monsignore.

Mein Glaube war wichtig für mich. Er ist es nach wie vor. Aber brauchte ich auch die Kirche? Benötigte ich sie je? Ich benötigte sie jedenfalls nicht, um zu überleben. Ich benötigte sie nicht als Auftraggeber. Aber ich wollte auch nie einer dieser Maler sein, die die Kirche missbrauchen. Diesen Leuten scheint der Unterschied zwischen einer Kathedrale und einem Bordell völlig fremd zu sein. Es drängt sich, im Gegenteil, der Eindruck auf, als lebten sie gerade von dieser Missachtung. Ich kann kaum nachvollziehen, wie diese Leute denken.

Es mag durchaus Zeiten gegeben haben, in denen Künstler noch mit ihren Auftraggebern kämpfen mussten; aber diese Zeiten sind vorbei. Diese Kämpfe waren oft heikel, schwierig, unerquicklich, enervierend; aber sie waren auch fruchtbar, wie die Ergebnisse zeigen. Sich heutzutage darauf zu berufen, wäre lächerlich. Es wäre lächerlich, jemandem zu sagen, er müsse kämpfen, um sich durchzusetzen. Wer so redet, liefert nur Scheingefechte an der Kunstgewerbefront. Er versteckt sich.

Die Nachfolger der Kirche sind die großen Banken oder Versicherungen. Über ihre Legitimität lässt sich streiten. Über ihre Satisfaktionsfähigkeit nicht. Während die Kirche in früheren Zeiten zumindest noch für Überzeugungen stand – wenn auch oft genug für fragwürdige –, stehen die Banken und Versicherungen für nichts; außer ihrem Profit natürlich. Ihre glatten Fassaden bieten keinen Angriffspunkt. Ihre Bosse setzen sich auch kaum einmal selbst mit der Kunst auseinander, wie es das kirchliche Führungspersonal noch getan hat; sie kaufen nicht, sie lassen kaufen.

Allerdings bedienen sie sich dazu allzu oft eher eingebildeter als gebildeter Einkäufer. Sie suchen sich oft genug Leute aus, die keine Ahnung von Kunst haben. Sie entscheiden sich für Personen, die bestenfalls wissen, was angesagt ist. Die aus Inkompetenz und Impertinenz entstandenen Sammlungen sind wahre Schreckenskabinette; das, was sich an Kunst darin befindet, ist eher zufällig hineingelangt und meist verschüttet unter Fließbandschwindeleien.

Unter Müll. Unter Kitsch.

Zugegeben, es ist schwierig, die Qualität von Kunst zu beurteilen. Es ist schwierig, die richtigen Kunstwerke zu finden. Es gehört Glück dazu. Die Frage ist, ob man den Managern, diesen Wirtschaftstreibern, die oft mehr vernichten, als sie je wieder aufbauen könnten, wirklich Glück wünschen soll.

Wenn es um Kirchenkunst geht, unterscheiden sich viele Pfarrer so gut wie gar nicht von den Managern. Die vielen grauenhaften Kirchen, die nach 1945 errichtet wurden, sind der schlagende Beweis dafür. Ihre niederschmetternde Banalität zeigt: Es ist schwierig, die richtigen Entscheidungen zu treffen. Es gehört Glück dazu. Die Frage ist, ob man der Kirche Glück wünschen soll.

Unsere Pfarrer erhalten eine äußerst dürftige Kunstausbildung. Ihr Kunstverstand reicht meist nicht sehr weit. Oft reicht er nur zum Verschachern und Vernichten des Alten. Oft reicht er nur zum Erwerb des zweifelhaften Neuen. In den Priesterseminaren wäre, so hört man, wenig Platz für den Kunstunterricht. Genau so sehen viele der neueren Gotteshäuser auch aus. Noch nie war der Zustand unserer Kirchen schlechter. Noch nie war ihre zeitgemäße künstlerische Ausstattung schlechter. Das sagt viel über die Verfassung der Kirche selbst aus. Irgendwann werden unsere Urenkel darüber befinden. Die Kirchengeschichte wird ihr Urteil abgeben. Die Kunstgeschichte ebenfalls. Frei von zeitgeistiger Verwirrung. Das Urteil wird nicht gerade freundlich ausfallen.

Wie es aussieht, brauchen weder die Künstler die Kirche, noch braucht die Kirche die Kunst. Die Künstler scheinen aber nicht nur die Kirche, sie scheinen auch die geistige Basis, auf der sie gebaut ist, für überflüssig zu halten. Das halte ich für einen Fehlschluss; mehr noch: für eine Verkennung dessen, was wirklich zählt im Leben.

Wenn man nicht gerade überzeugter Atheist oder eingeschriebener Stalinist ist, müssten schon einige wenige Stunden in Jerusalem genügen, um sich darüber klar zu werden, dass Jesus wirklich gelebt hat. Natürlich muss man den Fremdenverkehr ausblenden. Überall, wo ein Geschäft gewittert wird, gibt es jemanden, der es machen will. Überall, wo Leute zusammenkommen, gibt es jemanden, der Würstelstände und Buden mit Andenkenkitsch aufstellt. Und Weihnachten scheint überhaupt die niedrigsten Instinkte zu wecken. Aber wenn man das alles ausblendet, bleibt ein Land, über dem ein besonderes Licht liegt. Die Orte, die jeder aus der Bibel kennt, liegen unglaublich nah beieinander. Es ist tatsächlich ein heiliges Land. Christus scheint noch immer anwesend zu sein.

Dort, wo früher Wüste war, werden heute Bäume gepflanzt. Bäume zu pflanzen ist eine Handlung, die mit den

 Händen ausgeführt wird – etwas, das unsere Gesellschaft

tunlichst zu vermeiden trachtet. So als wäre es etwas Schmutziges. Etwas Peinliches. Etwas Niedriges. Die einzigen Handreichungen, die heutzutage gesellschaftlich akzeptiert sind, bestehen darin, Aktendeckel auf- und wieder zuzumachen. So ist diese Gesellschaft auch auf die Fließbandarbeit gekommen: Eine Ersatztätigkeit, die erschreckende Auswirkungen auf diejenigen hat, die an den Fließbändern stehen müssen. Und in der Folge für jeden von uns.

Beim Pflanzen von Bäumen hingegen geht von den Händen die Überzeugung aus, etwas Gutes, etwas Ganzes, etwas Sinnvolles zu tun. Beim Arbeiten mit den Händen tritt das fast immer ein. Allerdings lassen Eltern ihre Kinder lieber schlechte Rechtsanwälte werden als gute Handwerker.

Sie vergessen dabei, dass ein Mensch das, was er macht, vom Anfang bis zum Ende überblicken können muss. Wenn er das kann, stellt er auch etwas her, das Sinn macht. Jesus war Zimmermann. Zu Weihnachten kaufen und schenken einander die Leute in Erinnerung an einen Zimmermann das Schlechteste, was das Fließband erzeugen kann: nämlich Plastik-Müll.

Im Heiligen Land fallen solche Gedanken ganz automatisch von einem ab. Man sieht das Land, die Weite des Himmels, die unfassbare Nähe der Geschichte – und beginnt zu begreifen.

Und doch: Kein Künstler braucht heute noch die Kirche. Aber jeder Künstler braucht einen Glauben. Das hat mit der Kirche nichts zu tun. Es hängt ausschließlich damit zusammen, dass niemand ohne Gewissen lebt.

Selbst wenn wir noch nicht angefangen haben, bewusst zu denken, verfügen wir bereits über ein Gewissen. Wir verfügen bereits über die Fähigkeit zu entscheiden. Bereits im Säuglingsalter wählen wir aus, machen durch unser Geschrei oder ein Lächeln deutlich, was uns gefällt und was uns nicht gefällt.

Wir verfügen über diese Fähigkeit praktisch vom ersten Tag unserer Existenz an. Später, wenn wir älter werden und unsere Gedanken weiter und weiter spinnen, wenn wir letztlich alles mit uns selbst abmachen müssen (denn nichts wird einem in Wirklichkeit geschenkt), werden unsere Entscheidungen bewusster. Unser Bewusstsein (auch nur ein anderes Wort für Gewissen) fragt uns, ob wir das, was wir machen, gut machen. Oder ob wir das, was wir machen, schlecht machen. Gleichgültig, ob man Tischler oder Schneider oder Fliesenleger oder Schuster oder Maler ist: Wir kämpfen alle mit unserem Gewissen. Wir kämpfen alle mit der Frage, ob, was wir machen, wert ist, gemacht zu werden.

Aber es gibt eben fast keine Tischler und Schneider und Maler mehr. Es gibt fast niemanden mehr, der, was er macht, überblicken kann. Die meisten von uns sind Fließbandarbeiter. Und das beschränkt sich nicht auf die Fabriken. Es betrifft ebenso Banken, Rechtsanwaltskanzleien, Versicherungsbüros, Behörden. Jeder ist nur mehr ein kleines Rädchen in einem großen Räderwerk. Keiner sieht mehr das große Ganze. Niemand überblickt mehr das Ergebnis seiner Arbeit.

Keiner hat mehr ein Gefühl dafür, ob es gut oder schlecht ist, was er macht. Darüber entscheidet ein anderer. Das ist schlechthin das Kennzeichen unserer Zeit: Dass die Menschen entwurzelt sind. Dass sie nicht mehr sehen, was sie tun. Dass sie nicht mehr beurteilen können, ob es gut oder schlecht ist. Dass Maschinen das Kommando übernommen haben. Dass jeder nur noch ein winziger Teil im Getriebe ist. Ersetzbar. Austauschbar. Entbehrlich.

Ich denke, dass das der Grund ist für all den Plunder, mit dem wir uns umgeben. Der Grund, warum wir beim Wegwerfen nichts mehr empfinden: Weil nichts mehr einen Wert besitzt. Weil wir die Fähigkeit zu entscheiden, was gut und was schlecht ist, eingebüßt haben. Weil wir nicht mehr über das nachdenken, was wir machen. Weil wir gar nicht mehr beurteilen können, ob und welche Bedeutung es hat. Wir kommen nur noch über den Tag, indem wir darüber hinwegreden, was da mit uns geschieht. Wir schaffen den Alltag nur noch, indem wir reden, ohne etwas zu sagen. Damit unser Gewissen nicht zum Nachdenken kommt.

Die entwickelten Länder haben für diese Konstellation den Psychiater erfunden. Der Psychiater hat den Priester ersetzt. Statt über unser Gewissen reden wir jetzt über unser Unterbewusstes. Statt des Beichtstuhls suchen wir die Ordination auf. Die Buße haben wir ersatzlos abgeschafft. Stattdessen schlucken wir Medikamente.

Aber es hilft alles nichts: Nie zuvor gab es so viele schlechte Handwerker. Nie zuvor so viele schlechte Fließbandarbeiter. Nie zuvor so viele schlechte Manager. Wir haben gelernt, unser Gewissen – diesen tiefen Graben in uns – zu überbrücken. Zuzuschütten. Aber es ist noch immer da. Verschüttet, aber noch nicht tot. Wenn es uns jemals gelingen sollte, unser Gewissen endgültig zum Schweigen zu bringen – und damit die einzige Verbindung zum lieben Gott zu kappen –, wird diese Welt endgültig vor die Hunde gehen.

Die Sehnsucht nach einer besseren, gerechteren Welt und die Begeisterung für die Natur waren die Triebfedern der Kunst des 19. Jahrhunderts. Wie fremd, wie abgehoben, wie lächerlich uns das heute erscheint. Aber das Wahre,

Schöne und Gute geriert sich noch immer als unser Kompass durchs Leben. Daran ändert nichts, dass wir Wahrheit für etwas Relatives, Güte für Schwäche und Schönheit für fragwürdig halten. Wir tun so, als wären all diese Parameter nichts als ein zynischer Witz, im Grunde lächerlich, vor allem aber verlogen. Die Hoffnung auf eine bessere Welt haben wir, scheint's, endgültig verworfen. Wir glauben an nichts mehr. Nicht an die Kunst. Nicht an die Religion. Nicht an die Politik. Nicht an das Vorbild anderer Menschen – alles und jedes hat seinen Mythos verloren.

Wir glauben an nichts mehr. Aber gleichzeitig spüren wir, dass uns etwas fehlt. Der Verlust des Glaubens als etwas Erhebendes, Wertvolles, Bedeutendes wiegt schwer. Wir haben ihn eingetauscht gegen materielle Vorteile. Gegen technisches Spielzeug. Gegen Unverbindlichkeit. Gegen Bequemlichkeit.

Aber die Sehnsucht ist nicht so leicht umzubringen. Auch wenn alles, woran wir einst glaubten, der Lächerlichkeit preisgegeben, verzerrt, verdrängt, verschüttet ist – die Sehnsucht selbst werden wir einfach nicht los. Sie brennt wie ein Geschwür in unserem Bauch. Sie manifestiert sich im Kitsch – also im Gegenteil dessen, worum es der Kunst geht. Denn Kitsch ist das Gegenteil von wahr; eine Lüge.

Kitsch ist das Gegenteil von schön, sondern allenfalls schön gemacht. Und Kitsch ist das Gegenteil von gut. Weil Kitsch stets an der Oberfläche bleibt.

Weil er keine Nachhaltigkeit kennt.

Keine Ambivalenz.

Keine Tiefe.

14

Die Kunstrichter gingen von Anfang an wenig schonend mit mir um – und ich mit ihnen. Schon meine erste Ausstellung im Art Club, im Jänner oder Februar 1952, widmete ich dieser ganz speziellen Gattung Mensch und beschimpfte sie vor Publikum – lange bevor die Literaten auf diese Idee kamen.

Viele Kritiker waren damals alte Nazis. Sie hatten sich ihre Sporen mit radikaler Ablehnung der so genannten entarteten Kunst verdient und machten jetzt weiter, als wären die Braunhemden noch immer an der Macht – womit sie ja nicht einmal Unrecht hatten. Einer der prominentesten dieser Zunft hatte Adolf Hitler für seine Skizzen zur Ruhmeshalle euphorisch als „Erfinder der rechteckigen Säule" gehuldigt. Jetzt fühlte er sich herausgefordert, über meine Kunst zu lästern. Ich vergaß es ihm nie. 1964 stöberte ich seinen unsäglichen Essay bei einem Altpapierhändler auf; Otto Mauer organisierte eine Ausstellung, bei der wir diesen – mittlerweile wieder – hoch angesehenen, aber von Erinnerungslücken geplagten „Kunstkenner" mit seinen ewig gestrigen Texten vorführten.

Das rief damals eine ziemliche Aufregung hervor. Und natürlich bekam ich von ihm und seinesgleichen nie mehr eine gute Kritik; aber das war es mir wert.

In lustigen Bildgeschichten zahlte ich ihnen ihre Miesmacherei mit gleicher Münze heim. In „Der Brand in der Staatsdruckerei und das fliegende Augarten-Porzellan" ging es um die Entwürfe zum Eisernen Vorhang der Staatsoper, die in der Staatsdruckerei ausgestellt waren. Die Vorlagen von Wotruba und Boeckl, Max Weiler und Marc Chagall hatten natürlich keine Chance. Den Zuschlag bekam Rudolf Hermann Eisenmenger, NSDAP-Mitglied seit 1933 und von Hitler heiß verehrt und massiv gefördert. Die Kunst-Banausen der Regierung Raab hatten keinerlei Bedenken – weder bezüglich seiner politischen, geschweige seiner künstlerischen Haltung.

Dieselben Leute hatten ja auch Robert Fuchs den Auftrag für das Staatsvertragsgemälde gegeben. Es störte sie nicht ein bisschen, dass Fuchs einmal die Weltkugel als eine Art Scheibe gemalt hatte, auf der Bach, Strauß und Lanner standen, während unten, im Höllenfeuer, die Modernen, Arnold Schönberg und Alban Berg, schmorten. Das passte wahrscheinlich sogar perfekt in ihr Weltbild. Und vermutlich ginge es auch heute noch durch.

Vor ein paar Jahren protestierten mehr als zwanzigtausend Menschen dagegen, dass der Eisenmenger'sche Eiserne Vorhang der Staatsoper verhängt wurde – durch Folien von Kunstwerken, die jeweils für den Zeitraum einer Spielzeit von einer Jury ausgewählt wurden. Zuletzt sah ich eine großartige Arbeit von Rosemarie Trockel, die das Blattgold-Machwerk mit einer schwarzen, wie von Spinnweben überzogenen Fläche verhüllte.

Ein passenderes Sinnbild für die Staatsoper kann man sich kaum vorstellen.

Damals, als ich die Hawranek erfand, waren Zeitungen praktisch die einzigen Medien. Der einzige Müll, der anfiel, war Zeitungsmüll. Zeitungskritikermüll.

Inzwischen ist dieser Müll ins Hunderttausendfache angewachsen. Es gibt nicht bloß Zeitungen, es gibt Radio und Fernsehen, das über Satellit in die ganze Welt ausgestrahlt wird. Und damit gibt es eine weltweite Verbreitung der Phrasen-Drescherei, des nie enden wollenden Geplappers, des zähflüssigen Kritiker-Gewäschs. Und es wird sogar noch schlimmer. Meine Tochter Anna kann mit ihrem Telefon sogar fotografieren, sogar Filme machen. Und dieser ganze Wahnsinn wird mittels des Internets zu einer Lawine, die alles unter sich begräbt. Diese Lawine macht es einem unmöglich zu unterscheiden zwischen dem, das noch irgendetwas bedeutet, und dem großen Rest.

Wenn man in der U-Bahn fährt, kann man beobachten, wie jeder Zweite telefoniert, und man kann, ob man es will oder nicht, hören, welchen Nonsens sich die Leute mitzuteilen haben. Das Geplapper ist mittlerweile zu einer weltumspannenden Müll-Lawine geworden.

Das Telefon ist überhaupt eine entsetzliche Erfindung. Ein hässliches, aufdringliches, unzivilisiertes Ding. Fordernd. Irritierend. Störend. Es unterbricht jegliche Tätigkeit. Es vernichtet jeglichen Gedanken.

Ich kann nicht glauben, wie wichtig es die meisten Leute nehmen. Es ist mir absolut rätselhaft, dass sie dieses brutale, enervierende Gerät überallhin mitschleppen. Wahrscheinlich, damit ihre Privatsphäre möglichst überall zerstört wird. Denn das Telefon hat kein Gewissen. Es kennt keine Zeit. Es klingelt, wenn man schläft, duscht, betet, sich liebt, streitet, malt, liest. Es klingelt, wenn man einfach seine Ruhe haben will.

Die Geräusche, die es von sich gibt, sind von einer Aufdringlichkeit, die es einem unmöglich macht, es zu ignorieren. Mit seinem wütenden, Aufmerksamkeit heischenden Geschrei raubt es mir den letzten Rest von Gelassenheit.

Die Hawranek sollte ein Gegenpol sein. Ein Gegenpol zum Geschrei der Welt. Zur Wichtigmacherei. Zur Wichtigmacherei der Kritiker.

Dass ich die Hawranek kreierte, war pure Notwehr. Ich wollte dieses leere, böswillige, giftige Geraunze keinen

Tag länger über mich ergehen lassen, ohne mich zu wehren. Auf die Idee kam ich, weil ich so viel las. Schopenhauer, Kierkegaard, Nietzsche, sie alle lehnten sich gegen ihre Kritiker auf. Das zieht sich wie ein roter Faden durch die ganze große Literatur. Ich kenne keinen wichtigen Schriftsteller, der nicht gegen diese Miesmacher aufbegehrt hätte. Der Hass auf die Quengler, die Nörgler, die Lästerer, die, die alles immer besser zu wissen vorgeben, obwohl sie keine Ahnung haben, kommt ganz automatisch, wenn man schreibt, malt oder komponiert; wenn man etwas macht, das vorher noch nicht da war. Zuerst liest man in den Büchern darüber.

Und irgendwann wird einem klar, dass es auch in einem selbst bohrt und krampft. Irgendwann werden die Wut, die Verachtung, die Ohnmacht so groß, dass man sich hinsetzt und in dieselbe Kerbe schlägt.

Die Figur der Hawranek hat sich ganz langsam entwickelt. Anfangs habe ich mit Krokodilen experimentiert. Aus den Krokodilen wurde die „Petrolfee", also jemand, der gerne Feuer legt. Und daraus wurde die Hawranek. Den Namen hatte ich aus dem Telefonbuch. Sobald ich sie erfunden hatte, verschwand die Petrolfee. Aber bei der ersten Ausstellung in der Galerie St. Stephan war es noch sie, die eine Feuerwand um mich errichtete.

Es war natürlich geradezu tollkühn von mir zu erwarten, dass dieselben Leute, die Max Beckmann, Heinrich Campendonk, George Grosz, Alexej Jawlensky, Wassily Kandinsky, Oskar Kokoschka, Ernst Wilhelm Nay und Kurt Schwitters als entartet verfolgt und vertrieben hatten, sich ernsthaft mit meiner Arbeit auseinandersetzen würden. Aber ich war jung, voller Idealismus, voller hochfliegender Hoffnungen, und brachte, was ich in den Büchern über ihre Bösartigkeit gelesen hatte, noch nicht mit mir in Verbindung. Schon die ersten Rezensionen nach der Ausstellung im Art Club belehrten mich eines Besseren. Es waren ausschließlich Verrisse; missbilligend, mäkelnd, rufmörderisch.

Da war von „Verschlingungen zarter Kurven und Schleifen“ die Rede, davon, dass das alles nur Improvisation sei. Ein anderer Kritiker nannte meine „Farbstiftübungen“ belanglos und stellte (sich, mir?) die Frage, ob ich mich vielleicht selbst etwas zu ernst nähme. Ein dritter rätselte in aburteilendem Ton darüber, warum auf einem Bild die „Platte mit Gegenständen“ gewölbt sei. Was ich zeigte, schrieb er, sei „typisch spät und alt, nicht ohne ästhetische und formale Reize, aber ohne wirkliches Leben und darum keine Form: manchmal kraftmalerisch, aber ohne echte Kraft“. In meinen Bildern, schrieb er, sei kein „Ursprung und somit auch nur wenig Zukunft“.

„Alt“ ärgerte mich am meisten.

Andere Kritiker nahmen dieses Attribut sofort auf; es blieb an mir hängen, weil in dieser Branche jeder von jedem abschreibt. Als ich mit Arnulf Rainer in der Galerie Würthle ausstellte, hieß es, meine Radierungen seien zwar „kultiviert“ und „spannungsreich“, aber „nicht jung“. Und die farbigen Arbeiten seien sogar „noch älter“. Alles sei zwar sehr ordentlich gebaut, bewusst und diszipliniert, aber „aller Emotionen ledig“.

Ein anderer dieser unsäglichen Kaste sah ein „konstruktives Gewirr von sinnlosen Linien und schraffierten Flächen“ – mit anderen Worten: Er sah nichts. Nichts anderes jedenfalls als eine „richtige Schmockerei“! Dass ich eine Serie von Köpfen jedes Mal mit „Kopf“ betitelte, war in seinen Augen einfach lachhaft. Weniger zum Lachen fand er, dass Fritz Wotruba Arnulf Rainer und mich mit Egon Schiele verglich. Er nannte diesen Vergleich einen „Kulturschwindel größten Stils".

Natürlich bekam auch Wotruba sein Fett ab, den er als „Papst der Modernisten an der Akademie" und „engagierten Parteigänger der Amerikaner" verunglimpfte. Er ließ offen, was er für das gröbere Schimpfwort hielt. Es hätte mich nicht überrascht zu erfahren, dass dieser geifernde „Kunstkenner" Blutordensträger war. Ein alter Nazi war er offenbar; das waren sie fast alle. Trotzdem ärgerte, mehr noch: schmerzte, was er geschrieben hatte und was zigtausende Menschen lesen konnten.

Ein anderer Rezensent fragte sich, ob „Experimente dieser Art" überhaupt als „künstlerischer Selbstzweck" durchgehen dürften. Wer sich die Ausstellung ansehe, könne sich des Eindrucks nicht verschließen, „in einer modernen Lehrschau für angehende Kunstgewerbler zu sein".

Dagegen brachte ich nun also die Hawranek in Stellung. Gegen Leute, die mich auf schmutzig-weißen Zeitungsseiten öffentlich besudelten. Sie sollten sehen, wie man sich dabei fühlt, wenn einem eine hineingewürgt wird. Natürlich hätte ich einen Schritt zurücktreten, Gelassenheit zeigen und mir sagen können, dass jede Gesellschaft die Kunstbegleiter hat, die sie verdient. Ich hätte mir sagen können, dass jede Gesellschaft schließlich auch die Kunst hat, die sie verdient: In denselben Medien, in denen ich verrissen wurde, wurden die Modemaler, die Zeitungsenten und Ornamentarchitekten ins beste Licht gerückt.

Ihre Machwerke zeichneten sich vor allem dadurch aus, dass sie schön waren. Kein neuer Gedanke, kein neuer Ansatz störte die geleckte Belanglosigkeit.

Das war es also, was die Kunstbegleitgeier wollten; damit also lockten sie die Schafe an. In den Bildern gab es nichts, an dem man anecken, an dem man sich reiben hätte können. Diese Bilder verbaten sich auch nur den leisesten Hauch einer eigenständigen formalen Lösung. Sie versagten sich den geringsten Ansatz eines Experiments. Sie waren ein einziges Hoch auf die Umschreibung. Auf die Scheinphilosophie. Auf die angenehmen Kunstgewerberichtungen. Alles war eitel, alles war Wonne. Was hier gemacht und gefeiert wurde, war anmaßend und seicht – doch hoch im Kurs und ohne Risiko.

Kristian Sotriffer, den ich besonders verabscheute, hatte die Stirn zu behaupten, dass „die Zukunft der Mikl'schen Abart des Informel" (was für eine groteske Fehldeutung) nicht in großen Formaten liege. Er verstieg sich zum Rat, ich möge das „Hasardieren mit dem breiten Pinsel" möglichst bald aufgeben. Beim Anblick des vierhundert Quadratmeter großen Deckengemäldes im Redoutensaal hätte ihn glatt der Schlag getroffen! Schade, dass er schon tot ist. Ich hätte ihm dabei gerne zugesehen.

Wozu sich dieser Mensch erdreistete, ließ bei mir regelmäßig die Sicherungen durchbrennen. Nach einer Ausstellung in der Galerie St. Stephan schulmeisterte er, meine „Handschrift" lasse noch immer zu wünschen übrig. In allzu vielen Bildern herrschten ein „wirres Umherfegen" und ein „Stehenlassen zufälliger Ergebnisse" vor.

Ich kann nicht sagen, was mich mehr auf die Palme brachte: seine Beckmesserei oder seine Anmaßung. Leute wie ich spielen mit fünf Jahren Klavier und schreiben mit sieben Musik. Sie verfassen Gedichte seit frühester Kindheit, und mit Zeichnen und Malen sind sie vielleicht noch früher dran.

Wer den Weg kennt, mag es nicht, wenn von links und rechts ungebetene Ratschläge kommen. Wer den Weg kennt, weist dilettantische Einmischungen zurück – nicht aus Hochmut, sondern weil er seine Zeit nicht verplempern will.

Viele große Künstler haben die Belästigung durch Kritiker beklagt, deren Inkompetenz nur noch von ihrer Arroganz übertroffen wurde. Viele große Künstler haben darüber geschrieben, wie sehr sie unter dieser Mischung aus öffentlich gemachter Dünkelhaftigkeit und Dummheit zu leiden hatten. Aber gelesen wird nur, was Eselin und Esel aus dritter Hand erfahren. Und selbst, wenn sie zufällig über den richtigen Text stolpern, bringen sie ihn nicht mit den eigenen Vorurteilen in Beziehung.

Es kam für mich nie infrage, den Kritikern in ihren eigenen Medien entgegenzutreten: Das hätte nur noch mehr Zeitungsmüll verursacht. In den Zeitungen wären auch nur Karikaturen daraus geworden. Aber ich bin Satiriker. Und der Unterschied zwischen einem Karikaturisten und einem Satiriker ist ungefähr so groß wie der zwischen einem Journalisten und einem Lyriker. Ihre Ausgangsbasis ist eine ganz andere. Der Zeitungsschreiber und der Karikaturist werden durch ein Ereignis überwältigt. Ihr Stil kann sich schon deshalb nicht entwickeln, weil er vom Anlass diktiert wird. Die geforderte Geschwindigkeit vernichtet jeden Rest an guten Ansätzen. Der Zeitdruck sprengt jede künstlerische Form. Was daraus entsteht, hat nichts mit Literatur zu tun.

Der Satiriker pflegt hingegen neben dem eigenen Stil ein intimes Verhältnis zur Phantasie. Seine Wahrheit ist eine höhere als die Katastrophen gebärenden Neuigkeiten der Zeitungsschreiber, die es ja noch nicht einmal schaffen, Fakten ohne aberwitzige Entstellungen wiederzugeben.

Der Satiriker beschäftigt sich auch nicht mit den Tatsachen, sondern mit den Ursachen. Er beschäftigt sich nicht mit dem Minister, der gerne vorkommen möchte, sondern mit der Idee des Ministers im Staat. Was heute an Karikaturen in die Zeitungen gelangt, ist im Übrigen mild, lau, zahm – um nicht zu sagen: langweilig. Man spürt: Es soll sich niemand ernsthaft darüber aufregen. Es soll bloß Spaß machen. Es zielt auf ein Schmunzeln ab, und nicht darauf, dass sich die Verhältnisse ändern.

Würde man die heutigen Zeitungsschreiber und ihre Leser mit der Schärfe eines Jonathan Swift oder eines James Gillray konfrontieren, würden sie nach dem Gericht oder dem Psychiater rufen.

Selbstverständlich ist eine satirische Auffassung eine politische Auffassung. Auch um diese Auffassung von meiner Malerei fernzuhalten, erfand ich die Hawranek. William Hogarth, Thomas Rowlandson, Honoré Daumier und Wilhelm Busch haben es genauso gemacht: Ihre wunderbaren Bilder stehen auf der einen Seite, ihre satirischen Arbeiten auf der anderen. Diese Teilung erschien mir auch für mich zweckmäßig.

Mein Hass auf Kunstkritiker bedeutete freilich nicht, dass ich keinen Wert auf andere Meinungen gelegt hätte. Albert Schulze-Vellinghausen war der Kritiker der FAZ. Er legte sich eine solide Sammlung zu, die er gekauft, nicht zusammengeschnorrt hatte. Eine wirklich gute Sammlung mit Arbeiten von Josef Albers, Joseph Beuys, Lucio Fontana, Victor Vasarely und Cy Twombly. Vor seinem Tod vermachte er alles der Ruhr-Universität Bochum. Wir saßen in seiner großen Küche, aßen Suppe und tranken Wein. Maria Wimmer und Will Quadflieg lasen aus „Faust" und Fontane. Über dem Arbeitstisch hingen ein Mikl und ein Sam Francis.

Auch die Meinung von Otto Breicha, dem späteren Chef des Rupertinums, schätzte ich sehr. Oder jene von Werner Hofmann, der das MUMOK gegründet hat. Ich kam mit Kritik von Vinzenz Oberhammer, dem Ersten Direktor des Kunsthistorischen Museums, ebenso zurecht wie mit jener von Alfred Schmeller, der das 20er Haus nach der Gründung leitete. Ich hatte auch nie ein Problem damit, was Wieland Schmied über meine Arbeiten sagte.

Aber für die meisten Kritiker habe ich nur Verachtung übrig. Um ihr Genörgel, ihr Gestichel, ihre aller Sachlichkeit bare Mäkelei zurückzuweisen, schien mir die Hawranek die richtige Antwort zu sein. Das ging nicht nur gegen Leute wie Sotriffer und den schalen Unfug, den sie verbreiteten. Nicht nur gegen Jörg Lampe oder gegen Johann Muschik, der den unsäglichen Begriff „Wiener Schule des Phantastischen Realismus" erfunden hat, oder gegen Viktor Matejka, den ich wirklich hasste. Auch viele Künstler konnte ich auf den Tod nicht ausstehen.

Einer meiner Erzfeinde war Oswald Oberhuber. Die Art, wie er sich an Otto Mauer heran- und anschließend in der Galerie breitmachte, konnte ich ihm nie nachsehen. Ich hielt auch nichts von ihm als Maler und Bildhauer. Was er als seine „Theorie der unaufhörlichen Veränderung in der Kunst" propagierte, war in meinen Augen nichts als der Versuch zu kaschieren, dass er gar keinen eigenen Stil hatte und unaufhörlich Anleihen bei anderen Künstlern nehmen musste. Solange wir Vier etwas zu sagen hatten, durfte er bestenfalls die Wände ausmalen.

Vor ein oder zwei Jahren habe ich gelesen, Oberhuber habe einen Sekkierer als jemanden beschrieben, „der nicht aufhört, einen anderen zu bearbeiten, um etwas zu erreichen." Das beschreibt ziemlich genau, wie er vorging.

Das war seine Methode, ein Leben lang. Dem war Otto Mauer auf Dauer einfach nicht gewachsen. Kaum hatte er ihn eingeseift und kalt gestellt, häuften sich, zurückhaltend ausgedrückt, die Merkwürdigkeiten. Aber wie jeder Krug, der zum Brunnen geht, bis er bricht, erwischte es auch den Oberhuber.

Ich hatte von Anfang an keine Gesprächsbasis mit ihm. Sobald er das Ruder in der Galerie St. Stephan übernommen hatte, stellte ich dort nicht mehr aus. Genau gesagt, habe ich seit dieser Zeit keinen Fuß mehr hineingesetzt. Das hatte zumindest den Vorteil, dass meine Erinnerung an die Aufregungen und Skandale, die unsere Ausstellungen dort verursacht hatten, frisch blieb.

Es gab viele Künstler, die ich damals nicht mochte, und ich mochte sie nicht, weil sie die Kunst besudelten. Für mich waren das keine Künstler, sondern Fließband-Techniker, Schönfärbe-Illusionisten. Das waren Lügner; die meisten kann ich bis heute nicht leiden. Wer mich zu sich einlud, tat – wenn er Ärger vermeiden wollte – gut daran, Leute, mit denen ich auf Kriegsfuß stand, nicht auch einzuladen. Und das waren eine ganze Menge. Sämtliche Kunsthäusler zum Beispiel. Auch unter den Malern und Bildhauern um das Griechenbeisl fand ich nur Karl Prantl gut. Alle anderen lehnte ich ab. Selbst Arnold Clementschitsch.

Die Hawranek entstand ganz langsam aus den Texten zu Handpuppenspielen, aus den zwei Heften „Das Wunderpferd auch Zauberpferd genannt“ (das war 1948, 1949), aus meinen Episkop-Bildergeschichten zum Vortragen und den großen Moritaten-Dekorationen für Faschingsbälle – die größte maß 600 Quadratmeter: Holzleisten, Packpapier, rotes und gelbes Buntpapier, bemalt mit schwarzer und roter Leimfarbe, voller hingemetzelter Kunstkritiker. Ein Manifest wider die grassierende Dummheit – die bereits wieder grassierende Dummheit, muss man sagen.

Später brachte ich fünf große Bücher heraus, vier davon im Selbstverlag, mit extra dafür angefertigten Zeichnungen. Die Hawranek war ein Mordsspaß für mich. Einer mit zusammengebissenen Zähnen zwar, aber immerhin.

Ich ließ sie wild umherschweifen. Ihre Abenteuer gipfelten in totgebissenen, verbrannten oder ersäuften Opfern. Sie äscherte ein Pressehaus in Pyramidenform ein und aß Zeitungsmenschen aus einer Rakete wie aus einer Konserve. Skandalreporter Gußeisen versuchte, ihr auf Rädern zu entfliehen – eine hoffnungsloses Unterfangen. Feuilleton-Pegasus und Fachfrau, Redaktions-Dromedar und Zeilen-Molch, sie alle fielen der Hawranek zum Opfer, wenn auch nur in Zeichnungen, in Linien, Strichen, Wirbeln und Zeichen.

Die Hawranek war eine regelrechte Rachefurie. Sie vertilgte Zeitungen und Journale, trat gegen den „Untergang der Welt durch schwarze Magie“ an – und obsiegte. Sie sprang in meinen Zeichnungen herum „wie der Leibhaftige“, sengte nieder und plünderte, was sie störte. Die Hawranek tat, was ich gerne selbst getan hätte.

Die Nachfrage nach den Heften hielt sich in Grenzen.

Schon kurz nach dem Krieg hatte ich den Französischen Offiziersklub in der Mariahilfer Straße dekoriert. Die großen Räume waren über und über bedeckt mit ermordeten Redakteuren und Kulturmenschen, schwarz auf weiß, mit rotem Leimfarbenblut überall. Roland Kovac spielte unter zuckenden Tischtennislampen Bach-Jazz. Der verantwortliche Offizier wollte mich erschießen, seine Frau nahm ihm glücklicherweise den Revolver weg. Und die

Putzfrauen vernichteten am nächsten Tag die Dekorationen und warfen versehentlich auch den Fotoapparat mit den Filmen weg. Ich nannte die Veranstaltung „Aufklärung und Unterhaltung".

Die Hawranek-Bücher waren die logische Nachfolge dieser Journalisten-Vernichtungsorgien. Ich bezog mich auf (erfundene) historische Ereignisse, auf Katastrophen, hinter denen stets die Hawranek steckte. Sie errichtete einen Eisstoß, der zum Zusammenbruch des Redaktionsgebäudes führte, schickte vergiftete Faschingskrapfen ins Weinhaus, in dem die Reporter verkehrten, ließ die Dilettanten in die Grube der Versenkung fallen, faltete, verpackte und frankierte eine ganze Journalistenfamilie und übergab sie der Post, verursachte ein Erdbeben, schickte einen Meteor, löste auf der „Schwafelburg" einen verheerenden Brand aus, beendete einmal eine Medientagung im Kugelhagel, einmal mittels eines Brennspiegels, und legte bei einer Dampferfahrt einen Hinterhalt, der das Schiff zum Sinken brachte.

Die Geschichten waren mit literarischen Zitaten gespickt, und niemand vermochte die kleinen Chroniken überzeugender vorzutragen als Helmut Qualtinger. Wenn er las, spürte man, dass er sich am liebsten am Gemetzel beteiligt hätte.

Die Kulturschwafler hingegen ignorierten, wie man in Wien sagt, die Hawranek nicht einmal.

15

So wie mein Hass auf die Kritiker entstand auch meine Begeisterung für das Theater beim Lesen. Das war noch im Krieg, zu einer Zeit, als die Chance, eine Aufführung zu sehen, gleich null war. Aber ich hatte nicht nur die verrückte Idee, eine Vorstellung zu sehen, sondern malte mir aus, eines Tages selbst dabei mitwirken – und das war noch viel verrückter.

Ich sah mich allerdings nie als Schauspieler. Meine Rolle würde eine andere sein, auch wenn ich damals noch nicht hätte sagen können, worin sie bestehen könnte. Tatsächlich wurde das für mich erst im Fasching greifbar. Genauer gesagt, mit den Faschingsdekorationen. Ich war von einem Ehepaar eingeladen worden, seinen Gschnas künstlerisch auszugestalten. Das war, noch bevor ich an die Graphische ging. Ich schleppte Rotationspapierreste aus Druckereien an. Und Leimfarbe, weiß und schwarz. Und natürlich Rot fürs Blut. Schon meine erste große Arbeit widmete ich der Journaille. An der Graphischen so etwas zu malen, wäre undenkbar gewesen. Das hätten die alten Nazis niemals zugelassen. Aber an der Akademie, im Winter 1949, war das kein Problem. Ich arbeitete an riesigen Dekorationen für das Simmeringer Brauhaus. Ich sollte es von oben bis unten ausmalen; natürlich nicht direkt auf den Wänden, sondern wieder auf diesem Rotationspapier. Das konnte ich mir leisten, es war umsonst.

Am Tag nach dem Fest kam schon in aller Früh die Putzkolonne und entsorgte alles. Die ganzen Malereien mit all den ausgerotteten Reportern. Nichts davon wurde dokumentiert. Es gibt keine Fotos. Nur von einer Veranstaltung im Hauptsaal der Secession sind noch ein paar Aufnahmen erhalten. Ich bastelte dafür aus dünnen Holzleisten, aus

Buchbinderkleister und Pack- und Buntpapier große Drachen. Das war die einzige Dekoration, in der Journalisten nicht vorkamen.

Damals spielte Fatty George groß auf. Ein tolles Fest.

Bei den Faschingsdekorationen konnte ich mich so richtig austoben. Ich konnte es den Kritikern so richtig heimzahlen. Einmal fertigte ich eine Ausstattung für die Zuckerfabrik in Siegendorf an. Im Krieg war sie als Konzentrationslager für ungarische Juden verwendet worden. Aber beim Fest dachte kein Mensch daran. Auch ich nicht, wie ich zu meiner Schande gestehen muss.

Die Dekorationen in den Versammlungsräumen waren trotzdem großartig. Alle waren begeistert. Aber gleich in der Früh wurde alles verbrannt. Es tröstet mich nur, dass das Journalistengesindel mitverbrannt wurde. Auf den riesigen Bahnen Rotationspapier wurden die Schreiberlinge mit Messern, Beilen, Speeren, Dolchen, Macheten, Sägen und Bajonetten attackiert. Sie wurden mit Pistolen, Revolvern, Kanonen und Katapulten in Stücke geschossen. Sie wurden gefoltert, gepfählt und gevierteilt; das Blut floss in Strömen. Diese Karikaturen unterschieden sich stilistisch stark von meiner richtigen Malerei. Aber es gibt auch ein paar überraschende Parallelen. In meinen Bildern der letzten fünfzehn, zwanzig Jahre kommen oft Köpfe vor. Diese Köpfe sind jenen, die ich früher auf Journalistenkörper setzte, gar nicht so unähnlich. Vielleicht, dass ich heute die Figuren klarer herausbilde. Aber sie gaben damals und geben auch heute noch keine Physiognomie her; auch jede psychologische Deutung verbietet sich. Weil ich das nie wollte. Weil das nie in meiner Absicht lag.

Die Faschingsdekorationen, bei denen so manchem das Lachen im Hals steckenblieb, waren die ideale Vorbereitung für die Bühnenbilder. Damals gab es viele Kontakte zwischen Schauspielern und Malern. Wir saßen gerne zusammen, blödelten und tranken. Aber oft diskutierten wir auch ernsthaft und leidenschaftlich ganze Nächte durch. Wir träumten davon, die Moderne nach Wien zu bringen. Wir träumten davon, Ionesco und Beckett aufzuführen, Feydeau und Ghelderode.

Dazu mussten diese Dramatiker in Österreich aber erst einmal eingebürgert werden.

Walter Langer, der später als Nestroydarsteller am Volkstheater den Durchbruch schaffte und als „Herr Kudrnac" im „Kaisermühlen Blues" Kultstatus erreichen sollte, war eine treibende Kraft. Qualtinger war bei so etwas natürlich immer dabei, ebenso Otto Kobalek. Nach einer durchzechten Nacht, als uns die Köpfe noch von unseren heißen Ideen rauchten, gründeten wir das Theater am Fleischmarkt. Es war uns todernst damit. Es war uns auch todernst mit unseren Ansprüchen. Aber wir hatten kein Geld.

Zur Eröffnung spielten wir „Die kahle Sängerin" von Eugene Ionesco, einen blödelnden Dialog, durch dessen Löcher man in einen tiefen Abgrund blickt. Herbert Wochinz führte Regie, ich machte das Bühnenbild. Walter Langer spielte den männlichen Part des Zwei-Personen-Stücks.

Es war eine aufregende Zeit. Ständig steckten wir die Köpfe zusammen, um Pläne zu schmieden. Um Ideen abzuklopfen. Maler. Schauspieler. Dichter. Leute aus allen möglichen kulturellen Ecken. Heute wäre das völlig undenkbar. Heute will jeder nur noch sein Geschäft machen. Heute geht es nur mehr darum, ins Fernsehen zu kommen. Berühmt zu werden. Früher nahmen wir Anteil am Leben des anderen.

Ich träumte von einem österreichischen Nationaltheater, an dem nur Nestroy gespielt wurde. Und alle unterstützten mich dabei. Zugegeben: Viele unserer Pläne konnten wir nicht verwirklichen. Aber wir hatten noch Ziele! Wir hatten noch die Leidenschaft, uns für etwas einzusetzen, das uns wichtig erschien.

Bevor ich mit der Bühnengestaltung begann, schaute ich mir die Proben an. Ich besprach mich mit dem Regisseur. Schließlich war mir klar, wie das Bühnenbild aussehen musste. Ich reduzierte es auf weiße Wände. Verstellbare weiße Wände. Durch die weißen Wände kamen die Schauspieler viel besser zur Geltung. Ein Bühnenbild dient nicht dazu, sich selbst in Szene zu setzen. Sondern die Schauspieler. Das Stück.

Bei manchen Stücken machte ich auch die Kostüme. Immer wieder gab es Streit. Das ist so beim Theater. Mit Klaus Kinski hatte ich permanent lautstarke Auseinandersetzungen. Ein Außenstehender hätte denken können, wir würden uns gleich an die Kehlen gehen. Und wir waren tatsächlich knapp davor. Wir waren knapp davor, uns zu prügeln.

Kinski war ein Irrer. Einem Irren schaut man einmal zu, das kann ein großes Vergnügen sein. Aber unter dem Strich bleibt ein Irrer immer ein Irrer. Die anderen Schauspieler sahen auch nie den großen Darsteller in ihm, als der er von den Medien gefeiert wurde. Das war er auch nicht. Er spielte immer nur Irre; im Grunde spielte er immer nur sich selbst. Bald war er mit allen zerstritten. Eines Tages, bei den Proben für „Die Nachhilfestunde", weigerte er sich, die Bühne zu verlassen.

Ich ging zu ihm und sagte:

„Jetzt komme ich dran! Besser, du gehst mir aus dem Weg!"

Das ganze Team wartete gespannt, was passieren würde. Kinski zog den Schwanz ein und ging ab.

Zu den Aufführungen kamen nur sehr wenige Leute. Hauptsächlich Studenten. Vielleicht war es ein Fehler, keine österreichischen Stücke auf den Spielplan zu setzen. Aber wir wollten das zeigen, an dem uns besonders viel lag. Und wir wollten es auf unsere Weise tun.

Herbert Wochinz, der lange in Paris gelebt hatte, beauftragte einmal sogar einen französischen Regisseur mit der Inszenierung. In der Presse wurden wir verrissen. Da hieß es, was wir spielten, sei pure Pornographie. Überall auf der Welt wurden die Stücke von Georges Feydeau aufgeführt, aber in Wien galten sie als Pornographie. Wir waren wütend. Bestürzt. Entsetzt.

Heute kann ich die Reaktionen angesichts des Kulturangebots, das damals zur Auswahl stand, besser nachvollziehen. In Wien gab es nur, was es schon immer gegeben hatte. In der Josefstadt wurde Schnitzler rauf und runter gespielt. Am Burgtheater wurden die Klassiker rauf und runter gespielt. Und wir in unserem Kellertheater spielten die Avantgarde. Das mag couragiert gewesen sein. Aber auf jeden Fall war es brotlos. Wir hatten kein Publikum.

Ich machte nicht nur Bühnenbild und Kostüme, sondern entwarf auch die Plakate. Da wir kein Geld hatten, trugen wir sie selbst aus und hängten sie in Lokalen in der ganzen Stadt auf. Die meisten Schauspieler kamen vom Theater der Courage, das im Keller des Cafe Prückel logierte. Manfred Mautner Markhof gab uns eine Million Schilling, damit wir anfangen konnten. Wochinz suchte nach einem geeigneten Raum. Wir fanden einen, der immerhin vierhundertfünfzig Personen fasste. Ungeduldig warteten wir darauf, dass die Renovierung endlich abgeschlossen wäre und wir mit den Proben beginnen könnten. Zwei Jahre lang bereiteten wir uns minutiös vor. Wir wollten einschlagen wie eine Bombe. Wir wollten hochprofessionell agieren. Kompromisslos. Auf den Spielplan wurde nur gesetzt, wofür alle stimmten. Dann ging es endlich los.

Walter Langer erinnerte sich später einmal, dass sie im Theater der Courage im Grunde für eine Burenwurst gespielt hatten. Wenn die Vorstellung vorbei war, hätten sie gezählt, was in der Kasse war, und das Geld untereinander aufgeteilt. Im Theater am Fleischmarkt waren wir bald in einer ähnlichen Situation. „Von der Hand in den Mund leben" erhielt für uns eine völlig reale Bedeutung.

Auf die Dauer ging das natürlich nicht. Viele gaben auf. Ich schleppte am Naschmarkt um sechs Uhr früh Kisten, damit wir es uns leisten konnten, richtiges Theater nach Wien zu bringen. Theater mit Relevanz für die Zeit, in der wir lebten. Die, die mit mir bis zum bitteren Ende durchhielten, wurden alle berühmt: Helmut Qualtinger. Otto Schenk. Bibiane Zeller. Klaus Kinski. Walter Langer.

Das Theater am Fleischmarkt lebte intensiv, aber kurz. Wir spielten Samuel Beckett, Georges Feydeau, Michel de Ghelderode, Jean Genet und Eugène Ionesco. Mein erstes Theaterplakat überklebte Herbert Wochinz, weil er Angst vor den Publikumsreaktionen hatte: kein gutes Omen. Publikum kam aber ohnedies nicht. Dafür kamen schlechte Kritiker. Über das Bühnenbild wurden Witze gerissen. Für die Dichter gab es Gelächter. Die Darsteller spielten täglich vor immer weniger Besuchern. Am Schluss applaudierten nur noch die Freikarten-Besitzer.

Die Inkubationszeit bis zur Anerkennung von Qualität dauert hierzulande fast hundert Jahre. Deutlich länger als anderswo. Eine von mir selbst genähte Applikation über der „Escorial"-Bühne, zweieinhalb mal zehn Meter groß, verschwand schneller, als das Stück abgesetzt werden konnte;

sie wurde nie mehr gefunden. Ebenso ging es der Applikation über der Porcia-Bühne. Sie gefiel dem Bürgermeister nicht. Herbert Wochinz, der Regisseur, übergab mir tapfer das Paket mit meiner aufgetrennten Arbeit. Sie hätte sonst, meinte er bedauernd, nicht in die Verpackung gepasst.

Im Theater sind es die Szenen von einem oder zwei Schauspielern, die für die besten, dichtesten Aufführungen sorgen. Kommen weitere Figuren dazu, wächst die Gefahr der Zerstreuung. Der Verwirrung. Je mehr Schauspieler auf der Bühne stehen, desto größer ist die Anzahl der Nichtbeteiligten, der Dilettanten, der unerfüllten Charaktere. Die guten Theaterstücke, die guten Opern, die gute Malerei, sie alle entgehen dieser Gefahr seit jeher. Wer mehr wegnimmt, bringt mehr. Nur wenige ganz Große konnten es anders.

Das Publikum hingegen liebt die Statistenopern gerade wegen der Massenauftritte. Bei Elias Canetti kann man viel über die Masse lernen. Sie ist schwer zu bändigen – und trotzdem leicht zu beherrschen. Schinkenmalerei, Schlachtenmalerei, Politikermalerei, sie alle leben von ihren Anhäufungen. Es ist eine primitive, eine elende Malerei. Nur Altdorfer bewältigte, als einer der ganz wenigen, die Fülle: Er malte seine Alexanderschlacht apokalyptisch. Er malte sie als Warnung vor der Masse.

Nach nur einer Saison mussten wir zusperren. Einer der Höhepunkte war, als Otto Kobalek bei einer Vorstellung von „Warten auf Godot" unerwartet auf der Bühne erschien und rief:

„Godot ist da! Sie müssen nicht mehr warten."

Helmut Qualtinger rief daraufhin Samuel Beckett an und erzählte es ihm. Angeblich freute sich Beckett: Zum ersten Mal in der Geschichte der Literatur war Godot erschienen.

Ich hoffe, dass Qualtinger Beckett nicht verraten hat, dass Kobalek wahrscheinlich nur betrunken war; es hätte diesem wunderbaren Dramatiker den Spaß verdorben.

Je schlechter es dem Theater ging, je weniger Geld da war, umso mehr Aufgaben übernahm ich. Ein Bestandteil der Kostüme, die ich entwarf, war eine Krone, die aus blauen Stahlbändern zusammengesetzt war. Ihre Kanten waren ungeheuer scharf, es mussten Pflaster darüber geklebt werden. Aber selbst das half nichts. An einer Stelle im „Escorial", einem Dreipersonenstück von Michel de Ghelderode, wird der Narr vom König gekrönt. Den König spielte Klaus Kinski. Kinski hasste Schauspieler wie die Pest. Gegen den Darsteller, der den Narren mimte, den Kärntner George Bucher, hatte er im Speziellen gar nichts. Aber Bucher trug von der Krönung dieses sadistischen Irren jeden Abend eine blutende Wunde davon.

Kaum war er am nächsten Tag auf der Bühne, platzte die Wunde vom Vortag schon wieder auf. Das konnte natürlich auch am Gumpoldskirchner liegen, dem Bucher ziemlich heftig zuzusprechen pflegte. Er war ein hochbegabter Schauspieler, ein überaus netter Mensch, aber auch ein unverbesserlicher Tschecherant.

Die Kostüme waren großartig, auch das Bühnenbild war klug. Den Henker spielte Tommy Krinzinger, der jeden Tag eine Stunde mit der Straßenbahn anreisen musste, um in die Vorstellung zu kommen. Nach zwei Aufführungen schlug er vor, dass Rudolf Schönwald, der im Theater den technischen Leiter mimte (was immer das hieß), seine Rolle übernehmen solle. Der Henker habe sowieso kein Wort zu sagen und trage eine Kapuze über dem Kopf.

Herbert Wochinz, der Regisseur und Intendant des Theaters, hatte nichts dagegen. George Bucher hatte nichts dagegen. Das Publikum hatte nichts dagegen. Aber

Klaus Kinski hatte etwas dagegen. Er war der Meinung, damit würde unser Theater endgültig zur Schmiere herabsinken. Er versuchte ständig, die Szene zu schmeißen. Denn obwohl Kinski Schauspieler hasste, durfte in seinen Augen nur ein Schauspieler auf der Bühne stehen – auch wenn die Szene wortlos und mit Kapuze zu spielen war.

Meine Bemühungen, ein Nestroy-Theater zu gründen, verliefen im Sand. Die Kulturbeamten von Stadt und Staat sahen mich mit faden Augen an. Um Nestroy zu zitieren:

„Warum soll die Gegenwart dem ihre Blicke schenken, der mit der Zukunft kokettiert?"

Oder vielleicht noch passender:

„Der einzige Trost ist die Verzweiflung."

Ich hatte schon im Krieg angefangen, Nestroy zu lesen – und war begeistert; die Begeisterung hielt mein ganzes Leben an. Noch im Krieg, im Casino Zögernitz, sah ich „Das Mädl aus der Vorstadt". Eine wunderbare Aufführung. In einem wunderbaren Saal, der noch nicht den Architekten zum Opfer gefallen war. Eine Aufführung ohne Schnörkel. Ohne modernistische Bühnenbilder und Kostüme. Ohne maßlosen und humorlosen Blödsinn.

Ganz einfach. Ganz einfach gut.

Ein Ehepaar verließ indigniert das Theater. Es wollte keine scharfen Witze. Keine erkenntnisreichen Verhältnisse. Mit einem Wort: keinen Nestroy. Nestroy war in Wien, was Aristophanes in Athen gewesen war. Die Wiener wurden, ohne es zu ahnen, der Stoff, der Kraftstoff für seine Stücke. Diese Stücke werden Bestand haben. Es wird sie noch geben, wenn vieles andere längst den Bach hinuntergegangen ist. Alles, was war, alles, was ist und noch kommen könnte, hat Nestroy bereits mit seiner Bühnen-Philosophie bearbeitet und erklärt.

16

Zwischen dem Theater am Fleischmarkt und der Galerie nächst St. Stephan gab es zahlreiche Verbindungen. Wie ich gestalteten auch Wolfgang Hollegha und Markus Prachensky Bühnenbilder. Es gab Veranstaltungen, die eng mit unserer Malerei verknüpft waren. Einen Namen für diese Veranstaltungen gab es damals noch nicht; zehn Jahre später hätte man sie wahrscheinlich Aktionen genannt. Oder Happenings.

Markus Prachensky ließ zu den Klängen von elektronischer Musik Farbe auf einer Leinwand herunterrinnen. Zum Schütten bediente er sich kleiner Töpfe, die er am Scheitel des Spannrahmens montiert hatte. Das war 1959. Zu einer Zeit, als Hermann Nitsch die Schüttbilder noch nicht erfunden hatte.

Er hat sie auch nicht erfunden.

Das war Prachensky.

Wir Künstler der Galerie St. Stephan verstanden uns als die eigentliche, die echte Avantgarde; jedenfalls als erklärten Gegenpol zu den Phantastischen Realisten. Die waren am Markt freilich viel erfolgreicher als wir. Aber international waren wir die einzige Stimme Österreichs. Das war eines der Dinge, die Otto Mauer zu verdanken waren. Er setzte uns internationaler Konkurrenz aus, überzeugt, dass diese Konkurrenz anspornend wirken würde.

1959 lud er Georges Mathieu ein. Mathieu kam mit leichtem Gepäck nach Wien. Er behauptete, er werde seine Bilder in der Nacht vor der Vernissage malen. Er begann kurz vor Mitternacht. Im Ambassador, wo er in einer großen Suite untergebracht war, schaffte er vierzig Blätter, jedes 42 x 29,7 cm groß.

Am nächsten Tag sollte er Interviews geben. Aber er tauchte nicht auf. Der Portier erklärte den wartenden Reportern, Mathieu schlafe noch. Kurz vor Mittag ging er dann nachsehen; er machte sich langsam Sorgen um den berühmten Künstler. Mathieu lag im Doppelbett, ziemlich betrunken und außerdem betäubt von Terpentindämpfen. Er kam nur langsam zu sich.

Die Bilder, die er gemalt hatte, wurden, noch feucht, in die Galerie getragen. Da wir vier Stammkünstler uns geweigert hatten, Otto Mauer beim Ausstellungsaufbau zu unterstützen (wir waren sauer, weil er Mathieu eingeladen hatte, ohne uns einzubeziehen), wandte sich der Monsignore an Hans Staudacher:

„Herr Staudacher", flehte er ihn an. „Helfen Sie mir!"

Staudacher brummte:

„Ja, ja, ist schon recht."

Es stellte sich freilich heraus, dass Mathieu viel zu wenige Bilder gemalt hatte. Otto Mauer erwog allen Ernstes, Hans Staudacher zu bitten, eigene Bilder unter die Mathieus zu mischen, da die beiden Künstler ohnedies eine sehr ähnliche Arbeitsweise und Kunstauffassung hätten. Kaum war Staudacher fertig mit seiner Hängung, einer sehr großzügigen Präsentation, wie sich zeigte, kam ein neuer Schwung Bilder. Staudacher musste wieder von vorne beginnen. Nun aber schien Mathieu erst so richtig in Schwung zu kommen. Ständig wurden weitere Arbeiten geliefert. Und Staudacher hängte wieder alles um, denn was da kam, wurde immer besser.

Die Ausstellung wurde an diesem Abend pünktlich eröffnet – ein kleines Wunder, aber auch ein großer Erfolg. Kein Mensch erfuhr je, dass nicht viel gefehlt hätte, und die Leute hätten Staudachers statt Mathieus bewundert.

Unsere Sturheit bei der Mathieu-Ausstellung ist nur ein Beispiel, wie schwer wir vier zu führen waren. Eifersüchtig wachten wir darüber, dass sich niemand zwischen Otto Mauer und uns, geschweige in unseren Kreis drängte. Wir waren bockig wie kleine Kinder. Missgünstig beobachteten wir jeden kleinen Erfolg eines anderen Künstlers.

Wir reagierten voller Neid, als der berühmte Pierre Restany über Peter Bischof einen hymnischen Artikel schrieb. Aber Bischofs Ruhm hatte keinen Bestand; er schaffte es nie in den engeren Kreis der Galerie. Selbst Maria Lassnig und Joseph Beuys stellten nur zwei Mal aus. Und auch das ging nicht ohne Zankerei über die Bühne; Mauer musste jedes Mal ein Machtwort sprechen. Dabei hätte uns ein internationaler Künstler wie Georges Mathieu eigentlich nicht zu stören brauchen. Im Gegenteil, seine Präsentation steigerte die Bedeutung unserer Ausstellungen. Aber wir konnten aus unserer Haut nicht heraus.

Niemand durfte sich in unserem Revier breit machen.

Über die Mathieu-Ausstellung wurde berichtet wie über ein Sport-Großereignis. Was die Medien daraus machten, ging weit über die Kulturredaktionen hinaus. Der Kurier brachte eine ganzseitige Fotoreportage. Man ließ sich darüber aus, wie Mathieu angezogen war; was er aß; was er trank; was er von sich gab. Wie seine Malaktion im Einzelnen ablaufen würde. Jede Minute seines Aufenthalts in Wien wurde minutiös dokumentiert. Während er in Wien war, herrschte eine spannungsgeladene Stimmung.

Das Theater am Fleischmarkt war bis auf den letzten Platz gefüllt. Es ging zu wie bei einem Rockkonzert. Im „Vorprogramm“ produzierte Prachensky drei Schüttbilder, indem er rote Farbe über die aufrecht stehenden Leinwände fließen ließ. Hermann Nitsch saß staunend im Publikum.

Danach zeigte Mathieu seine Spontanmalerei. Innerhalb von nicht einmal einer Stunde bemalte er eine zweieinhalb mal sechs Meter große Fläche mithilfe eines Fetzens und etwas Terpentin. Er peitsche, wurde danach berichtet, die Farbe über den Bildträger wie ein Leichtathlet die Latte beim Hochsprung überquere.

Es gab damals noch kein richtiges Fernsehen, nur das Versuchsfernsehen, und kaum jemand hatte einen Fernsehapparat. Aber praktisch jede Zeitung in Wien hatte einen Reporter geschickt: Mathieu war ein Star. Leider hatte er nur zehn wirklich gute Jahre; er ließ bald stark nach, und schließlich versandelte er total. An diesem Abend trug er eine Art Rennfahreranzug, einen weißen Overall. Dann begann er unter der Musik von Pierre Henry herumzuspringen. Terpentindämpfe stiegen auf, benebelten uns fast. Barbara Pflaum machte Fotos. Ein paar Leute im Publikum schimpften, aber die meisten hatten schon vorher gewusst, was sie erwartete.

Auch das Publikum war Avantgarde.

Es gibt eine tiefe Beziehung zwischen dem Theater und der Malerei. Beide streben danach, etwas jenseits der Worte oder über die Worte hinaus deutlich zu machen. Das Theater bedarf neben den sprachlichen, mimischen und gestischen Ausdrucksmitteln der Bühnenbilder, der Beleuchtung, der Inszenierung – und trifft sich hier mit der Malerei, bei der Bildhaftigkeit, Licht und Inszenierung uralte Fragestellungen sind.

Mein Zugang ist allerdings ein etwas anderer: Für mich eröffnet das Theater eine ungeheure Möglichkeit; eine Möglichkeit, die im Verzicht auf neunundneunzig andere Möglichkeiten besteht. Theater bedeutet für mich die Konzentration auf ein einziges Medium, die Sprache, und auf ein einziges Organ, die menschliche Stimme.

Das gesprochene Wort kann Ungeheures in uns auslösen, ungeheure Emotionen, ungeheuerliche Erkenntnisse. Diese Überwältigung tritt aber nur ein, wenn das gesprochene Wort in seiner ganzen Klarheit, in seiner ganzen Schönheit zur Geltung kommt: im Monolog, im Dialog. Massenszenen sind mir, wie gesagt, ein Gräuel.

Meine Liebe zum Theater führte dazu, dass ich begann, die Schauspieler besser zu verstehen. Ihre Ängste. Ihre kaum beherrschte Unsicherheit, ganz allein da draußen zu stehen auf der Bühne; verkleidet zwar, aber dennoch nackt. Mit nichts anderem gewappnet als mit ihrer Stimme.

Ich habe das Theater nie als Inspirationsquelle genützt. Bei Picasso spielte das eine große Rolle; er kehrte immer wieder zu Harlekin und Pierrot zurück und machte diese traurigen Spaßmacher zu Identifikationsfiguren für sich selbst. Für mich war das Theater eine Welt, in der das Wort herrschte. In dieser Welt fühlte ich mich heimisch. Es gibt nicht viele Orte, über die ich das je hätte sagen können.

Ich verstand die Menschen, die vom Theater angezogen wurden. Die sich unbedingt in seinem Umfeld bewegen wollten. Ich fühlte mich ihnen verwandt. Ich verstand Helmut Qualtinger, wenn er sich sinnlos betrank: billigen Inländer-Rum, weil er sich etwas anderes nicht leisten konnte. An manchen Abenden war er geradezu dilettantisch. Aber an manchen Abenden war er grandios. Pro Vorstellung trank er eine ganze Flasche.

Er trank gegen seine Angst.

Beim Theater am Fleischmarkt war Qualtinger allerdings nur am Rande dabei. Er behauptete, dass er mit Mautner Markhof nichts zu tun haben wolle. Aber ich war mir ziemlich sicher, dass das nur eine Ausrede war. Meiner

Meinung nach war Qualtinger feige. Er scheute das Risiko. Er war prinzipiell gegen alles. Er war ein ganz ähnlicher Typ wie Klaus Kinski: verrückt und sadistisch. Er nahm nichts ernst, machte sich aus allem einen Spaß.

Wenn die Wogen hoch gingen, stand er daneben und lachte. Was immer passierte, er rührte keinen Finger: für niemanden. Einmal rief er mit verstellter Stimme – das konnte er gut – an und richtete aus, man habe Otto Kobalek für seinen Auftritt nicht aus der Psychiatrie entlassen. Das war nicht wirklich witzig. Kobalek versoff sich immer mehr. Als er schließlich in Steinhof starb, war von dem großartigen Menschen, der er einmal gewesen war, nichts mehr übrig.

Qualtinger war genial, aber feige. Und bösartig. Er hatte mit dem Herrn Karl viel mehr gemein, als er selbst je zugegeben hätte. Als wir einmal mit dem Auto nach Berlin fuhren, steckte er dem DDR-Grenzer, im Auto würden geheime Papiere transportiert. Wir wurden stundenlang verhört, während das Auto in seine Einzelteile zerlegt wurde. Und Qualtinger stand daneben – und lachte.

Nein, meine Liebe für das Theater rührte nicht daher, dass es mir Inspirationsquelle gewesen wäre. Für mich war es der Ort, an dem das Wort seine ganze Macht entfaltete. Bei Ferdinand Raimunds Zauberspielen und Johann Nepomuk Nestroys Sprachpossen konnte ich die Welt in ganz anderer, ganz neuer Weise erfassen: als eine Art Malerei der Worte. Das Bild wurde zur Bühne kämpfender Kräfte. Die Akteure waren die Farben, die Farbflächen und Flecken und Linien. Sie waren die ausgreifenden Formen und ausfahrenden Pinselzüge, die dunklen Konturen auf hellem Grund, die gegen andere Konturen standen und mit ihnen um die Vorherrschaft rangen.

Malerei ist für mich Handwerk und Nachdenken. Wer meine Bilder aufmerksam betrachtet, kann mir beim Denken sogar zusehen.

Was da vor sich geht, entspricht in etwa dem Ablauf, der vom Verfertigen der Gedanken zum Sprechen führt. Nur, dass ich meine Gedanken während des Arbeitsprozesses in bildnerischer Form ausdrücke. Und so wie es schwierig, ja unmöglich ist, das Entstehen der Gedanken darzustellen, ist es schwierig, ja unmöglich, das Entstehen meiner Bilder adäquat zu beschreiben.

Was sich über die Augen an unseren Verstand, an unser Bewusstsein, an unser Unterbewusstsein wendet, lässt sich nicht in Worte fassen. Jedenfalls nicht, ohne dass Entscheidendes dabei verloren ginge. Es lässt sich nicht ohne maßgebliche Beeinträchtigung in das Medium Sprache übersetzen.

Das anschauliche Denken hat seine eigene Logik. Es besitzt seine eigene Konsequenz. Es denkt in Farben. In Formen. In Figuren. Man kann es nur auf seinem eigenen Territorium erfassen. Es ist autonom, selbständig, unabhängig. Es ist keine Illustration von Worten, Textstellen, Zitaten, auch wenn es sich darauf bezieht. Es steht nicht unter oder über solchen Texten. Es ist etwas anderes. Ein anderer Weg. Ein anderer Zugang. Eine andere Disziplin.

Es verlangt eine andere Weise der Rezeption. Eine andere Weise des Verstehens. Hier wie dort liegt es am Zuseher, am Betrachter, was er daraus macht.

Und doch gibt es eine Verbindung zwischen dem Wort und dem Bild. Die Verbindung liegt tief in jedem von uns. Dort, wo unsere Emotionen ihren Ursprung haben.

17

Ich lasse mich nicht leicht ablenken. Und wenn ich zeichne, schon gar nicht. Aber eines Tages, beim Abendakt, konnte ich mich nicht länger konzentrieren.

Da war dieses Mädchen. Sie war nicht einfach nur mein Typ: Ich wusste von einer Sekunde zur nächsten, dass ich mit ihr zusammen sein musste. Ich konnte die Augen nicht von ihr abwenden. So lernte ich Franziska kennen: Als ich ihretwegen kaum mehr einen geraden Strich zustande brachte.

Sie saß mir schräg gegenüber. Neben ihr wirkte, obwohl nackt, unser Modell wie ein alter Sack Haut. Völlig unerotisch. Fade. Franziska dagegen hatte etwas, das Aufmerksamkeit erregte. Nicht nur bei mir. Ganz generell. Das blieb auch so, als wir längst verheiratet waren. Dabei drängte sie sich nie in den Vordergrund. Wenn sie einen Raum betrat, veränderte sich etwas. Und es spielte keine Rolle, dass jeder wusste, dass sie es nicht darauf anlegte – im Gegenteil.

Wie soll ich sie beschreiben? Sie hielt sich sehr gerade. Es war etwas Elegantes, Nobles in ihren Bewegungen, und es war noch spürbar, wenn sie völlig still hielt. Die hellbraunen Haare trug sie schulterlang und gewellt.

Irgendwann in dieser Zeit wurde eine englische Schauspielerin, deren Schwester sie hätte sein können, berühmt: Diana Rigg, die als scharfzüngige, schlagkräftige, emanzipierte und oft in Leder gekleidete Emma Peel in der Fernsehserie „Mit Schirm, Charme und Melone“ Karriere machte.

Franziska sah dieser Diana Rigg unglaublich ähnlich.

Ich ließ mich von Drago Prelog überreden, mir eine Folge
1 der Serie anzusehen, um mich selbst zu vergewissern.

Drago hatte Recht; die Ähnlichkeit war frappierend. Mit der Person, die die Rigg spielte, hatte Franziska natürlich nichts gemein. Und die Fernsehserie selbst war seichter Mist – fortan versäumte ich keine Folge! Ich gewöhnte mir an, mich vor dem Fernsehapparat zu entspannen. Ich habe unzählige Agententhriller, Krimis und Fantasyfilme gesehen, ohne auch nur eine Szene nacherzählen zu können.

Das Fernsehen wurde für mich zur Fortsetzung der Schundromane, die ich im Krieg verschlungen hatte. Sie waren das pure Gegenteil dessen, was ich als Künstler machte. Sie waren das Gegenteil von wahr – eine einzige Lüge. Sie waren das Gegenteil von gut, sondern allenfalls gut gemacht. Sie blieben stets an der Oberfläche ihres Handlungsrahmens, direkt, brutal, spannend – mit einem Wort, der ideale Ausgleich und die größte Kunstferne, die man sich denken kann.

Manchmal trug „Emma Peel" einen großen, weißen Hut, der es mir besonders angetan hatte. Exakt so einen kaufte ich Franziska – und wusste schon vorher, wie gut er ihr stehen würde.

Sie war eine schöne Frau.

Ich stand auf und ging hinüber zu ihr. Stellte mich hinter sie. Sie beugte sich über ihre Zeichnung, als wolle sie sie vor meinen Blicken beschützen.

„Zeigst du sie mir?" fragte ich.

„Warum?" erwiderte sie.

„Warum nicht?" stellte ich die Gegenfrage.

Sie lehnte sich zurück und hielt ihren Zeichenblock hoch. Ich war überrascht. Ich hatte eine weitgehend realistische Wiedergabe des Aktmodells erwartet. Aber auf dem obersten Blatt waren geschwungene Linien zu sehen, meinen Röhren nicht unähnlich. Ein wenig sah es aus, als würde die Figur, die nur schwer zu lesen war, tanzen. ***1***

„Es ist gut“, sagte ich. „Es ist sogar sehr gut!“

Sie wurde rot, schlug die Augen nieder. Das gab den Ausschlag.

„Ich bin der Mikl“, sagte ich.

„Ich weiß, wer du bist“, antwortete sie.

„Und wer bist du?“

„Franziska“, sagte sie. „Franziska Wibmer.“

Nach dem Abendakt brachte ich sie nach Hause. Ich blieb die ganze Nacht. Schon nach sechs Wochen heirateten wir. Aber es hielt nicht. Sie schenkte mir zwei Söhne. Aber es hielt nicht.

Franziska arbeitete in den ersten Jahren unserer Ehe in der Buchhandlung Jäger. Mit ihrem Gehalt sorgte sie dafür, dass die Familie überlebte. Ihre eigene Karriere ging dafür vor die Hunde. Ich konnte damals so gut wie nichts verkaufen. Und wenn ich etwas verkaufte, dann um einen Spottpreis. Davon hätten wir nicht leben können. Es wurde erst besser, als ich die Professur bekam. Aber zu diesem Zeitpunkt war unsere Ehe bereits am Ende.

Wir stritten nicht einfach, wir zerfleischten uns. Wir wurden nie handgreiflich, aber was wir uns an den Kopf warfen, war an Bösartigkeit kaum zu übertreffen.

Wir ließen uns scheiden. Ich ließ mich scheiden, um genau zu sein, und sie hatte nicht mehr die Kraft, sich dagegen zu wehren. Dann brachte sie sich um. An einem 8. August. An meinem 53. Geburtstag. Sie sprang vom Balkon der Wohnung der Familie Faust am Burgring auf das Dach des Burgkinos – mit dem Blick auf die Akademie.

Drago Prelog sah sie danach. Er beschrieb einmal – nicht mir, jemandem anderen, aber letztlich kam es bei mir an – wie sie danach ausgesehen habe. Er verglich es mit dem Haufen Fetzen, die übriggeblieben waren, nachdem wir beide und Herbert Liaunig in meinem Atelier Bilder zerschnitten hatten. Um sie zu vernichten. Weil sie meinen Ansprüchen nicht genügten. Wir nahmen ein Stanley Messer und zerschnipselten eine ganze Serie Zeichnungen und auch ein paar Ölbilder. Es genügte nicht, sie in den Müll zu werfen; irgendjemand hätte sie herausfischen und ein Geschäft damit machen können. Also zerfetzten, zerschnipselten, zerstörten wir die Bilder, bevor wir sie wegwarfen.

Und so, soll Drago erzählt haben, habe Franziska ausgesehen, nachdem sie gesprungen war.

Anfangs merkte man die Spannungen zwischen uns nur an Kleinigkeiten. Aber es ist wie mit einem Porzellanteller. Wenn er erst einmal einen Sprung hat, ist er nicht mehr zu retten. Man kann ihn restaurieren, und eine Zeitlang sieht man den Sprung nicht mehr. Aber wenn man nur ganz leicht gegen den Teller schlägt, hört man, dass er kaputt ist. Er hat nicht mehr den glockenhellen Ton, der Porzellan auszeichnet, sondern klingt blechern, kratzig, schrill. Seine Struktur ist unwiederbringlich zerstört. Egal, was man von außen sieht oder nicht. Es gibt keine Methode, einen Porzellanteller so zu reparieren, dass die innere Struktur wiederhergestellt wird. Es gibt noch nicht einmal eine Methode, den Teller äußerlich nachhaltig zu sanieren.

So war es auch mit unserer Ehe. Sobald sie einen Sprung hatte, war sie nicht mehr zu retten. Ich neige zu Wutausbrüchen, und oft genügt schon eine Kleinigkeit, mich ausrasten zu lassen. Aber auch Franziska war kein einfacher Mensch. Es fiel ihr schwer, in meinem Schatten zu stehen. Sie war eine gute Malerin, aber sobald sie schwanger war, hatten die Kinder Vorrang. Und mit den Kindern kam das Chaos. Nur: Ich hasse Unordnung. Ich hasse es, wenn

Dinge herumliegen, wo sie nicht hingehören. Und mit Kindern ist das unvermeidlich verbunden: Windeln, Körperpuder, Schnuller, Kekse, Spielsachen, alles Mögliche. Mir ist klar, dass ich in dieser Hinsicht kleinlich bin. Aber ich kann aus meiner Haut nicht heraus.

„Du bist so pingelig!" schimpfte Franziska.

Aber obwohl ich ihr manchmal Recht geben musste, konnte ich trotzdem nicht anders. Unordnung ist mir ein Gräuel – noch immer. Die Dinge müssen an ihrem Platz sein. Franziska ging mit dem Durcheinander viel lockerer um. Sie nannte, was ich verlangte, „pedantisch, rechthaberisch und spießig". Jedes Mal, wenn sie mir eines dieser Attribute an den Kopf warf, gerieten wir sofort in den schönsten Streit. Ich habe nie verstanden, dass es sie überhaupt nicht aufzuregen schien, dass das Chaos uns zu verschlingen drohte.

Nach der Geburt von Franz Josef bekam ich ein Atelier in der Gallgasse. Ich zog es vor, immer häufiger abwesend zu sein. Oft beaufsichtigten irgendwelche Kinder im Haus Franz, was mir überhaupt nicht passte. Ich fand, dass mein Sohn von ihnen viel zu sehr verwöhnt – und in der Folge verweichlicht – wurde. Meine Überzeugung ist, dass Kinder klare Grenze aufgezeigt bekommen müssen. Die Grenzen müssen natürlich auch durchgesetzt werden – mit Strenge und Konsequenz. Es war klar, dass die Kinder, die mein Kind beaufsichtigten, dazu nicht imstande waren.

Dann kam Karl auf die Welt, und unsere Ehe war am Ende. Wir unternahmen einen letzten Versuch, sie zu retten. Franziska begleitete mich auf einer längeren Reise, die uns nach Köln führte, wo in der Galerie „Der Spiegel" eine Ausstellung stattfand. Anschließend fuhren wir weiter nach Baden-Baden, wo meine Arbeiten in der Staatli-

5

chen Kunsthalle ausgestellt wurden. Und zum Abschluss ging's nach Paris, wo ich an der Deuxieme Biennale im Musee d'Art moderne de la Ville beteiligt war. Wir waren fast einen Monat lang unterwegs. Danach wussten wir endgültig, dass wir uns nichts mehr zu sagen hatten.

Franziska hatte nur noch den Wunsch, nach Hause zu ihren Kindern zu kommen. Karl hatten wir bei Nachbarn gelassen, und als Franziska zurückkam, erkannte er sie nicht mehr. Franziska war am Boden zerstört. Sie gab mir die Schuld, dass ihr Kind ihr fremd geworden war.

Die Reise war der letzte Nagel im Sarg unserer Beziehung.

Anfangs hatten wir noch gemeinsam gearbeitet. Sie war sogar recht erfolgreich gewesen, erfolgreicher als ich. Natürlich warf sie mir vor, sie habe ihre Karriere zugunsten der Familie und meines Erfolges aufgeben müssen. Und das war nicht einmal falsch. Aber das änderte nichts.

Es war, wie es war.

Ihre Frustration wurde immer stärker. Praktisch an jedem Abend gab es, wenn ich nach Hause kam, Auseinandersetzungen. Das ganze Haus bekam mit, dass es bei uns kriselte. Es war nicht zu überhören. Franziska hatte angefangen zu trinken. Nicht, dass ich ihr das vorwerfen könnte. Ich trank selbst mehr, als mir gut tat. Aber sie ging nicht gut damit um. Es machte sie aggressiv. Schließlich vermied ich es, überhaupt nach Hause zu gehen.

Wo war die liebe, bescheidene, humorvolle, attraktive Frau geblieben, die ich einmal so begehrt hatte, dass es wehtat? Als ich anfing, Bilder zu verkaufen, war sie die erste, für die ich das Geld ausgab. Ich kaufte ihr eine Handtasche von Chanel und Schuhe von Gucci. Ich kaufte ihr den großen weißen Hut, mit dem sie überall Aufsehen erregte – etwas, was sie, zugegeben, aber überhaupt nicht wollte. Ich betete sie an. Alles an ihr erschien mir perfekt. Ich mochte ihren Geruch. Ihre Stimme. Die Art, wie sie ging. Ich freute mich, dass sie sich kaum schminkte – zu einer Zeit, als sich alle Frauen ihre Lippen knallrot anmalten.

Ich verabscheue zu starkes Make-up seit jeher. Ich verabscheue laute Stimmen. Ich verabscheue laute Musik. Ich verabscheute die grelle Mode, die damals gerade in war. Ich verabscheue Mode überhaupt. Für mich ist sie ein Beweis, dass die Leute sich gängeln lassen. Auf die Art, wie ich mich kleidete, hatte das nie einen Einfluss. Ich trug, sobald ich es mir leisten konnte, schwarze, konservative, maßgeschneiderte Anzüge und handgefertigte Schuhe. Und Franziska hatte einen ganz ähnlichen Geschmack. Sie hatte es nicht nötig, sich aufzudonnern. Sie war schön; ein einfacher, schöner, geschmackssicherer Mensch.

Aber am Ende unserer Beziehung herrschten nur noch Hass und Streit zwischen uns. Ich hatte sie todunglücklich gemacht – durchaus im Wortsinn. Sie brachte sich um, und wählte als Tag ihres Suizids meinen Geburtstag, damit es nur ja keine Zweifel gab, wer schuld sei an ihrer Verzweiflungstat.

Aber auch Jutta, meine zweite Frau, zerbrach fast am Ende unserer Beziehung. Sie ließ sich in Tiefschlaf versetzen, um die erste Zeit nach der Trennung irgendwie zu überstehen. Nur Brigitte wird mich überleben – in jeder Hinsicht. Über sie habe ich nicht die Macht, wie ich sie über andere Frauen hatte, die mich liebten. Sie hat, im Gegenteil, Macht über mich. Ihre Macht bewirkte, dass ich ruhiger wurde. Ausgeglichener. Seltsamerweise bedeutete das, dass ich viel mehr arbeitete. Nie zuvor habe ich mehr Bilder gemalt. Und nie zuvor waren so viele gute darunter.

An meinem Geburtstag – und Franziskas Todestag – war ich in Salzburg. Ich leitete in diesem Jahr zwar keine Schule im Rahmen der Sommerakademie, schaute aber natürlich vorbei, um zu sehen, was sich dort tat. Wir, Jutta und ich, wohnten in St. Vergil. Am Abend fuhren wir zum Zauner, einem berühmten Fischrestaurant in Hallstatt, um zu feiern. Wir waren mit drei befreundeten Paaren verabredet. Kurz hatten wir überlegt, das Essen abzusagen. Aber dann entschieden wir uns dagegen. Wir vereinbarten, kein Wort über Franziskas Selbstmord zu verlieren. Unsere Freunde würden früh genug erfahren, was geschehen war. Es war ein gespenstischer Abend. Nach außen hin unterhielten wir uns köstlich. Ich bestellte in einem erfundenen Dialekt, den der Kellner kaum verstand und ständig die falschen Sachen brachte. Es wurde viel gelacht und viel getrunken.

Und die ganze Zeit dachte ich: Franziska! Franziska ist tot! Sie hat sich umgebracht! Sie hat sich umgebracht, um mir ein letztes Mal weh zu tun. Ich war nicht bereit, es zuzulassen. Aber ich musste meine Mauern hoch aufschichten, um nicht überwältigt zu werden. Ich musste die Zugbrücke mit beiden Händen festhalten.

Am Nachmittag war ich noch in Wien gewesen und hatte meine Kinder in den Arm genommen. Ich kann das nicht besonders gut. Mir war wichtig, dass sie zu anständigen Menschen erzogen wurden. Ich war streng. Konsequent. Das hatte ich von meinem Vater gelernt, der sein ganzes Leben lang keine Kompromisse eingegangen war. Aber bei ihm wusste ich mich immer geliebt. Ich habe meine Zweifel, ob ich Franz und Karl das je zeigen konnte. Es gab Tränen, abgrundtiefe Verzweiflung. Und ich stand am Rand dieses Abgrunds und blickte hinunter. Aber ich konnte nicht weinen. Ich war nicht bereit, in das allgemeine Wehklagen einzufallen. Das konnte ich nie.

Franziska war tot.

An diesem Nachmittag in Wien wurde mir erst richtig bewusst, wie groß ihre Verzweiflung gewesen sein musste. Ich hatte davon nur die Spitze, den Hass, mitbekommen. Sie war krank, sagte ich mir immer wieder. Sehr krank. Sie war psychisch krank. Und das schon seit längerer Zeit. Sie hatte getrunken an diesem Tag. Sie hatte irgendwelche Tabletten geschluckt, wie an den meisten Tagen. Aber es ließ sich nicht leugnen, dass sie neben mir zugrunde gegangen war. Dass sie an mir zugrunde gegangen war. Ganz langsam. Ganz langsam, aber unaufhaltsam. Und ich hatte nichts getan, um es zu stoppen. Im Gegenteil. Ich hatte es beschleunigt.

Aus ihrer Sicht hatte sie alles für mich geopfert. Ihr Talent. Ihre Kreativität. Alles, um mir meine Karriere zu ermöglichen. Das stimmte zwar nur teilweise, aber so hatte sie es erlebt. Und dann hatte ich sie gegen eine andere Frau ausgetauscht. Auch das stimmte nur teilweise. Aber so hatte sie es erlebt. Das konnte sie nicht verkraften. Sie war schon immer extrem verletzbar gewesen – und nun war sie tödlich verletzt worden.

Diese Schuld würde niemand von meinen Schultern nehmen, nie mehr, solange ich lebte. Das wusste ich. Und es half mir nicht, mir zu sagen, dass unsere Ehe, schon bevor ich Jutta kennengelernt hatte, nur noch aus Streit und Hass und Zwietracht bestanden hatte.

Nach dem Tod Franziskas wurden die Probleme Karls zusehends größer. Er war mitten in der Pubertät, blieb ganze Nächte weg. Er betrank sich, nahm Rauschgift, schloss sich der Hausbesetzerszene an. Und ich konnte ihm nichts von dem geben, wonach er sich sehnte. Ich konnte ihm weder seine Mutter zurückgeben, noch konnte ich ihm die Liebe geben, die er gebraucht hätte. Weil ich sie nicht hatte. Nicht für ihn. Für niemanden. Nicht einmal für mich selbst.

Jede meiner Frauen, Franziska, Jutta und Brigitte, war auf ihre Weise wichtig für mich. Sie waren sehr verschieden. Franziska war alles, nur kein fröhlicher, optimistischer Mensch. Einige Leute meinten, sie habe gar nicht richtig zu mir gepasst. Aber das stimmt nicht. Es stimmt nur für die, die mich als lustigen, trinkfreudigen Mann wahrnehmen. Es stimmt nur für die, die an der Oberfläche hängen bleiben, an dem, was ich von mir herzuzeigen bereit bin. Wir hatten viele Gemeinsamkeiten, Franziska und ich. Vielleicht sogar zu viele. Unsere Beziehung scheiterte nicht an unseren Gegensätzen. Sondern an unseren Gemeinsamkeiten.

Viele Jahre lang kannte sie mich besser als jeder andere Mensch. Viele Jahre lang war sie vielleicht die einzige, die unter die Oberfläche blickte. Die einzige, deren Blick unter die Oberfläche ich ertrug. Aber letztlich war es dieser Blick, der uns entzweite. Es war dieser Blick, der den Sprung im Porzellanteller unseres Zusammenlebens verursachte. Der Sprung, der sich schließlich nicht mehr kitten ließ. Der den Ton zwischen uns ein für alle Mal zerstörte.

Manchmal vermisse ich sie.

Noch heute.

Manchmal erinnere ich mich daran, als wir ihre Mutter in ihrem Haus in Lienz besuchten. Ihre Mutter war eine beeindruckende Frau, diese Fanny Wibmer-Pedit, die nach Jahren in Wien im „Erlschütt“, wie sie ihr Anwesen nannte, Hof hielt. Sie war eine bekannte Schriftstellerin, die es geschafft hatte, sechs Kinder großzuziehen und daneben zahlreiche Romane und Theaterstücke zu schreiben.

Sie hatte eine erstaunliche Karriere gemacht, als Katholikin, als Führerin der Frauenschaft der Vaterländischen Front, und schließlich im Nationalsozialismus. Gegen Ende des Krieges war sie aus der Katholischen Kirche ausgetreten, damit sie, wie sie sagte, „nicht meinen Glauben an Gott verliere". Bis zu ihrer letzten Stunde blieb sie aktiv; sie war viel widerstandsfähiger als Franziska.

Und doch hatte Franziska einige Ähnlichkeit mit ihrer Mutter. Wie diese war sie impulsiv. Ihre Entschlüsse waren selten gereift, sondern spontan. Und wie ihre Mutter traf sie einige Fehlentscheidungen in ihrem Leben. Ich will glauben, dass auch ihr Suizid eine solche spontane Fehlentscheidung war, obwohl sie ihn angekündigt hatte, über Jahre hinweg. Wenn sie sich zu etwas hinreißen ließ, und das kam öfter vor, bedachte sie nie die Konsequenzen.

Für Franz und Karl war ihr Selbstmord eine Katastrophe. Sie hatten ihre Mutter geliebt, und konnten ihren Tod nicht anders deuten, als von ihr verlassen worden zu sein. Auch meine Beziehung zu ihnen war damit zerstört. Weil sie spürten, dass nicht nur sie schuld daran seien, sondern auch ich, dass ihre Mutter in den Tod gegangen war. Sie hatten von ihr ständig gehört, ich hätte sie im Stich gelassen – und das war sogar die Wahrheit. Aber es verhinderte, dass wir, meine Kinder und ich, so etwas wie Vertrauen aufbauen konnten. Erst nach und nach verbesserte sich unser Verhältnis.

Für Karl kam das alles freilich zu spät.

Es war für alle lange Zeit nicht einfach. Die beiden Buben waren damals in einem Alter, wo sie schon alles mitbekommen. Aber niemand redete mit ihnen. Aus falsch verstandener Pietät sprach niemand den Namen ihrer Mutter in ihrer Gegenwart aus. Ihre Mutter, das war ein absolutes

Tabuthema. Aber gerade deshalb, dass Franziska tot war, nicht nur als Person, sondern auch als Erinnerung, litten die beiden besonders.

Über allen Gesprächen lastete Franziska wie eine schwarz dräuende Wolke. Und während sich diese Wolke immer mehr zusammenballte, und während jedem klar war, dass sie sich entladen würde, in Blitz und Donner und Sturm und prasselnden Hagelkörnern, taten alle so, als würde die Sonne scheinen. Das muss furchtbar gewesen sein für Franz und Karl. Und ich tat nichts dagegen. Ich verhielt mich wie alle Leute und verlor kein Wort über meine erste Frau.

Heute weiß ich, dass meine Kinder gerne über sie gesprochen hätten. Dass sie gerne erzählt hätten, wie es war mit ihr. Dass sie gerne erfahren hätten, wie sie auf andere Menschen wirkte. Beim Ausräumen der Bibliothek fand jemand ein Bündel Briefe von Franziska. Er schickte sie Franz Josef, der sich darüber sehr freute. Er freute sich nicht nur, eine Erinnerung an seine Mutter zu erhalten. Viel wichtiger war, dass sie plötzlich als ganz normaler Mensch mit all seinen kleinen Sorgen und Nöten wiederauferstand.

Erst als diese Briefe das Eis brachen und meine beiden Söhne von sich aus über ihre Mutter zu reden begannen, wurde uns klar, dass es falsch gewesen war, sie totzuschweigen.

Am 8. August, meinem Geburtstag, der schließlich auch ihr Todestag werden sollte, hatte sie immer am meisten gelitten. Ich erfuhr von Freunden, dass sie an diesem Tag anrief und fragte, ob sie vorbeikommen dürfe. Ein paar Mal besuchte sie Maria und Karl Merk, wichtige Sammler von mir. Sie erzählten, sie sei meist mit Karl gekommen.

Sie habe jedes Mal deprimiert gewirkt und unkontrolliert Medikamente eingenommen. Der 8. August war auch der Tag, an dem sie mich verlässlich anrief und mit mir über Geld und Bilder zu streiten begann. Das war wie das Amen im Gebet. Ich nahm mir vor, das Telefon zu ignorieren. Aber ich schaffte es nicht.

Ich überließ ihr mehrere Bilder, die sie sofort verkaufte – viel zu billig. Es ging ihr gar nicht ums Geld. Es ging ihr um Macht. Um irgendeine Revanche, die sie für angemessen hielt. Sie drohte immer wieder, mir das Finanzamt auf den Hals zu hetzen. Aber das tat sie nie. Erst Jutta ging so weit, als unsere Ehe zerbrach. Eine ganze Reihe meiner Sammler wurden damals einvernommen und mussten angeben, was sie gekauft hatten und um welchen Preis. Jutta hatte den Ermittlungsbehörden Tipps gegeben, sie war natürlich über alles bestens informiert, sie hatte ja die Buchhaltung und die Abrechnungen gemacht.

Angeblich soll der Richter angesichts ihrer unversöhnlichen Wut den Kopf geschüttelt und gesagt haben, sie gehe zu weit. Aber es ging eben nicht nur um ihre Wut; es ging auch darum, es mir zu zeigen. Und irgendwann ging es auch um Gier.

Franziska ging es nicht um Gier. Es gab Leute, die sie als herb beschrieben. Andere empfanden sie als lustig und vital. In meinen Augen war sie weder das eine noch das andere. Was ihre Haltung zur Kunst anlangte, war sie sehr konsequent. Sie kritisierte mich, was mir überhaupt nicht passte. Nach unserer Trennung, als ihre Not am größten war, weinte sie sich vor ihren Freunden – von denen die meisten auch meine Freunde waren – aus. Sie behauptete, wenn ich sie besuchte, was selten genug vorkäme, brächte ich immer Geschenke für die Kinder mit, und sie habe nicht einmal genug Geld, um den Kindern etwas Gutes zu essen zu kaufen. Sie war eifersüchtig, weil die Kinder an mir hingen, obwohl ich so selten da war. Sie war überzeugt, ich wolle die Kinder mit den Geschenken bestechen. Wahrscheinlich hatte sie sogar Recht damit. Aber das hätte ich nie eingestanden.

Die Wahrheit ist, dass sie mit Geld nicht umgehen konnte. Das konnte sie nie. Ich zahlte ihr an Alimenten, so viel mir möglich war. Aber ich verdiente damals nur sehr wenig. Ein kleines Ölgemälde kostete achttausend bis zehntausend Schilling, ganz große Bilder gab ich zwischen fünfundzwanzigtausend und vierzigtausend Schilling ab. Aber ich konnte nur selten etwas verkaufen.

Ich hasste es zu verkaufen. Ich empfand es demütigend, so zu tun, als würde mir an den Leuten, die sich für meine Bilder interessierten, etwas liegen. Es widerte mich an, um die Sammler herumzuscharwenzeln. Ich verweigerte mich. Wenn jemand etwas von mir wollte, sollte er gefälligst zu mir kommen. Er sollte gefälligst zahlen, was ich verlangte. Aber das passierte nicht oft. Ich hatte immer wieder finanzielle Engpässe. Manchmal musste ich mir Geld borgen. Und wenn ich Geld hatte, warf ich es sofort beim Fenster hinaus. Meiner Meinung nach ist das die einzige Funktion von Geld: ausgegeben zu werden.

Die Beziehung zu meinen Sammlern war nach der Scheidung schon schwierig gewesen, weil viele zu Franziska hielten. Sie gaben mir die Schuld, auch wenn das niemand aussprach. Nach dem Selbstmord wurde es noch schwieriger. Aber für die Kinder war es der Weltuntergang.

Sobald ich erfuhr, was geschehen war, eilte ich aus Salzburg herbei. Aber ich sah mich außerstande, Franz Josef und Karl zu mir zu nehmen. Auch Jutta ließ mich nicht in

Zweifel darüber, dass sie die Verantwortung für meine Kinder nicht übernehmen würde. Das wenig befriedigende Ergebnis war, dass Franz seinen kleinen Bruder großzog. Karl geriet prompt auf Abwege. Er lud fragwürdige Leute in die Wohnung ein. Bald sah es dort aus wie in einem Schweinestall. Ich zahlte die Miete und kümmerte mich darum, dass die beiden genug Geld hatten. Aber viel wichtiger wäre es gewesen, ich hätte mich um sie gekümmert.

Viel wichtiger wäre es gewesen, ich hätte mich schon vor Franziskas Selbstmord mehr gekümmert. Die Scheidung hatte sie völlig aus der Bahn geworfen. Sie wollte ihren Kindern weiterhin das gewohnte Leben bieten. Aber das ging nicht. Das ging nicht nur finanziell nicht. Das ging vor allem nicht, weil ich nicht mehr da war. Franziska war längst daran gewöhnt, dass ich alle Entscheidungen traf. Jetzt sah sie sich plötzlich genötigt, sich selbst um alles zu kümmern. Das konnte sie nicht sehr gut. Zu allen anderen Sorgen kamen finanzielle Probleme. Nach ihrem Suizid stellte sich heraus, dass sie überall Schulden hatte.

Es war nicht leicht gewesen, mit ihr zu leben. An einem Tag war sie euphorisch und unternehmungslustig. Am anderen Tag war sie verzweifelt, deprimiert und kaum ansprechbar. Vieles wurde den Kindern erst im Nachhinein klar, als sie begannen, einzelne Erinnerungsfetzen miteinander zu verknüpfen. Karl und Franz hatten miterlebt, wie ihre Eltern sich zerfleischten. Und nichts davon ließ sich rückgängig machen. Und niemand trug die Schuld dafür allein. Nicht Franziska. Nicht ich. Auch nicht Jutta. Jeder versuchte nur, sein Leben zu leben, so gut er konnte.

Ich bin kein Familienmensch. Ich war es nie. Selbst das Familienleben mit Brigitte und Anna war zeitweilen ein Horror. Aber es gibt zumindest so etwas wie Familie für uns. In meiner ersten Ehe war ich dazu nicht bereit. Ich war nicht bereit, irgendetwas von meiner Zeit und meiner Kraft abzugeben. Ich erwartete, dass mir Franziska den Rücken freihielt. Am Anfang klappte das auch – zumindest für mich war es gut.

Aber sobald Jutta in mein Leben trat, wurde alles anders. Franziska verzieh es mir nie, dass ich sie verließ. Und Jutta tat alles, um zu verhindern, dass ich zu meiner alten Familie zu viel Kontakt hatte. Offenbar war sie meiner nicht so sicher, wie sie es hätte sein sollen. Überall, wo wir hinkamen, wurde sie mit Franziska verglichen; überall wurde sie an ihr gemessen. Von da an blieben für meine alte Familie nur kurze, sporadische Besuche – und Geschenke zum Ausgleich.

Bei Brigitte halte ich es zumindest an manchen guten Tagen für möglich, dass sich meine Arbeit als Künstler mit einer Familie in Einklang bringen ließe. Aber auch hier gilt, dass meine Arbeit zuerst kommt. Ich bin Künstler. Dafür werde ich mich nicht entschuldigen.

Und es tut mir nicht Leid.

Ganz am Anfang meiner Ehe mit Franziska hatten wir eine kleine Wohnung in der Taborstraße. Ich arbeitete nebenher am Bau, Franziska bei Doktor Feuerstein in der Ordination. Wir kamen gerade so über die Runden. Es dauerte, bis die ersten Kontakte zu Sammlern zustande kamen. Bis ein bisschen Geld zusätzlich ins Haus kam.

Dann lernte ich Otto Mauer kennen und Alfred Schmeller und Hein und Eva Stünke von der Galerie „Der Spiegel" und machte Karriere. Für Franziska war damit alles aus. Sie hatte die schwierige Anfangszeit mitgetragen. Sie hatte alles gemeinsam mit mir aufgebaut. Sie beschwerte sich nie über die Entbehrungen, die ich ihr zumutete. Im

Gegenteil, sie war recht geschickt dabei, Kontakte zu knüpfen. Aber am schwersten wog, dass sie auf die eigene Karriere verzichtete, um für mich und die Kinder da zu sein.

Und dann kam die Scheidung.

Von einem Moment zum anderen löste sich ihr ganzes Leben in Luft auf. Das war, das sie nie verwand. Damit wurde sie nie fertig. Sie hatte die wichtigste Lektion im Leben nicht gelernt. Und die lautet, man soll nur auf sich selbst vertrauen.

Das Beste ist, man macht alles selbst. Wenn das eigene Leben nicht gelingt, ist man dann zumindest der Einzige, der Schuld daran trägt.

Aber auch der Einzige, der es ändern kann.

18

Meine Schwester war auch so ein Mensch. Ein Mensch, dem das eigene Leben misslungen ist, und der doch nie versucht hat, es zu ändern. Ich kannte sie von der ersten Stunde meines Lebens an, und doch fand ich nie heraus, wofür sie sich interessierte. Wonach sie sich insgeheim sehnte. Wovor sie sich insgeheim fürchtete. Meine Schwester war ein einziges Rätsel für mich. Aber nicht, weil sie so geheimnisvoll gewesen wäre, sondern weil da nichts war; gar nichts.

Sie interessierte sich weder für Mode noch für Filmstars noch für Schminktipps noch für irgendetwas, wofür Frauen sich angeblich interessieren. Sie fotografierte nicht und wurde nicht gerne fotografiert. Obwohl sie sich viel im Freien aufhielt, unternahm sie keine Reisen, nicht einmal Wanderungen. Sie hatte nicht das geringste Interesse an fremden Ländern, fremden Kulturen. Sie setzte keine Pflanzen oder Blumen in unserem Schrebergarten, jedenfalls nicht aus eigenem Antrieb. Ich sah sie nie mit einer Handarbeit. Tieren gegenüber verhielt sie sich völlig neutral; meist ignorierte sie sie. Sie kochte. Aber es war kein Hobby. Sie aß. Aber es war ihr nicht wichtig. Ich könnte nicht einmal sagen, welchen Musikgeschmack sie hatte.

Sie war nie künstlerisch tätig. Sie war nicht einmal künstlerisch interessiert. Sie lehnte es sogar ab, sich von mir Bilder schenken zu lassen. Schon als Kinder waren wir extrem verschieden. Gemeinsam war uns nur, dass wir gerne allein waren. Aber ansonsten war sie ein völlig anderer Mensch, fast eine Fremde. Und doch war sie meine Zwillingsschwester.

Andererseits hatten wir dadurch, dass sie keinerlei Ehrgeiz entwickelte, ja nicht einmal Neigungen, geschweige Leiden- 1 schaften, so gut wie keine Reibungsflächen. Es gibt Zwillinge, die sich ständig zanken. Die ständig in einem ungesunden Wettbewerb gegeneinander stehen. Wenn der eine etwas hat, muss der andere es auch haben. Jeder will den anderen übertrumpfen. Bei meiner Schwester und mir war das nie der Fall. Aber ich kam nie darüber hinweg, dass sich Hilde überhaupt nicht für das interessierte, was ich machte. Sie kam auch kaum einmal zu einer Ausstellung.

Nachdem ich ausgezogen war aus der Wohnung unserer Eltern, sahen wir uns nur noch sehr selten. Wir wurden uns so fremd, wie wir es schon immer gewesen waren, ohne uns dessen bewusst zu sein. Wir hatten einfach keine gemeinsamen Interessen. Keine Berührungspunkte. Keine Gesprächsthemen. Nicht nur die Kunst war keines. Hilde las auch keine Bücher, nichts. Am Ende ihres Lebens war sie schwer krank. Sie litt unter einem lebensbedrohenden Kalkmangel. Ich brachte ihr Bücher ans Krankenbett. Aber selbst, als sie nichts anderes mehr tun konnte als herumzuliegen, las sie nichts.

Ich fragte sie:

„Soll ich dir eine Illustrierte bringen?"

„Nein."

„Bitte, lies wenigstens die Kronenzeitung!" flehte ich sie an.

Aber sie war nicht dazu bereit. Was vielleicht ohnedies besser war. Ich hasse die Kronenzeitung noch mehr als andere Zeitungen. Aber ich ertrug es nicht, dass meine Schwester so sinnlos, so nutzlos, so hoffnungslos herumlag. Die Vorstellung, dass sie die Kronenzeitung las, war für mich weniger entsetzlich als dass sie gar nichts las.

Bei meinem Unterricht an der Akademie waren Zeitungen verboten. Im Aktsaal, in den Ateliers, überall. Niemand durfte Zeitung lesen. Die Aktmodelle kamen mit Krone und Kurier an, aber während sie Modell saßen, lasen sie James Joyce. Damals war so ein Verbot noch möglich. Es war noch möglich, diesen ganzen Dreck einfach zu unterbinden.

Heute würde wahrscheinlich eine zwanzigköpfige Kommission eingerichtet werden, bestehend aus Vertretern der Studentenschaft, des Lehrkörpers, des Mittelbaus, des Ministeriums und der Hausmeister-Gewerkschaft; alles streng gendergerecht aufgeteilt. Nach endlosen Sitzungen würde diese Kommission zum Ergebnis gelangen, dass alle Studenten ab sofort Gratisexemplare der Krone erhalten müssten. Das ist es, was ich am Fortschritt so schätze!

Natürlich ist es nicht nur ein Problem der Akademie, dass nicht gelesen wird; und wenn, dann nur Müll. Es ist ein Problem der Kultur insgesamt, dass die Österreicher, speziell die Wiener, so gut wie keine Bücher lesen. Darin unterscheiden sich unsere Politiker und unsere Banker und unsere Bauarbeiter und unsere Köchinnen überhaupt nicht voneinander. Ein Landeshauptmann erzielte nach der öffentlichen Erklärung, in seinem ganzen Leben nur ein einziges Buch gelesen zu haben, einen Erdrutschsieg.

Wenn man in die Wohnung des Durchschnitts-Österreichers kommt, sieht man einen großen Fernsehapparat, obligatorisch vielleicht zwei, drei Bücher, dekorativ in einem dafür vorgesehenen Fach platziert. Sie stehen schief, weil sie so viel Platz haben. Manchmal stehen sie sogar auf dem Kopf, wie man es aus den Möbelgeschäften kennt.

Aber selbst diese zwei, drei Bücher haben die Österreicher, speziell die Wiener, nicht gelesen; sie sind pure Dekoration. Ich erinnere mich noch an eine Zeit, da tauschten viele Leute ihre Wohnungen. Wenn jemand in Floridsdorf arbeitete, suchte er eine Wohnung in Floridsdorf. Mittlerweile ist die Idee mit dem Wohnungstausch zum Erliegen gekommen. Lieber pendeln die Leute hin und her, von Nussdorf nach Meidling und von Mauerbach nach Kagran. Lieber stehen sie stundenlang im Stau. Dabei wäre so ein Wohnungstausch völlig unproblematisch. Denn auch in der neuen Wohnung würde es mit hoher Wahrscheinlichkeit einen großen Fernsehapparat geben und zwei, drei Bücher, die niemand liest.

Ich war siebenundzwanzig Jahre lang Professor an der Akademie und habe vier Mal an der Sommerakademie in Salzburg unterrichtet. Ich habe immer noch Kontakt zu einer ganzen Reihe ehemaliger Studenten, von denen einige mittlerweile gestandene Maler sind. Manchmal rufen sie mich an und entschuldigen sich, sie könnten nicht zu meiner nächsten Vernissage kommen, weil sie gerade eine Weltreise machen, selbst eine Ausstellung haben oder ihr drittes Kind erwarten. Und während solcher Telefonate behaupten sie dann, dass sie sich noch genau erinnern könnten, worüber wir geredet haben, damals. Vor kurzem rief mich einer an, der meinen Stil nachgeahmt hatte. Das habe ich mir umgehend verbeten. Bei einigen Kollegen hatte ich aber den Eindruck, sie fühlten sich geschmeichelt, imitiert zu werden. Ich fühlte mich nicht geschmeichelt. Ich hielt es für peinlich.

Nachahmung ist der Tod der Kunst.

„Also“, sagte ich damals zu diesem Studenten, „wenn Sie so weitermalen, bekommen Sie kein Diplom. Zeigen Sie mir lieber, was Sie selbst können.“

Darauf antwortete er:

„Na ja, eigentlich bin ich ein Amateur-Schlosser. Ich schmiede.“

„Na“, sagte ich, „wollen Sie dann nicht lieber Schmied werden?“

„Nein“, antwortete er, „meine Eltern wollen, dass ich Kunsterzieher werde.“

„Na gut“, sagte ich, „wenn Sie dann Handarbeit unterrichten, können Sie den Kinder ja schmieden beibringen.“

„Ja“, sagte er, „das ist eine gute Idee, das mache ich.“

„Aber malen Sie keine Mikls mehr, Sie kriegen das Diplom für eine schöne Schmiedearbeit.“

Daraufhin schmiedete er einen Grill und bekam das Diplom. Wir grillten drei Tage lang, die Akademie roch noch ein halbes Jahr später nach verbranntem Fleisch. Ich nahm dem jungen Mann das Versprechen ab, dass er nie wieder einen Pinsel angreift.

Es gab nicht viele Studenten, die wirklich gute Anlagen hatten. Alfred Klinkan aber war herausragend. Er kam mit einer riesigen Mappe zur Aufnahmeprüfung. Aber nicht diese Mappe war es, die mir sofort auffiel, sondern – ich weiß nicht, wie ich es sonst nennen soll – seine Gewissheit. Das war etwas ganz anderes als die jugendliche Überheblichkeit mancher angehender Künstler, die auftreten, als hätten sie gerade das Rad neu erfunden. Das war ihm fremd. Seine Gewissheit hatte nichts mit überzogenen Erwartungen zu tun. Es schien, als erwartete er gar nichts.

Er war hier, um seine Arbeiten zu zeigen. Weder rechnete er, dass man beim Anblick seiner Arbeiten erschüttert sein oder in einen Glückstaumel ausbrechen müsse, noch war zu befürchten, dass er es als bodenlose Inkompetenz betrachten würde, wenn diese Reaktionen ausblieben. Nein, Alfred Klinkan war bar jeder Aufgeblasenheit.

Er war jung, vermittelte aber den Eindruck, dass er Ablehnung und Zurückweisung ertragen könne. Und nicht aus Gleichgültigkeit, sondern weil er seiner selbst sicher war. Seiner selbst und seiner Kunst. Das ist in unserer unsicheren Malerwelt eine ganze Menge: Seinen Weg zu gehen, ungeachtet des Geschwätzes der Kritiker über Stile, Strömungen, Richtungen und ihrer Einflüsterungen.

Die Packpapierrolle, die er mitgebracht hatte, war viel zu groß für den Perspektive-Saal. Auf dem Papier befanden sich seine Fußabdrücke. Aber es war eine gute Arbeit. Die Bemerkungen, die einige Kollegen darüber machten, waren klassisch, wie Melchior bei Nestroy sagt. Ich aber hatte meinen besten Studenten gewonnen.

Meine Grundierkurse schätzte er besonders, denn als guter Maler wusste er, dass Technik, Inhalt und Form einander ergänzen und eine Einheit bilden müssen. Das musste ihm niemand erklären. Das war für ihn selbstverständlich. Ebenso, dass es bei der Kunst um Ehrlichkeit geht, um Wahrheit. Aber so etwas ist natürlich nicht nachvollziehbar für eine Gesellschaft, die ausgebildet ist in Faulheit, Dummheit, Schwindel und Betrug.

Er besaß eine wunderbare Phantasie. Sie ließ ihn nur selten im Stich. Wenn sie aus ihm herausbrach, verlieh sie ihm Flügel. Was er machte, hatte mit Fließbandmalerei nichts zu tun. Er war klug genug, auch die Fließbandgalerien zu meiden. Auch das musste man ihm nicht extra beibringen. Ich hätte es nur schwer ertragen, wenn er angefangen hätte zu wiederholen.

Leider habe ich in meinen siebenundzwanzig Jahren an der Akademie allzu viele Maler gesehen, die solch falsche Flügel tragen. Ich weiß nicht, wie ich es freundlicher ausdrücken soll: Sie sind Geflügel, sonst nichts! Sie meinen, hochgestiegen zu sein, und liegen doch wie Ikarus schon längst am Boden – sofern sie überhaupt je abgehoben haben.

Klinkan hatte sein ganzes kurzes Leben lang keine Schwierigkeiten mit dem Finden, mit dem Erfinden. Er hatte Talent. Er besaß Phantasie. 1981 bekam er den Otto-Mauer-Preis für ein wunderbares Triptychon, ausgestellt in der Virgil Kapelle unter dem Stephansdom in Wien. In der Jury schlug ich vor, diese drei Bilder für die Sammlung zu erwerben. Die Otto-Mauer-Gesellschaft verweigerte ihre Zustimmung – kein Geld!

Klinkans Triptychon wurde später im Dorotheum verschleudert. Viele seiner Arbeiten kamen im Dorotheum und im Kinsky unter den Hammer. Meist zu Preisen, die eine Schande waren für alle Beteiligten.

Dabei liebte Klinkan seine Bilder. In seinen Familienbildern spielen seine Kinder mit den Klinkan-Tieren friedlich zusammen. Ausgezeichnet. Alle Menschen mit Augen im Kopf wissen, was seine Bilder bedeuten. Natürlich konnten sie nichts ausrichten in einer Welt, die für die gemacht scheint, die es sich richten können. Ich stelle mir vor, dass er noch immer fliegt mit seinen Flügeln – und weit und breit ist dort, wo er durch die Lüfte schwebt, kein Kunstrichter.

Unter meinen Studenten war auch Franz Novotny, der später Filmregisseur wurde, sogar ein sehr guter. Der schlug damals Nägel in Holz. Ich sagte zu ihm, bei mir komme er mit seinen Nägeln nicht durch.

„Wenn Sie unbedingt etwas mit Nägeln machen wollen, müssen Sie nach Finnland gehen, da gibt es genug Bäume, in die Sie Nägel schlagen können. Die werden Sie geradezu lieben mit Ihrer Nagelmaschine."

„Ich habe zwei kleine Filme gemacht", sagte er darauf. „Könnten Sie sich diese Filme anschauen?"

Also ging ich ins Filmstudio in die Neubaugasse und sah mir zwei großartige Filme an. Jeder dauerte acht bis zehn

Minuten, beide waren schwarz-weiss. Ich sagte zu Franz Novotny, dass er das Diplom für die Filme bekomme, aber er müsse mir versprechen, dass er nie wieder malen oder etwas mit Nägeln machen werde. Dieses Versprechen ließ ich mir sogar schriftlich geben – Spaß muss sein! Aber Franz Novotny hielt sein Versprechen nicht. Vor zwei Jahren hatte er eine Ausstellung mit Bildern, die einfach scheußlich waren. Aber wenigstens ist aus seiner Filmerei etwas geworden.

Das nenne ich eine offene Akademie.

Ich denke, ich war der einzige Professor an der Akademie, der wirklich für seine Studenten da war. Hundertwasser beispielsweise hielt sich fast das ganze Jahr über in Neuseeland auf, der Kontakt zu ihm ging ausschließlich über seine Assistenten. Bei ihm konnte man studieren, ohne ihn je zu Gesicht zu bekommen. Es war damals auch nicht mehr üblich, in eine andere Meisterschule zu gehen – ein Austausch, wie er zu meiner Studentenzeit gang und gäbe gewesen war, fand nicht mehr statt.

Sich für seine Studenten einzusetzen, sie dabei zu unterstützen, ihren Weg zu finden, ist eine Sache. Sie anzulügen aus Feigheit oder Bequemlichkeit, eine ganz andere. Ich lehnte es ab, sie zu schonen. Was ich über ihre Arbeiten sagte, war unmissverständlich und direkt. Ich musste an meinen Vater denken, der das zeitlebens so gehalten hatte. Aber im Gegensatz zu ihm gelang es mir nicht, jeglichen Zynismus aus meinen Kommentaren zu verbannen.

Manchmal fragte ich mich, ob ich nicht schon genauso agierte wie die Kritiker, die ich so verabscheute. Aber im Gegensatz zu diesen wusste ich zumindest, worüber ich redete. Wer sich für die Malerei entschließt, soll auch ihr

Risiko tragen, warum nicht. Jeder Beruf hat sein Risiko.

Das Risiko der Kunst besteht darin, sich preiszugeben. Sich auszuliefern. Sich angreifbar zu machen. Aber so ist es eben: Die Kunst verträgt keine Kompromisse.

Es war mir wichtig, gleichen Abstand zu allen zu halten. Bis zum Schluss war ich mit allen meinen Studenten per Sie. Sie bekamen schnell heraus, dass sie gut daran taten, sich eine Antwort zu überlegen, wenn ich eine Frage stellte. Ich war ein strenger Lehrer.

Da die Akademie in meinem ersten Jahr gerade umgebaut wurde, hielten Drago Prelog und ich die Aufnahmeprüfungen auf dem Gang ab. Das war natürlich eher suboptimal. Mir ist Ordnung überaus wichtig. Von Anfang an achtete ich darauf in meiner Schule. Alles wollte klug organisiert sein. Wir hatten vierzig Studenten. Sie mussten Arbeiten mitbringen, über die dann diskutiert wurde. Ich wollte, dass sie nicht nur lernten, Bilder sehr genau anzusehen; ich wollte auch, dass sie lernten, ihre Reaktionen auf die Bilder zu begründen. Ich nahm mir viel Zeit, um ihnen zu erklären, worum es mir ging. Worum es, wie ich meinte, auch ihnen gehen sollte.

Mich erstaunt noch heute, wie viel Ruhe ich aufzubringen in der Lage war. Ich lernte es zuzuhören. Ich lernte es, andere ausreden zu lassen. Und ich machte den Studenten klar, wie wichtig es sei, auf dem Markt Fuß zu fassen. So sehr ich den Markt hasse – letzten Endes ist er der Maßstab für das eigene Überleben. Aus diesem Grund organisierte ich Wettbewerbe. Aber ich legte mir keinerlei Zurückhaltung auf bei meiner Kritik. Wenn ich etwas kommentierte, konnte es von ätzender Schärfe sein. Ich schaue die Leute direkt und eindringlich an, wenn ich mit ihnen rede.

„Du schaust, als würdest du schlecht sehen", sagte Drago einmal.

Aber ich sehe sehr gut, wahrscheinlich besser als die meisten Leute. Wenn ich jemanden so anschaue, geht es mir darum, mein Gegenüber festzunageln. Diesem Blick hält kaum jemand stand. Wenn ich jemanden so anschaue, kann ich sagen, was ich will – es wirkt dennoch wie Kritik; und keine angenehme. Eher wie eine vernichtende.

Als Lehrer war es mir wichtig, meinen Schülern klar zu machen, dass Kunst Arbeit ist, und dass es bei dieser Arbeit auf Ernsthaftigkeit und Gediegenheit ankommt. Joseph Beuys hat zwar einmal erklärt, dass man Kunst lernen könne, eine gewisse Begabung vorausgesetzt. Aber ich bin nicht dieser Meinung. Und selbst Beuys räumte ein, dass Fleiß dazu gehöre. Kunst, war seine Überzeugung, komme von Kunde, man müsse etwas zu sagen haben; aber auf der anderen Seite komme Kunst auch von Können, man müsse es auch sagen können. Und das setze einen Sinn für Proportionen, einen Sinn für Formen, einen Sinn für Gleichgewicht voraus.

Das, was einer sagen will, kann man ihn nicht lehren.

Also ist die handwerkliche Voraussetzung, das, was einer sagen will, auch sagen zu können, das Einzige, das man wirklich vermitteln kann. Ich versuchte, meinen Studenten zu veranschaulichen, dass man bei der Kunst keine Kompromisse eingehen dürfe. Auch nicht beim Material. Da schon gar nicht: die besten Farben. Die besten Pinsel. Die besten Leinwände.

Mein Credo war:

„Lerne, wie man eine Leinwand ordentlich aufspannt und grundiert."

Das war für mich die Basis. Um zu überprüfen, ob die Spannung passte, stand in meinem Atelier immer eine grundierte Leinwand, an der ich die geforderte Stabilität unter Beweis stellte, indem ich mit dem Fuß dagegen trat.

Die Leinwand wies danach natürlich eine Delle auf. Aber mit etwas Wasser ging die Delle schnell wieder heraus.

Nein, man kann Kunst nicht lernen. Man kann Kunst auch nicht unterrichten. Man kann Kreativität nicht lehren. Man kann Phantasie niemandem eintrichtern. Man kann die richtige Haltung nicht anordnen.

Man kann nur vorschreiben, was man tun darf und was man lassen sollte. Aber daraus wird dann sehr schnell eine Schule für gutes Benehmen. Ganz habe auch ich mich dieses Unfugs nicht enthalten können: Ich habe die Verwendung von Acryl verboten. Acryl zu verwenden, kam mir vor wie Betrug. Es sah aus wie Öl, aber es trocknete viel schneller. Es roch auch nicht wie Öl, es roch gar nicht.

Es war, ich weiß nicht, wie ich es besser ausdrücken soll, es war irgendwie künstlich. Und es gab schon genug in der Kunst, das künstlich war.

Ich habe auch verlangt, man solle nicht mit Tintenkuli zeichnen. Man solle nicht radieren. Man solle keine Knetgummis verwenden. Man solle alles vermeiden, was früher oder später anfängt, ein einziger Schwindel zu werden. Zugegeben, ich habe früher auch radiert. Herbert Boeckl radierte recht gerne, und dieser Einfluss färbte natürlich ab. Aber ich gab das bald auf. Ehrlicher ist es, eine Zeichnung zu zerreißen, wenn sie misslungen ist.

Der Radiergummi ist ein großer Verführer. Man kann mit ihm so radieren, dass eine bestimmte Plastizität entsteht. Aber mein Prinzip war immer, dass man, was man mit zeichnerischen Mitteln nicht zusammenbringt, lieber sein lässt. Mein Prinzip war, dass man ein anderes Blatt nimmt, wenn man scheitert. Ein Klavierspieler radiert ja auch nicht auf dem Notenblatt herum. Er spielt das Stück so lange, bis er die Töne trifft und das Tempo.

Als ich das erste Mal in Salzburg unterrichtete, warf ich sämtliche Radiergummis, die mir unter die Augen kamen, in den Festungsgraben. Zum Geburtstag schenkten mir die Studenten dann ein Radiergummi-Museum – eine riesige Schachtel mit kleinen Fächern, und in jedem Fach lag ein anderer Radiergummi. Ich habe keine Ahnung, wo sie all die Ratzefummel aufgetrieben haben. Sogar aus Argentinien waren zwei Kautschukradierer dabei. Ich war gerührt. Aber ich erlaubte das Radieren trotzdem nicht.

Natürlich gab es jedes Mal ein Riesengeschrei, wenn ich einem Studenten den Knetgummi wegnahm. Es wurde gejammert, wie viel Geld das alles gekostet habe. Also entschloss ich mich zu einem Kompromiss. Ich brachte den Studenten Plastikradiergummis mit. Während nämlich Radierer aus Gummi schmieren, können die aus Plastik, wenn sie gut sind, etwas entfernen, ohne eine Spur zu hinterlassen.

Das sind kleine Tricks, die man unterrichten kann. Aber man kann niemandem sagen, wie er zeichnen soll. Man muss jedem Menschen die eigene Art lassen, sich auszudrücken.

Leider ging es im studentischen Alltag nicht nur darum, jeden Menschen seinen eigenen Weg finden zu lassen. Viele haben überhaupt keine Vorstellung, wie sie dazu kommen sollen. Deshalb ahmen sie nach. Irgendwann fingen einige Studenten im Abendakt an, mit Mikl-Strichen zu operieren. Das war natürlich ausgemachter Schwachsinn. Wenn man eine Zeichnung von mir hinlegt und daneben eine, die so ähnlich aussieht, merkt man sofort, dass da etwas nicht stimmt.

Leider ist Imitation kein wirklich seltenes Phänomen im Kunstbetrieb. Nach dem Krieg war Wien voll von Picasso-

Malern. Damals galt Picasso geradezu als Synonym für Modernität. Im Art Club versuchte die Hälfte der Künstler, wie er zu malen.

Solche Moden gibt es immer wieder – Zeiten, in denen sich plötzlich alle als Kubisten gebärden. Oder als Tachisten. Oder als Konstruktivisten. Und ein paar Jahre später ist die Figuration das Höchste. Ich kenne sogar ein paar Leute, die Kunstkarten nachgemalt haben, sobald sie die Brücke und den Blauen Reiter für sich entdeckt hatten. Bei manchem Neuen Wilden ist mir übrigens genau dieser Gedanke durch den Kopf geschossen.

Im Grunde ist das ein Verbrechen an der Kunst. Ein Künstler hat etwas zu machen, das auf Kunstkarten wiedergegeben wird – und nicht das wiederzugeben, was er auf Kunstkarten abgebildet findet.

Aber Imitieren ist natürlich viel einfacher als den eigenen Weg, das eigene Thema, die eigene Sprache zu finden.

19

Eine offene Akademie. Wo nicht jeder Schmarrn extra und extra kompliziert geregelt wird. Die alte Akademieverfassung hatte nur neunzehn Paragraphen, keine Nebenartikel oder Unterabsätze. Sie hatte nur ein paar Seiten Umfang; sie genügten vollkommen. Aber dann wurde die sogenannte Hochschulreform angeleiert, die Universitätsreform. Was herauskam, war so dick wie ein Telefonbuch. Was herauskam, war der feuchte Traum jedes Beamten.

Seither gibt es Präambeln und Zusätze und Unterartikel und Fußnoten, dass es nur so eine Freude ist. Seither kennt sich kein Mensch mehr aus. Ich habe gehört, dass fast vierhundert Beamte mit diesem Papier gewordenen Wahnsinn befasst waren.

Um dieses Konvolut des Schreckens Gesetz werden zu lassen, gab es im Parlament nur eine einzige Sitzung. Und der einzige Mandatar, der das unerträglich fand, war Gerulf Stix, ein FPÖler. Wenigstens war er kein Nazi. Er war auch der einzige, der sich darüber aufregte, als sein von Theophil Hansen eingerichtetes Büro mit Plastiksesseln ausgestattet wurde. Der einzige Mandatar mit Kultur – ausgerechnet ein Freiheitlicher!

Bei dieser Sitzung im Parlament war auch Heinz Fischer anwesend. Damals war er noch nicht Nationalratspräsident und schon gar nicht Bundespräsident, sondern nur ein einfacher Abgeordneter, der im Wissenschaftsausschuss saß. Wie Josef Cap, der damals noch ein Mascherl trug. Später warf Cap Wolfgang Schüssel genau das vor, nämlich das Mascherl. Er machte sich darüber lustig, indem er sich bei seinen Auftritten im Parlament eine Plakette ansteckte, auf der ein durchgestrichenes Mascherl abgebildet war. Daraufhin
1 rannte halb Wien mit solchen Plaketten durch die Straßen.

Neben ihm saß Frau Partik-Pable, eine ehemalige Richterin. Ihre Auffassung von Kultur stellte sie mit einer leicht verhaltensauffälligen rassentheoretischen Aussage über Schwarzafrikaner unter Beweis: „Sie schauen nicht nur anders aus“, sagte sie, „sondern sie sind auch anders, und zwar sind sie ganz besonders aggressiv. Das liegt offensichtlich in der Natur dieser Menschen. Sie sind meistens illegal da, sie sind meistens Drogendealer, und sie sind ungeheuer aggressiv, wenn sie von Exekutivbeamten beanstandet werden.“

Gerulf Stix war also eher eine Ausnahme in der FPÖ. Es gab noch drei oder vier Mitglieder im Wissenschaftsausschuss, aber die sind mir nicht in Erinnerung geblieben.

Heinz Fischer reklamierte meine Bemerkung, nur ein toter Politiker sei ein guter Politiker, ins Protokoll.

Politiker sind eine Unterkategorie der Lebensform des Beamten. Bei dieser Sitzung im Parlament beharrten sie mit unerbittlicher Härte darauf, dass das Universitätsreformgesetz nicht noch einmal aufgeschnürt werden dürfe. Sie traten so vehement für ihren Standpunkt ein, dass ihnen gar nicht auffiel, dass auch wir kein Interesse hatten, dass der Gesetzesentwurf noch einmal geändert werde.

Wir hatten das gleiche Ziel, wenn auch aus völlig anderen Motiven. Denn wir wollten nur deshalb keine Änderungen, weil wir überzeugt waren, dass jede Änderung das Ganze nur noch schrecklicher machen würde. Da uns die Politiker aber nicht zuhörten, geschah, was unvermeidlich geschehen musste: Das Gesetz wurde an den Hauptausschuss zur nochmaligen Überarbeitung zurückverwiesen.

Die Politiker wollten das nicht. Wir wollten das nicht. Aber die ganz spezielle Logik des Hohen Hauses führte dazu, dass noch zahlreiche Änderungen ins Gesetz hineinreklamiert wurden. Es wurde, wie befürchtet, tatsächlich noch viel schrecklicher, als es bereits war. Jetzt beschäftigten sich nicht vierhundert, sondern fünfhundert Beamte damit.

Bevor es dazu kam, sprach Hertha Firnberg zu uns. Und noch vor ihr der unselige Alois Mock. Die Wissenschafts-Ministerin war eigentlich ganz in Ordnung. Vor diesem Treffen waren wir öfters zusammen einen trinken gegangen.

Ich sagte zu ihr: „Vergessen Sie nie, gnädige Frau, wir sind wie die Mozartkugeln, wir sind wie die Sängerknaben, wir sind die akademischen Maler! Machen Sie nichts kaputt, was sich im Nachhinein nicht mehr reparieren lässt."

Und sie antwortete: „Nein, das vergesse ich nicht, ich will ohnedies keine Änderungen."

Aber dann ging sie weg. Und dann war es aus.

Nach Hertha Firnberg wurde Heinz Fischer Wissenschaftsminister, und nach Heinz Fischer kam Hans Tuppy. Und die Protokolle zur Universitätsreform wuchsen und wuchsen. Aus einem Bächlein wurde ein reißender Fluss, und aus dem reißenden Fluss wurde eine Flutwelle, ein richtiger Tsunami, der alles mit sich riss. Die Minister verschwanden mit der Zeit. Die Beamten blieben. Und die Paragraphenberge wuchsen. Bald versteckten sich die Minister und Beamten hinter tausend Vorschriften und Regeln, die alle nichts wert waren.

Mein Eindruck ist, dass es heute noch viel mehr Beamte gibt als früher. Nach dem Krieg hieß es bei jeder Wahl: „Weg mit dem Beamtenstaat!" Das passierte aber nie. Es wurden immer mehr Beamte. Und immer, wenn sich jemand den Abbau der Beamten auf die Fahnen schrieb, weil das bei der Bevölkerung gut ankam, schlossen die Beamten die Reihen dicht und fassten einen Gewerkschaftsbeschluss.

Sie beschlossen, dass noch mehr Beamte nötig seien; wofür auch immer, da waren sie ziemlich kreativ. Und sie bekamen stets, was sie wollten. Und deshalb wurden auch immer mehr Beamte in den Kunstbetrieb eingeschleust. Genau da brauchte sie freilich kein Mensch; wozu auch? Aber vielleicht gibt es überhaupt keinen Platz, wo man sie braucht.

Angefangen hat das ganz große Elend der Akademie mit Carl Pruscha, und bald gab es Rektoren, die überhaupt nichts mehr mit Kunst zu tun hatten. Die Beamten hatten sich die Akademie endgültig unter den Nagel gerissen. Dafür gibt es jetzt eine Geschäftsordnung und einen Universitätsrat und einen Senat und was weiß ich noch für Gremien. Früher gab es Akademie-Ehrenmitglieder, die Schiller, Goethe, Schopenhauer, Rudolf von Alt und Elias Canetti hießen. Heute heißen die Ehrenmitglieder Häupl und sind Bürgermeister oder Stadtrat.

Die Beamten heckten Paragraphen für alles und jedes aus. Sie stellten Regeln auf, ganze Berge von Vorschriften, Normen, Richtlinien, Statuten, Direktiven, Bestimmungen. Niemand kennt sie. Das ist auch nicht ihr Zweck. Ihr Zweck ist es, bei Bedarf jedem den Hals zu brechen, der aus der Reihe tanzt. Seither gibt es an den Universitäten keine Autorität mehr. Die Herrschaft wurde von den Paragraphenreitern übernommen.

Mit Kunst haben sie nichts am Hut. Kunst ist an der Akademie längst zu einer Nebensache verkommen. Sie ist den Bürokraten, den Kleingeistern, den Federfuchsern, den Kümmelspaltern, den Rechthabern, den Umstandskrämern, den Pedanten und Rabulisten geradezu verdächtig: Wie alles, was man nicht regeln und nicht verordnen kann.

20

Unter den Professoren an der Akademie gab es nicht viel Kontakt. Mit Sergius Pauser lag ich ständig im Streit. In meinen Augen war er ein Opportunist erster Güte. Es war unvermeidlich, dass es zwischen uns irgendwann krachen würde.

Im Café Hawelka kam es dann zum Eklat. Sogar die Polizei wurde alarmiert und brauste mit Blaulicht und Folgetonhorn in die Dorotheergasse. Der alte Hawelka begrüßte mich von da an, auch wenn ich nur arglos einen Kaffee oder ein Achtel Rot trinken wollte, mit dem Stehsatz:

„Immer wenn der Mikl im Haus ist, kommt die Funkstreife!“

Teddy Podgorski war gerade aus Amerika zurückgekommen, wo er den Wahlkampf zwischen Barry Goldwater und Lyndon B. Johnson miterlebt hatte. Goldwater war im Grunde ein Rassist, ein alter Verfechter der Rassentrennung. Und Rassentrennung war zu diesem Zeitpunkt ein heißes Thema in den USA. Podgorski brachte mir vom Wahlkampf eine Plakette mit, auf der „Vote for Goldwater“ stand. Diese Plakette hatte er in einem jüdischen Geschäft gekauft, gemeinsam mit fünf weiteren, die er ebenfalls zu verschenken oder zu verkaufen gedachte, weil wir uns damals alle lustig machten über den Goldwater, den Goldwasser. Es erinnerte uns an Hundertwasser: Politik für alle!

Stolz zeigte ich die Plakette im ganzen Lokal herum. Sie wurde von Hand zu Hand gereicht – und plötzlich war sie weg! Ich stellte mehrere Sessel vor die Tür, damit niemand das Lokal verlassen konnte. Otto Kobalek und Helmut Qualtinger, die bei jedem Blödsinn dabei waren, halfen mir, die Plakette zu suchen. Und plötzlich entdeckte ich meinen Todfeind Sergius Pauser. Er saß mit Architekt

Kautzky und Georg Chaimowitz an einem Tisch im hinteren Teil des Lokals. Vor sich hatten sie eine Flasche Cognac.

Als ich verlangte, alle müssten ihre Taschen öffnen, sprang Pauser auf und schrie, er lasse sich eine solche Unterstellung von einem ehemaligen Studenten nicht gefallen.

Ich schrie zurück:

„Das kann doch nicht so neu sein für Sie. Ich habe Sie ja schon als Student beleidigt. Können Sie sich nicht erinnern? Soll ich Ihnen den Wortlaut wiederholen?"

Da sprang Pauser auf und rannte wutentbrannt aus dem Lokal. Qualtinger grinste. Er grinste immer. Er mischte sich nie ein. Er lachte nur hämisch. Er freute sich über Verwicklungen.

Die Durchsuchung war, zugegeben, eher fragwürdig als freiwillig. Otto Kobalek, der mir dabei half, war schließlich so betrunken, dass er auf einem Sofa einschlief. Kautzky unterstützte mich ebenfalls.

Allerdings murmelte er die ganze Zeit:

„Die finden wir nie! Die finden wir nie!"

Aber ich war davon überzeugt.

Ich hatte am Abend davor einen Wildwestfilm gesehen, wo der Held alles durchsetzen konnte. Andererseits, er hatte einen Revolver und ich nicht. Aber ich trat auf, als hätte ich einen. So lehrreich können Wildwestfilme sein. Hollywood ist die Urania für das Volk. Zeigten sie in einem Film, dass da einer in der U-Bahn uriniert, würden es bald alle nachmachen.

Behaupteten sie gar, Kopieren sei eine authentische künstlerische Disziplin, würden sofort tausende und abertausende Epigonen aus ihren Löchern kriechen. Die Fließband-Akrobaten würden behände umdenken; viel ändern müssten sie ja ohnedies nicht. Allerdings wäre es dann besser, die Akademie gleich zuzusperren und das Kreuz über der Kunst zu machen. Weil Nachahmung nichts mit Kunst zu tun hat. Sie ist das Gegenteil davon. Wenn das Kunstwerk Schöpferkraft verkörpert, wenn es ein Symbol des Ideals der Freiheit des Individuums ist, dann ist Kopieren ein Symbol geistiger Verstopfung. Mit einem Wort: des Sumpertums. Des totalen Scheiterns des Ideals.

Es ist aber vor allem ein ganz persönliches Scheitern. Es unterminiert die eigene Kreativität, wenn man eine fremde Darstellungsweise nachahmt. Es lässt die Phantasie verkümmern, wenn man andere Ideen als seine ausgibt. Es erstickt die eigentümliche Intuition, wenn man eine fremde Handschrift imitiert.

Der Künstler, der darauf verzichtet, seine ganz persönliche künstlerische Realität aufzubauen, verkommt zu einem Hausierer fremder Gedanken und Intentionen. Er sollte besser zuhause bleiben und Zeitung lesen. Das ist zwar nutzlos und schädlich; aber nur für ihn selbst. Wenn er sich hingegen mit fremden Federn schmückt, schadet das nicht nur ihm, weil er so nicht weiterkommt. Es schadet auch demjenigen, dessen Federn er sich angeeignet hat, weil dieser es nicht mehr authentisch vermitteln kann. Und damit schadet es allen. Allen, die an die Kunst glauben.

Denn im Gegensatz zu vielen Leuten, die meinen, die Kunst sei funktionsfrei, und der Künstler aller Aufgaben ledig, bin ich überzeugt, dass vom Künstler eine ganze Menge erwartet wird:

Es wird erwartet, dass er etwas schafft, das einzigartig ist, neu und authentisch.

Es wird erwartet, dass das, was er macht, ästhetisch überzeugend ist.

Es wird erwartet, dass er kritisch ist, dass er einen alternativen Blick auf die Welt wirft. Dass er eine alternative Welt entwirft.

Es wird erwartet, dass es ihm gelingt, andere Menschen mit seinem Kunstwerk zu berühren. Dass er Fragen aufwirft, wenn schon nicht beantwortet.

Es wird erwartet, dass jedes seiner Bilder eine Welt für sich und trotzdem unter dem Eindruck und mit der Erfahrung der Wirklichkeit entstanden ist. Jedes Bild muss allen Forderungen gerecht werden, selbst solchen, die Narren stellen: der Forderung des Schulmeisters, dem die Form genügt; der Forderung des Oberflächlichen, der nur die Technik sieht; und sogar der Forderung des Trottels, der nichts anderes als den Inhalt verlangt.

Das zwingt uns Künstler, die Anmutungen der Welt und des Marktes immer wieder aufs Neue zurückzuweisen.

Es zwingt uns, sich immer wieder die Frage zu stellen, ob das, was uns an unserem Anteil des Schicksals zustößt, unserer Kunst nützt. Ob es unserer Unabhängigkeit hilft. Ob es unseren Verstand schärft. Ob es unsere Intuition vertieft. Unsere Kreativität.

Malerei lernen heißt, die Widerstandsfähigkeit des eigenen, wachsenden Hirns zu stärken. Malerei lehren heißt, anderen bei all dem zu helfen.

Malen bedeutet für mich aber auch, dass ich noch immer alles besser machen möchte. Das hat den Nachteil, dass ich immer dieselben Fehler begehe. Aus seiner eigenen Haut kommt niemand heraus. Die frühen Bilder eines Malers können nicht himmelhoch schlechter sein als die späten, denn entweder hat man es, dann kann man seine Begabung schwerlich potenzieren. Oder man hat es nicht, dann wird man es wohl nie haben. Denn wie soll aus nichts etwas entstehen?

Es gibt eine gewisse Kontinuität in meiner Entwicklung. Da sind kaum Brüche. Es hängt alles zusammen. Es wäre sogar unverständlich, wenn es Brüche gäbe. Brüche bedeuten, dass man seinen Stil geändert hat. Dass man nicht mehr richtig findet, was man noch gestern gemacht hat. Aber ich kann nicht aus meiner Haut heraus.

Ich kann auch meinen Charakter nicht ablegen.

Ich kann mich nicht ändern.

21

1968 wurde ich, gemeinsam mit Roland Goeschl, als Österreichs Vertreter für die Biennale in Venedig nominiert. Vierzehn Tage vor der Eröffnung reisten wir mit Ferry Kitt, dem Architekten, in die Stadt der Gondeln, um Fragen der Aufteilung der Räume, der Ausstellungsarchitektur und der Hängung zu klären.

Natürlich fingen Goeschl und ich sofort an zu streiten, weil wir die gleichen Räume beanspruchten. Als der Streit ausartete, drohte Rupert Feuchtmüller, der Ausstellungskurator, die ganze Sache abzublasen. Das war zwar Unsinn, der Skandal hätte ihm viel mehr geschadet als uns; aber von da an einigten wir uns sehr schnell. Goeschl bekam die beiden Räume, und ich den langen großen Saal im Ausstellungspavillon von Josef Hoffmann. Am Abend spülten wir die Reste des Streits hinunter.

Franziska war mit den Kindern ebenfalls nach Italien gereist. Wir wohnten im „Riviera", einem kleinen Hotel am Lido, nahe der Anlegestation S. Elisabetta. Als wir gerade mit ein paar Freunden zu Abend aßen, tauchte plötzlich ein Gondoliere mit gestreiftem Leibchen auf und sagte:

„Prego!"

Es war Helmut Qualtinger. Er kam mit seiner ganzen Entourage und war nicht mehr loszuwerden. Seine Begleiter waren ein grauenhaftes Pack: Liebediener und Speichellecker. Qualtinger umgab sich neuerdings permanent mit ihnen.

Auch im Gutruf waren diese Leute neuerdings immer dabei. Als das Lokal dann abbrannte und von Rudi Wein übernommen wurde, machten sich immer mehr Wichtigtuer und Schaumschläger breit. Als dann auch noch

Udo Proksch dort auftauchte, war das Gutruf für mich gestorben. In dieser Gesellschaft hatte ich nichts verloren.

Die Biennale selbst fand ich nicht besonders aufregend. Aber mir fiel immer etwas ein, um die Stimmung zu heben. Irgendjemand hatte einen Rollstuhl mitgebracht, in den ich Ingeborg Pluhar, die zu diesem Zeitpunkt bereits mit Roland Goeschl liiert war, setzte und mit ihr durch die Giardini fuhr. Sie war eine schöne Frau und erntete unzählige mitleidige Blicke. Goeschl, ein eher introvertierter Typ, hatte keine Freude mit dieser Zurschaustellung. Aber er war ein Freund und sah mir meine dummen Streiche nach. Wir teilten uns mehrere Sammler, und ein paar Jahre später kauften wir uns Häuser in Wörterberg im Burgenland. Sie lagen sogar am selben Hang.

In Venedig war alles versammelt, was in der Welt der Kunst Rang und Namen hatte. Ein Sammler, Francis Gut, ein emigrierter Wiener, lud mich in seinen Palazzo in der Nähe der Akademia ein. Damals lag gerade die russische Flotte in Venedig vor Anker. Als Helmut Qualtinger das sah, begann er sofort, einen russischen Offizier zu spielen. Und ohne das abgesprochen zu haben, sekundierte ich ihm in halsbrecherischem Russisch. In solchen Dingen verstanden wir uns blind.

Ich wurde gebeten, die Speisekarte für die Trattoria a la Colomba zu gestalten, wie vor mir schon andere Künstler. Als Bezahlung gab es einen Gutschein für Kost und Logis im Hotel. Karl und Maria Merk waren Jahre später in der Wohnung des Besitzers der Trattoria eingeladen und erzählten von einer beeindruckenden Sammlung mit mehreren de Chiricos.

Teddy Podgorski, den ich beim deutschen Kulturattaché Hellbach kennengelernt hatte, kam zu Besuch. Hellbach hatte einen Empfang gegeben, ich erinnere mich nicht mehr, aus welchem Anlass. Aber ich erinnere mich, dass es ein eisiger Tag war, die Straßen von hohen Schneewechten verweht.

Der Kulturattaché war eben aus Mexiko zurückgekehrt und hatte von dort Gläser mit den typischen Glaswarzen und dem Silberrand mitgebracht. Vielleicht veranstaltete er die Party nur, um seine neuen Gläser vorzuführen.

Alles war für ein stimmungsvolles Fest vorbereitet, aber man hatte das Personal vergessen. Es gab keinen Kellner, keine Kellnerin, nichts. Hellbach und seine schöne Frau dachten nicht im Traum daran, diese Aufgabe selbst zu übernehmen.

Als die Gäste einlangten, waren die Gesichter der Neuankömmlinge hochrot von der Kälte und dem draußen wütenden Schneesturm. Dann endlich kam ein Kellner, auch er hochrot im Gesicht. Er war, so schnell er konnte, vom Kahlenberger Dorf herbeigeeilt, riss sich den Mantel herunter und zog sein Kellner-Gewand an. Dann begann er, die mexikanischen Gläser mit Whiskey herumzureichen. Aber wegen der Kälte draußen und der Wärme drinnen löste sich in seiner Nase eine riesengroße Rotzglocke.

Ich beobachtete fasziniert, was passieren würde. Der Kellner war wie paralysiert. Er wagte es nicht, das Tablett abzustellen oder einem der Gäste in die Hand zu drücken. Und die Gäste starrten den armen Teufel an, dessen Rotzglocke immer länger und länger wurde.

Angesichts der noblen Herrschaften, die er bediente, erschien ihm die Alternative, seinen Nasenschleim einfach aufzuziehen, allzu dreist zu sein. Schließlich löste sich der Schleimpatzen und fiel in eines der Gläser. Teddy Podgorski nahm das Glas vom Tablett und stellte es auf einer Kommode ab. Die anderen Gäste ergriffen, eher zögerlich und mit spürbar gemischten Gefühlen, die anderen Gläser. Aber irgendjemand musste schließlich auch das Rotzglas genommen haben, denn als der Kellner abservierte, waren alle Gläser leer.

Da ich Podgorski als einen der wenigen Gäste nicht kannte, trat ich auf ihn zu und fragte:

„Kann ich Sie unter vier Augen sprechen?“

„Selbstverständlich“, antwortete er.

Dann eröffnete ich ihm, ich hätte günstig einen Sängerknaben zu verkaufen.

Er blickte erstaunt auf:

„Das ist hochinteressant“, sagte er. „Wie schwer ist er denn?“

Daraufhin bekam ich einen Lachkrampf.

Teddy ließ nicht locker. Er sagte:

„Ich nehme an, es ist ein Massenprodukt.“

Ich konnte gar nicht mehr aufhören zu lachen. Es war der Beginn einer lebenslangen Freundschaft.

Wir verstanden uns auf Anhieb. Wir hatten dieselbe Art Schmäh. 1970 erhielt Podgorski den Auftrag, ein Buch über Muhammed Ali zu schreiben. Man räumte ihm genau drei Wochen dafür ein. Podgorski wusste nicht, wie er das schaffen sollte. Er hatte drei kleine Kinder zuhause und eine Frau, die sogar noch anspruchsvoller war als die drei Kinder zusammen.

Ich stellte ihm mein Atelier in der Schönbunner Schlossstraße zur Verfügung. Dort schrieb er praktisch rund um die Uhr. Ich kam manchmal vorbei, brachte ihm etwas zu essen und malte. Einmal begleitete mich Arnulf Rainer; wir stritten die ganze Zeit.

Das Buch über den Boxer wurde zeitgerecht fertig.

Als Teddy seine zweite Frau kennenlernte, nahm er mein Atelier wieder in Beschlag. Das jungvermählte Paar verbrachte seine Hochzeitsnacht im kleinsten Bett der Welt. Damals war ich schon mit Jutta zusammen. Viele meiner Freunde verstanden nicht, was ich an ihr fand. Aber meine Ehe war schon am Ende gewesen, bevor ich Jutta kennenlernte.

Manchmal denke ich, dass der Mensch für ein Zusammenleben mit einem einzigen Partner über mehrere Jahrzehnte überhaupt nicht geschaffen ist. Diese Idee geht auf eine Zeit zurück, in der die durchschnittliche Lebenserwartung dreißig Jahre betrug. „Auf ewig" bedeutete also tatsächlich zehn, maximal fünfzehn Jahre. Aber wir sterben heute nicht mehr, wenn wir dreißig sind. Wir werden doppelt so alt, drei Mal so alt. Und „Auf ewig" bedeutet ein Zusammenleben über Jahrzehnte; über ein halbes Jahrhundert. Ich bin nicht sicher, ob das ein vernünftiges Konzept ist.

Wir werden geboren, wachsen auf, altern und sterben. So verläuft, prosaisch gesprochen, das Leben. Aber menschliche Körperzellen erneuern sich in einem Zeitraum von sieben, acht Jahren. Obwohl das Alter den Körper zeichnet, die Haut erschlaffen, die Haare ergrauen und ausfallen lässt, ist der größte Teil unseres Körpers viel jünger als wir. Das Skelett wird alle zehn Jahre völlig ersetzt. Die Rippenmuskulatur bringt es auf eine Zeitspanne von maximal fünfzehn Jahren. Der Dünndarm hält kaum länger durch. Die Leber braucht sogar alle zwei Jahre eine Verjüngungskur. Und die Haut wird nicht einmal zwei Wochen alt.

Wieso wir überhaupt altern, obwohl wir uns ständig verjüngen, weiß kein Mensch. Wahrscheinlich liegt es daran, dass dieser Erneuerungsprozess nur einige Male ablaufen kann. Möglicherweise ist das Altern der organspezifischen Zellen schuld daran, dass sich unser Körper nicht ewig verjüngen kann.

Tatsache ist, dass wir nach wenigen Jahren ganz neue Menschen sind. Alles, was wir mitnehmen, ist unsere Erinnerung – und selbst sie verblasst, wenn sie nicht überhaupt das Ergebnis von Selbsttäuschung ist.

Nach wenigen Jahren war von der Leidenschaft, mit der ich Franziska einmal begehrt hatte, nichts mehr übrig. Jutta hingegen war neu. Sie war anders. Das Zusammenleben mit ihr war aufregend. Es bewirkte, dass ich den Ballast abwarf, der sich in mir aufgestaut hatte. Dass ich meine Wut vergaß. Es war, als würde ich neu geboren. Als würde ich mich aus einer alt und ranzig gewordenen Haut schälen.

Plötzlich bemerkte ich wieder, dass die Sonne schien. Meine Energie kehrte zurück. Meine Lebensfreude. Es war ein ekstatisches, überschwängliches Gefühl, das mich packte. Erst jetzt entdeckte ich, was mir gefehlt hatte. Ich freute mich auf meine Arbeit. Ich entdeckte wieder, wie es war, den Kopf in den Wind zu halten. Wie es war, eine Hand ins fließende Wasser zu tauchen. Wie es war, tausend Gerüche wahrzunehmen, tausend Geschmäcker. Wie es war, wieder tausend Dinge wahrzunehmen, die mir lange entgangen waren. Ich lebte wieder.

Kennengelernt hatte ich Jutta bei der Eröffnung einer Ausstellung in Anton Lehmdens Schloss Deutschkreutz. Ich sprach sie an. Innerhalb kürzester Zeit waren wir in ein Gespräch vertieft. Es gelang mir, sie zum Lachen zu bringen; das ist normalerweise der Punkt, an dem ich weiß, dass ich gewonnen habe. Sie fragte mich nach meinem Beruf.

Ich sagte: „Orangenimporteur."

Ich erzählte ihr, es gebe Reifungsanlagen in den Gassen hinter dem Naschmarkt. Aber dann machte ich den Fehler zu behaupten, ich sei vor zwei Jahren Presseattache in Paris gewesen. Da sie selbst durch ihren Mann viele Berührungspunkte zum diplomatischen Dienst hatte, war ihr sofort klar, dass ich sie anschwindelte.

Später traf ich sie bei einer Einladung in der Deutschen Botschaft wieder. Ich fragte sie, ob sie zur großen Auktion im Dorotheum gehen werde. Sie hatte noch nicht einmal davon gehört.

„Waren Sie schon einmal im Dorotheum?" fragte ich sie.

„Nein, ich hatte bisher keine Zeit", behauptete sie.

Ich sagte: „Ich bin morgen dort. Kommen Sie doch mit; ich zeige Ihnen alles."

Von da an streiften wir wochenlang durch Wien. Wir besuchten Galerien, Kunst- und Antiquitätenhändler und gingen ins Gutruf.

Irgendwann blieb es nicht mehr beim Besichtigen von Ausstellungen.

Die erste Zeit der Verliebtheit ist mit keiner Erfahrung der Welt zu vergleichen. Das sich gegenseitig Erforschen. Das Entdecken von Eigenheiten, Vorlieben, Schwächen. Wir fanden – kopfschüttelnd – heraus, dass Jutta für kurze Zeit ganz in der Nähe gewohnt hatte, als wir, nachdem wir ausgebombt worden waren, in die Colloredogasse übersiedeln mussten. Wir konnten es kaum fassen, dass wir uns nie begegnet waren. Aber damals waren wir fast noch Kinder; reif nur in Bezug auf den Tod. In vielerlei Hinsicht harmonierten wir viel besser als Franziska und ich. Sie liebte es, Feste zu feiern. Sie war auch eine gute Köchin.

An meinem 51. Geburtstag organisierte sie in Wörterberg ein Fest, zu dem der ganze Ort eingeladen war. Die Blasmusik spielte, und bis tief in die Nacht ging es hoch her.

Eigentlich war es ja mein 50. Geburtstag, den ich damals feierte. Aber das Fest dazu war ausgefallen, weil meine Mutter gestorben war. Darüber wollte ich aber nicht reden. Also behauptete ich, ich hätte meinen 50er ohnedies schon am 8. 8. 78 gefeiert, weil das das viel schönere Datum gewesen sei.

Es überraschte mich, wie unterschiedlich Jutta von meinen Freunden wahrgenommen wurde. Viele hielten sie für unnahbar, fast schon feindselig. Das lag möglicherweise daran, dass sie mich abzuschirmen versuchte, auch gegen meine Freunde, gegen meine Studenten.

Sie bemühte sich, alles richtig zu machen; aber man macht die Dinge nur richtig, wenn man sie auf die eigene Weise macht. Sie bemühte sich, zuvorkommend und freundlich zu sein; aber es wirkte nicht authentisch. Sie tat alles, um Franziskas Platz in jeder Hinsicht einzunehmen. Es bereitete ihr Mühe, als liebenswürdiger Mensch zu erscheinen. Sie war es nicht, und sie wusste, dass sie es nicht war. Jutta wollte eine Art Alma Mahler für mich sein. Sie wollte meine Muse sein.

Aber ich brauchte keine Muse. Ich brauchte eine Frau.

Neben der anfänglichen großen Leidenschaft spielten aber auch ganz handfeste Interessen eine wachsende Rolle. Jutta drängte mit aller Gewalt in die Kunstszene. Mir kam – natürlich erst viel später – der Verdacht, dass ich für sie so etwas wie ein Hebel war dazuzugehören. Ich hörte – natürlich auch erst viel später – dass sie sich vor unserer gemeinsamen Zeit ganz intensiv an die Phantasten angehängt hatte. Mit ihrem Kunstverstand war es also nicht sehr weit her. Aber in der ersten Zeit schmeichelte mir ihr Interesse, das Anzeichen von Besessenheit trug. Sie hatte die seltsame Vorstellung, nur dort, in der Kunstszene, finde das richtige Leben statt.

Nur dort, war sie überzeugt, würde sie Erfüllung finden. Aber es ging ihr eher um Prestige als um Gefühle.

Und es ging immer auch um Geld. Und wenn Geld im Spiel ist, geht die große Liebe früher oder später den Bach hinunter. Schließlich hatten wir uns so weit auseinandergelebt und so weit voneinander entfernt und so zerstritten, dass nichts mehr half. Alles, was wir gehabt und geteilt hatten, war verschwunden.

Im Nachhinein war unübersehbar, dass unser Bund fürs Leben von Anfang an zum Scheitern verurteilt war. Jutta hatte schon bei ihrer ersten Ehe jede Gelegenheit genützt, um finanziell möglichst gut auszusteigen – irgendwie war das bereits ein Fanal für das Scheitern ihrer zweiten Beziehung.

22

„Die Malerei“, hat Herbert Boeckl einmal gesagt, „ist eine schweigsame Kunst.“

Das war ihm nur Recht. Das ist auch mir nur Recht. Aber während Boeckl das Spektakel floh, wo immer es auszubrechen drohte, brauche ich es zuweilen als Ausgleich. Mein Atelier war immer auch ein Ort, an dem ich Freunde traf, Feste feierte, wo es zuweilen ausgelassen und lustig zuging.

Ich bin ein Mensch, der gerne schweigt. Aber ich bin auch ein Mensch, der gerne ein Glas mit jemandem trinkt. Wer mich besuchte, konnte sicher sein, dass ich weder Wortgefechten noch einer guten Flasche Rotwein abgeneigt sein würde.

Beim Wein bin ich eigensinnig. Nicht dass ich ein großer Weinkenner wäre, weit gefehlt. Aber ich habe meinen eigenen Geschmack und nicht immer Vertrauen in das, was mir kredenzt wird. In Heiligenstadt gibt's einen Heurigen, bei dem mir die Schinkenfleckerl ganz ausgezeichnet schmecken. Aber der Wein dort ist grauenhaft. Ich habe den Wirt im Verdacht, dass er ihn panscht.

Deshalb nehme ich, wenn ich dort hingehe, immer meinen eigenen Wein mit. Auch mit der Hygiene fremder Trinkgläser will ich mich nicht näher befassen. Ich führe immer ein Senfglas mit mir, bei dem ich diesbezüglich sicher sein kann. Brigitte wird es mir in den Sarg legen; das hat sie mir zumindest versprochen. Wer weiß, ob es anständige Gläser gibt im Himmel.

Ich erzähle für mein Leben gerne Geschichten. Meist sind sie frei erfunden: Ich erzähle vom Krieg, den ich so nie erlebt, von Reisen durch die ganze Welt, die ich nie unternommen, von Widerstandsgruppen gegen die Nazis, denen ich nie angehört habe. Dass ich Göring begegnet sei, und worüber wir gesprochen hätten. Dass ich in Afrika bei einem Flugzeugabsturz fast ums Leben gekommen wäre. Dass ich in Asien gelebt hätte und von Geburt Russe sei.

Ich erfand Geschichten aus jedem beruflichen Umfeld, das mir spontan einfiel. Ich war abwechselnd Arzt, Forschungsreisender, Feuerwehrmann, Amtsvormund, Barkeeper und Tauchlehrer.

Diese G'schichterln wollten mir zuerst Jutta und dann Brigitte austreiben:

„Schluss jetzt!" verlangten sie. „Das kann ja keiner mehr hören!"

Aber das stimmte nicht: Die Leute konnten nicht genug davon bekommen. Sie hörten mir gerne zu. Oft begann ich mit etwas, das ich durchaus erlebt hatte, und geriet dann ins Fabulieren. Bald hatte ich keine Ahnung mehr, wo meine Erzählung mich hinführen würde. Ich erfand auch Begebenheiten von Leuten, die ich nicht mochte. Jeder, der diese Leute kannte, hielt sie für wahr. Für mich waren sie das sogar. Sobald ich sie erzählte, wurden sie wahr.

In meinem Atelier konnte ich nach Herzenslust auf Mineralwasser schimpfen. Ich machte mich lustig darüber, dass die Leuten sich vorgaukeln ließen, ganz normales Wasser sei ein High-Tech-Produkt. Wie sie massenweise um teures Geld in Flaschen nach Hause schleppten, was sie umsonst bekommen konnten, wenn sie nur die Wasserleitung aufdrehten.

Meine Wut auf Mineralwasser war durch einen Kunst-Wettbewerb einer Mineralwasser-Firma ausgelöst worden. Die Firma konnte gar nicht genug damit protzen, während sie die Künstler mit einem Taschengeld abspeiste. Aber endgültig aus war es bei mir, als die Föhrenbuschen und Kränze über den Heurigenlokalen mit dieser Wasser-Schwindel-Werbung verunstaltet wurden. Wenn ich von da an ein Lokal betrat, bei dem Mineralwasser auf dem Tisch stand, verließ ich es sofort und kam erst wieder, wenn die Flaschen weggeräumt waren.

Aber auch hier wendete sich alles schließlich zum Guten: Am Ring stieß ein Mineralwasser-Lieferwagen mit einer Straßenbahn zusammen. Der Lastwagen kippte um, die ganzen Paletten und Kisten mit hunderten zerbrochenen Flaschen lagen auf der Straße. Von diesem Malheur machte ich sofort Fotos, die ich in der ganzen Stadt herumzeigte. Denn für mich war es ja kein Malheur, sondern ein richtiger Spaß. Der Spaß gipfelte darin, dass ich erzählte, ich hätte dem Straßenbahnfahrer tausend Schilling gegeben, damit er den Unfall verursachte.

Besonders gerne hörten die Leute Geschichten über Monsignore Otto Mauer. Über seine Fahrkünste, die wirklich legendär waren. Eines Tages sei er, erzählte ich, mit meinen Eltern in mein Atelier in der Schönbrunnerstraße unterwegs gewesen. Mit ihm mitzufahren, war eine echte Mutprobe; er war ein noch schlechterer Autofahrer als ich. Jeder, der in seinen uralten Mercedes stieg, wurde noch Tage danach von Albträumen geplagt.

Mauer, erzählte ich, habe vom Ring zur Zweierlinie abbiegen wollen, weil er draufgekommen sei, dass er in die falsche Richtung fahre. Dabei habe er das Denkmal der Maria Theresia beim Kunsthistorischen Museum zu umrunden begonnen, und zwar nicht ein, sondern viele Male, immer wieder. Er habe nicht mehr zurück auf die Straße gefunden. In Wirklichkeit, behauptete ich, sei Mauer gar nicht tot, sondern kurve noch immer um die Kaiserin.

Ich erzählte von der Modenschau, die ich in den Sechzigern organisiert hatte. Ich habe schon in den fünfziger Jahren Schmuck und Kleidung entworfen. Schließlich war ich ja auch so etwas wie ein Gebrauchsgrafiker. Bald gab es so viele Entwürfe, dass wir uns an die Realisierung wagen konnten. Es endete mit einem Eklat.

Carl Auböck übernahm die Inszenierung. Die Leute waren schockiert. Im Hintergrund spielte ein Streichorchester Bartók. Die Mannequins trippelten mit meinen Kleidern über den Laufsteg; aber was sie trugen, hatte nichts mit dem gemein, was das Publikum bei einer Modenschau erwartete. Es war eine Demonstration. Und es war, wie ich fand, schön anzusehen. Am schönsten waren die Empörung und die Buhrufe.

Und immer wieder erzählte ich Geschichten von meinen Feinden: Zum Beispiel von Adolf Frohner. Ich nannte ihn stets den „Pop-Art Frohner". Dabei hatte er mit Pop Art nichts am Hut. Frohner war anfangs ein zutiefst unglücklicher biederer Maler, dann ein zutiefst unglücklicher Aktionist und schließlich ein zutiefst unglücklicher realistischer Zeichner, der die Frauen auf seinen Bildern grotesk verschnürte. Sein Unglück kaschierte er mit etwas, das wie Lebenslust aussehen sollte, und ertränkte es in Alkohol.

Oder Gustinus Ambrosi. Ambrosi zählte zu meinen ganz besonderen Patienten, auch wenn, wenn ich ehrlich bin, er für mich nicht mehr wirklich satisfaktionsfähig war. Noch vor Ausbruch des Zweiten Weltkriegs hatte er den Auftrag erhalten, für den Garten von Hitlers Reichskanzlei vier dekorative Brunnenfiguren anzufertigen. Infolge des herrschenden Materialmangels konnten nur zwei Plastiken tatsächlich in Bronze gegossen werden.

Hitler protegierte Ambrosi, wo er nur konnte. Auf dem Pöstlingberg ließ er ein Ateliergebäude für ihn planen. Albert Speer bekam den Auftrag, Ambrosi bei der Neugestaltung von Linz besonders zu berücksichtigen. Aber in der Entnazifizierungsbehörde wurde 1948 festgehalten: „Politisch nichts Belastendes!"

Da ihm die Nazis kein Staatsatelier mehr bauen konnten, pochte Ambrosi darauf, dass das nun gefälligst die Republik Österreich zu tun habe. 1951 erfolgte prompt der einstimmige Beschluss des Ministerrates, für Gustinus Ambrosi – „auf Grund seiner außergewöhnlichen Leistungen auf dem Gebiete der bildenden Kunst" – ein Museum mit angeschlossenem Wohn- und Ateliertrakt zu errichten. Im Gegenzug gingen 165 Werke in Bronze und Marmor als Schenkung in das Eigentum der Republik über – auf denen sitzt der Staat nun. Recht geschieht ihm! Denn die Machwerke Ambrosis mag sich heute ja kein Mensch mehr anschauen.

Für das Stiegenhaus eines Finanzamts, das später abgerissen wurde, schuf Ambrosi einen „Merkur". Der stand auf einem Sockel aus Onyx, der allein neunzigtausend Schilling gekostet hatte. Alfred Schmeller schrieb darüber den denkwürdigen Satz: „Onyx für ungut!" Dafür konnte man damals noch – wegen Verspottung – geklagt und verurteilt werden.

Schmeller erhielt eine Geldstrafe.

Noch immer waren Journalisten im Allgemeinen und Kunstkritiker im Speziellen meine besonderen Feindbilder. Dabei hatte ich nicht mehr viel Grund, mich zu beschweren. Die Kritiken über mich wurden besser. Spätestens seit Venedig versuchte man, mir zu schmeicheln. Ich ärgerte mich trotzdem. Ich ärgerte mich über den Blödsinn, der geschrieben wurde, weil es Blödsinn war. Aber ich ärgerte mich genauso über Kritiken, die ins Schwarze trafen, gerade weil sie ins Schwarze trafen.

Ich bin Maler. Ich entblöße mich bis zum Äußersten. Aber das heißt nicht, dass irgendein Esel das Recht hätte, meine Entblößungen zu kommentieren.

Ich vergaß nie, dass Journalisten Kannibalen sind. Die positiven Artikel brachten mich nie dazu, mich in Sicherheit zu wiegen. Denn es liegt in der Natur der Journaille, dass einen dieselben Federfuchser, die einen von Montag bis Freitag hochgejubelt haben, am Wochenende vom Sockel stoßen. Von einer Sekunde zur anderen ist man seinen guten Ruf wieder los. Von einer Sekunde zur anderen ist man verrufen. Wer einen positiven Artikel ernst nimmt, ist selber schuld.

Ich hatte auch immer den Eindruck, dass, was die Kritiker an Gutem über mich schrieben, vor allem ihnen selbst nützen sollte. Sie lobten mich, um gelobt zu werden. Sie loteten etwas aus, aber nicht, um es zu verstehen, sondern um für ihren Scharfsinn, für ihren Kunstverstand bewundert zu werden. Sie feierten sich, wenn sie etwas entdeckt zu haben glaubten, und hielten es für die Wahrheit, sobald alle anderen von ihnen abschrieben.

Sie legten ihren ganzen Ehrgeiz darein, mir auf die Spur zu kommen – und begriffen nicht, dass es da nichts Verborgenes gab. Das Geheimnis lag offen zutage. Sie hielten, was ich über das Handwerk sagte, für eine Marotte, und waren nicht imstande zu erkennen, was es tatsächlich bedeutete. Selbst wenn sie mir nach dem Maul redeten, irrten sie sich. Sie verstanden gar nichts.

Werner Hofmann, mit dem ich mich später völlig zerkrachte, huldigte meiner Malerei, indem er über das „far- 2 bige Element“ schrieb, das ich angeblich so „souverän“ beherrschte. Hier sei „handwerkliches Können die Instanz, die dem Akt des Formens Kraft und Lauterkeit – im Sinne von Klarheit und Transparenz“ – garantiere.

Er hatte mir also tatsächlich zugehört.

Aber sobald er es – wie alle anderen seiner Zunft – in sein kunstwissenschaftliches Kauderwelsch übersetzte, mutierten die einfachsten Dinge zu komplizierten Sachverhalten. Die schlichte Wahrheit wurde plötzlich zu einer verdrehten Angelegenheit. Aber was konnte ich schon tun, als ihm und allen anderen die Hawranek auf den Hals zu hetzen? Sollte ich ihn loben für seine verqueren Bemühungen?

Besonders wütend macht mich die Methode vieler Kunstschwätzer, etwas zu beschreiben, indem sie in aller Breite auswalzen, womit es nichts zu tun hat. Das Problem dabei ist, dass wir sehr selektiv wahrnehmen. Wenn uns jemand sagt, wir dürften keinesfalls an ein, sagen wir, Speckbrot denken, können wir nicht anders, als genau das zu tun. Das Wasser rinnt uns im Mund zusammen. Ein Hungergefühl überkommt uns. Bald ist das Speckbrot in unserer Vorstellung das Köstlichste, was uns je vorgesetzt worden ist. Dass wir nicht daran denken sollen, hat genau das Gegenteil hervorgerufen.

Kunstkritiker haben ein Faible für diese Methode. Ich will nachsichtig sein und glauben, dass sie es tun, weil sie keine Ahnung haben, was sie damit anrichten. Ich will nachsichtig sein und glauben, dass sie es tun, weil sie keine Ahnung haben, worum es bei dem, was sie vermitteln sollen, tatsächlich geht. Ich will nachsichtig sein und glauben, dass sie sich in einem unlösbaren Dilemma befinden: Sie haben nur die Wahl, etwas zu schreiben, ohne eine Ahnung davon zu haben, oder einzugestehen, dass sie keine Ahnung haben.

Also schreiben sie etwas, das schon früher unwidersprochen geblieben ist. Daraus, dass es früher unwidersprochen geblieben ist, schließen sie, dass es richtig sein müsse. Sie schreiben zwar bei ihrem neuen Text dazu, dass das, was sie beschrieben, mit dem, was sie beschreiben wollten, nichts zu tun habe. Aber das geht unter: Man kann nicht nicht an ein Speckbrot denken.

Aber wahrscheinlich wollen sie sowieso nur beweisen, wie geschliffen sie zu formulieren verstehen. Wie viel sie von Kunst verstehen. Oder zumindest, wie perfekt sie den Kunstkauderwelsch beherrschen. Dabei schlagen sie aber nur den letzten Nagel in den Sarg ihrer Inkompetenz.

„Die Rhetorik des action painting", fabulierte etwa Werner Hofmann, „verfiel in Gesten, die sich verschleuderten, in die Automatik angenehmer Füllarabesken, in den Bravourakt. Mikl hat diese Entwicklung – diesen Verfall – nicht mitgemacht. Ihm liegt weder die umschweifende noch die ausschweifende Gebärde. Der Rhythmus seiner Bilder kommt aus klar und sicher disponierten Energieschüben. Die verführerischen Metaphern des Organischen vermeidet er penibel: da ist kein präamorphes Verströmen, kein Wildwuchs, kein Dickicht. Keine Naturmythen, keine Anleihen beim Werden und Vergehen. Keine Formen, die sich verzehren."

Was für ein Schwachsinn! Was für eine sinnlose Verschwendung von Worten! Und alles nur um zu sagen, dass ich nichts mit Informel zu tun habe. Dafür hätten drei Worte genügt. Aber schon diese drei Worte wären zu viel gewesen: Eben weil, was ich mache, mit informeller Malerei nichts zu tun hat. Eben weil schon die Erwähnung des Begriffs dazu führt, mich damit in Verbindung zu bringen.

Das ist der Unterschied zwischen einem Künstler und einem Kritiker: Der Künstler kann warten, bis ihm etwas einfällt. Der Kritiker kann das nicht. Jedenfalls tut er es nicht.

Das Problem mit den Kritikern ist auch nicht, jedenfalls nicht in erster Linie, dass man sich über das, was sie schreiben, ärgern muss. Das Problem ist, dass es alle möglichen Leute lesen und sich fortan den Bildern nicht mehr unbefangen nähern.

Das hat lange keine Rolle gespielt. Künstler in Wien zu sein, hieß, in einem Ghetto zu leben. Wir waren die unbekanntesten Wesen in dieser Stadt. Wir diskutierten und handelten quasi im luftleeren Raum. Kein Mensch hörte uns zu. Wir erregten keinerlei Aufmerksamkeit und erhielten keine Antworten auf unsere Fragen. Wir wurden, wie man in Wien sagt, „net amol ignoriert".

Das hat sich inzwischen geändert. Nicht nur Zeitungskritiker verirren sich in die Ausstellungssäle. Neuerdings schaut manchmal sogar das Fernsehen vorbei. Und das Internet ist sowieso eine Pest, die durch alle Fugen kriecht.

Sich zu freuen, dass die Malerei endlich eine gewisse Resonanz finde, dazu besteht freilich kein Anlass. Denn das Interesse der Medien ist bloß ein Pseudointeresse. Es ist bloß ein koketter Flirt mit der Moderne. Ein Lippenbekenntnis. Ideal, damit Politiker in ihren Sonntagsreden Bezug darauf nehmen können. Ein bequemes Alibi. Kunst und Kultur als Wohlfühlfaktor. Als Nachweis der eigenen Bedeutung und Ernsthaftigkeit. Es hat nichts mit dem zu tun, was diese Leute wirklich für wichtig halten.

Was diese Leute wirklich für wichtig halten, ist Geld, Geld und noch einmal Geld! Am Zustand unserer Gesellschaft – und an den Reaktionen gegenüber Kunst – kann man ablesen, was materieller Wohlstand in den Köpfen anstellt.

Der Staat und die Stadt, die sich ja gerne als Kulturnation und Hauptstadt der Künste feiern lassen, streuen Förderungsgroschen nach allen Seiten aus. Sie unterstützen die guten Maler genauso wie die schlechten. Das ist wahre Demokratie. Manchmal beklagt jemand diesen Sachverhalt; aber im Grunde will ihn niemand ändern – warum auch?

Es hat eine Zeit gegeben, da war die Kunst noch ein Skandal, mit dem niemand etwas zu tun haben wollte. Aber mittlerweile sind sogar die Skandale ein Geschäft geworden. Aus dem Kulturbetrieb sind sie nicht mehr wegzudenken. Sie gehören fest zu den Erfolgsstrategien der Kunsttreiber. Sie sind ein Spiel, bei dem es nur Gewinner gibt: Der Künstler steigert seinen Bekanntheitsgrad und damit seinen Marktwert. Ein paar Politiker können sich ungeniert populistisch auskotzen und in den Schafspelz der Hüter von Sitte und Anstand kriechen. Andere wieder können so tun, als lägen ihnen die Kunst und ihre Freiheit wirklich am Herzen. Und die Medien machen mit den Schlagzeilen Auflagen, und mit den Auflagen Kasse.

Es ist ein Geschäft. Und darüber hinaus noch ein Spaß und ein Spektakel. Im Sommer 2003 wurde in der Nähe des Salzburger Festspielhauses eine Skulptur aus Kinderplastilin aufgestellt: „Arc de Triomphe" von der Künstlergruppe Gelatin zeigte einen nackten Mann, der aus seinem erigierten Glied in den eigenen Mund uriniert. Die Aufregung folgte wie bestellt. Und alle waren begeistert: Das Volk erregte sich über die Frage, ob das Kunst sei. Die Politiker gaben ihren Senf dazu. Die Medien stopften ihr Sommerloch. Die für die Aufstellung verantwortliche Direktorin des Rupertinums rieb sich die Hände angesichts der öffentlichen Aufmerksamkeit. Gelatin wurde über Nacht zum Begriff. Sogar die Feuerwehr kam zum Einsatz: Sie musste den „Kunstschiffer" unter einem Holzverschlag verstecken.

Der Erfolg dieses Stücks war so groß, dass es unbedingt wiederholt werden musste. Zwei Sommer später errichtete Markus Lüpertz die Skulptur „Mozart – eine Hommage“ auf dem Ursulinenplatz in Salzburg: eine nackte Frauenfigur ohne Hände, mit weiß getünchtem Gesicht und einem barocken Zopf. Es trat ein, was alle so innig erhofft hatten: Es wurde darüber gezetert und geschimpft. „Pornojäger“ Martin Humer teerte und federte die Skulptur. Ein öffentlicher Sturmlauf gegen die „Mozart-Hommage“ setzte ein, der wochenlang die halbe Stadt in Atem hielt. Im Jahr darauf probierte man es mit einem auf den Kopf gestellten Hubschrauber vor dem Mozartdenkmal, um die so heftig herbeigesehnten Reaktionen auszulösen. Aber da war's den Salzburgern auch schon wurscht.

Und mir erst recht.

Natürlich haben all diese künstlichen Aufregungen nichts mit einem wirklichen Interesse an Kunst zu tun. Wo sind sie denn, die Landesfürsten, die sonntags große Reden führen über die Freiheit der Kunst, wenn es gilt, die Hetzer in ihre Schranken zu weisen? Wo sind sie denn, die Abgeordneten, die die Freiheit der Kunst feierlich beschlossen haben, aber immer, wenn es brenzlig wird, auf Tauchstation gehen? Wo sind sie denn, die Sammler, die, wenn sie auf die Barrikaden steigen sollten, lieber ihrer Gier frönen. Ja, es ist Gier, was sie antreibt! Sie jagen dem Stück hinterher, das sie noch nicht besitzen. Aber mit der Kunst selbst haben sie nichts am Hut. Diejenigen, die sich aus ganz persönlicher Betroffenheit mit Kunst auseinandersetzen, sind eine verschwindend kleine Minderheit. Diejenigen, die ihre Augen benützen, ihre Empfindungen hinterfragen, kann man an den Fingern einer Hand abzählen.

Matthias Boeckl hat einmal über mich geschrieben, ich sei nicht nur Maler, sondern auch Zeichner und zudem Intellektueller, Literat und Moralist; meine Auffassung von der aufklärerischen Funktion der Kunst liefe meist gegen den jeweiligen zeitgeistigen Mainstream. Das ist schmeichelhaft – aber noch immer untertrieben. Schon das Wort „Zeitgeist" empfinde ich als eine Beleidigung. Die Malerei verkehrt nicht in dieser Gesellschaft! Die Malerei geht jeweils nur in eine Richtung, hin zur Wahrheit. Sie blickt nicht zurück, sie sieht nicht nach vorne, sie schreitet vorwärts – und macht trotzdem keine Fortschritte. Nicht in dem Sinn, in dem Fortschritt heutzutage verstanden wird. Die Malerei ist, auf ihre Weise, einmal besser und einmal schlechter, einmal näher und einmal weiter weg vom Ziel.

Die Malerei arbeitet eben anders als die Technik. Sie verbraucht keinen Strom, sie benötigt keine Rechenmaschinen, sie erzeugt keinen Sondermüll; nichts, was zum Wegwerfen einlädt. Sie lebt nicht durch Leuchtstoffgalerien, ihr sind Flutlichtanlagen, Katastrophen und Lautsprecher fremd. Die Malerei kostet gleichzeitig wenig und viel – wenn sie ernst gemeint ist. Sie arbeitet für die Zukunft, über das Jetzt hinaus und oft gegen dieses Jetzt gerichtet. Sie ist der Zeit immer einen Schritt voraus und wird daher vom Zeitgeist totgeschwiegen.

Totgeschwiegen und verachtet.

Denn der Zeitgeist dekoriert gerne. Er arbeitet mit der Masse als stärkster Kraft. Mit der Sentimentalität. Mit dem dummen Inhalt. Mit der falschen Form. Mit der schlechten Technik. Mit der Scheinphilosophie. Der Zeitgeist ist nichts anderes als Dekoration und Kunstgewerbe. Die Unternehmer der Designerbranche, die Direktoren der Wegwerfindustrie, die Politiker und die Kirchenoberen lieben ihn deshalb erst recht.

Kunst dagegen ist etwas ganz anderes. Sie muss Abstand halten, um etwas darstellen zu können. Sie wirft keine Seitenblicke, sie sieht auf das Wesentliche. Sie arbeitet mit der Zeit und dem Raum. Zeit und Raum waren in ihr nie getrennt. Sie wurden zusammen behandelt von Anfang an – lange bevor die Ingenieure sich selbst und dann die Raum-Zeit erfanden. Aber die Malerei überwindet den Ingenieurverstand und das Reißbrett ebenso wie das Chaos und die Auflösung. Da sie nicht kränkelt, bedarf sie nicht des Beichtvaters und nicht des Psychiaters. Sie besitzt ihre Ordnung und ist in der Lage, ein Bauwerk zu errichten, das unvergleichlich ist. Wie sie entsteht und wo sie entsteht, ist ohne Bedeutung.

Und deshalb ist es ohne Bedeutung, dass sich, wie Matthias Boeckl, der Enkelsohn meines verehrten Lehrers Herbert Boeckl, schreibt, meine Malerei nicht in die bekannte Abfolge der Kunstströmungen in Österreich nach 1945 einordnen lasse: Dass es sich weder um Expressionismus noch um Spätkubismus handle, weder um Surrealismus noch um Informel. Dass kein einziger dieser Zugänge meine künstlerische Position auch nur annähernd genau beschreiben könne. (Endlich einer, der das ausspricht! Aber natürlich wendet auch er die Technik an, etwas zu beschreiben, indem er beschreibt, was es nicht ist. Damit sammelt man honorarfähige Zeilen – und hat doch nichts Falsches gesagt. Aber es bleibt immer etwas hängen.)

Ich habe meinen Weg als Künstler im Wiener Milieu der unmittelbaren Nachkriegszeit begonnen. Wir hatten damals eine Menge zu tun. Wir mussten den Mief des Dritten Reichs loswerden. Wir mussten dafür sorgen, dass der ganze Nazi-Dreck auf dem Müll landet. Es wurde von uns sogar erwartet, dass wir die Moderne (was immer das ist) wiederbeleben. Dass wir den Anschluss an die internationale Kunstentwicklung finden. Dass wir eine eigenständige österreichische Kunstposition entwickeln. Nicht, dass uns das auch nur ansatzweise interessiert hätte. Aber wahrscheinlich bestand genau darin unsere Aufgabe in den Jahren nach dem Krieg. Und wir erledigten sie. Ohne auch nur einen Gedanken daran zu verschwenden.

Ich engagierte mich im Art Club, dem Sammelbecken aller sich irgendwie modern fühlenden Künstler. Wobei *modern* anfangs nichts anderes hieß, als keine Nazi-Kunst zu produzieren. Ich war bei der *Hundsgruppe*, weil einigen von uns der Art Club nicht radikal genug war. Ernst Fuchs hielt die Eröffnungsrede, die auch nicht radikal genug war. Daraufhin sprang Arnulf Rainer hinter einem Vorhang hervor, das Gesicht krebsrot, in den Händen einen Hammer und eine Säge, und schrie:

„Wir scheißen auf euch! Ihr seid alle Arschlöcher! Ihr mit eurer verrotteten Kunstauffassung!"

Als Rainer und ich dann bei der Galerie St. Stephan waren, fragte ich ihn, was der Hammer und die Säge eigentlich zu bedeuten hatten. Er antwortete, es hätten eigentlich ein Hammer und eine Sichel sein sollen, aber er habe keine Sichel auftreiben können.

Ich denke aber, man hat ihn auch so ganz gut verstanden.

23

Ich denke, dass ein Maler, wenn er das Malen nicht nur als Hobby ansieht, sondern als eine Sache von Bedeutung, nicht ohne Glauben auskommen kann. Denn ohne Glauben kann man nicht arbeiten. Damit meine ich nicht, dass es eine Verbindung zwischen Kunst und Religion geben muss. Es heißt auch nicht, dass man seine Arbeit mit religiöser Verlogenheit verbrämen soll. Ich sehe nicht die Religion, ich sehe den Glauben als Disziplin. Es gibt keine Kunst ohne Glauben. Das ist bewiesen.

Meinen ersten Auftrag aus dem Umfeld der Kirche bekam ich Mitte der 1950er Jahre. Die „Gemeinschaft der Missionare vom Kostbaren Blut“ hatte den tausend Jahre alten Weichselbaumhof in Salzburg erworben, um dort die Pfarrkirche Parsch zu errichten. Mit der Planung der Kirche wurde die Architektengruppe um Johannes Spalt, Wilhelm Holzbauer und Friedrich Kurrent beauftragt – allesamt Schüler von Clemens Holzmeister und gerade erst ausgelernt. Kurrent kannte ich schon seit Akademietagen; die Architekten besuchten damals wie wir den Abendakt, blieben dort aber eher Außenseiter. Eine weitere Verbindung zu Kurrent war seine Frau, die Bildhauerin Maria Biljan-Bilger, die 1947 den Art Club mitgegründet hatte. Später war ich dort Sekretär, was aber nur umschreibt, dass ich als Mädchen für alles fungierte.

Zu meiner Beteiligung an der Errichtung der Parscher Kirche kam es, als Arnulf Rainer, Friedrich Kurrent und ich mit dem Zug nach Zürich fuhren, um eine Mondrian-Ausstellung zu besuchen. Damals kamen wichtige Ausstellungen nie nach Wien; man konnte sich des Eindrucks nicht erwehren, Wien liege hinter dem Eisernen Vorhang. Um die Fahrt zu finanzieren, stellte Albert Paris Gütersloh Ansuchen an Stadt und Bund. Dass er als geistiger Vater der Phantasten galt, hielt ihn nicht davon ab, unsere Pläne zu unterstützen. Er gab uns auch ein Empfehlungsschreiben mit. Es war in vier verschiedenfarbigen Tinten geschrieben. Traudl Hutter hatte ihn auf diese seltsame Idee gebracht; dieselbe Traudl Hutter, die später mit Wilhelm Holzbauer nach Amerika durchbrannte. Es war eine kleine Welt, die Welt der Kunst: Jeder kannte jeden, jeder hasste jeden, jeder kochte in seiner eigenen Suppe.

Eine Reise in die Schweiz bedeutete in den 1950er Jahren, zwölf Stunden lang mit der Eisenbahn unterwegs zu sein. Wir waren froh, als wir endlich in Zürich ankamen. Dort empfing uns Carola Giedion-Welcker, die Frau von Sigfried Giedion, einem wichtigen Architekturpublizisten, der mit Le Corbusier den „Congrès Internationaux d'Architecture Moderne" gegründet hatte. Sie sorgte dafür, dass es Rainer und mir gut ging in Zürich, und wir einige potente Schweizer Sammler kennenlernten.

Die Giedions waren gut vernetzt. Wir begegneten Hans Hofmann vom ETH, der damals die erste Architekturklasse bei der Salzburger Sommerakademie leitete. Er lud uns zum Essen in ein erstklassiges Restaurant in Zürich ein. Es war wie im Schlaraffenland.

Selbst Arnulf Rainer, der sich normalerweise von nichts anderem als einem Glas Milch und einem Stück Schwarzbrot ernährte, ließ keinen Gang aus. Er hielt als Einziger bis zum Schluss durch. Schon damals war unübersehbar, dass er Erfolg haben würde.

Sein Durchhaltevermögen war legendär.

Die Pläne für die Pfarrkirche Parsch wurden konkret. Kokoschka sollte das Südtor gestalten, Wotruba das Nordportal. Ich erhielt den Auftrag, zwei Fenster zu entwerfen. Da es im Kircheninneren sehr dunkel war, würde das farbige Glas besonders gut zur Wirkung kommen. Der Pfarrer, Wilhelm Eisenbarth, war relativ unabhängig vom Erzbistum; zum Glück. Er ließ den Architekten viel freie Hand. Ich verwendete für die Fenster belgisches Glas, das sehr dickwandig ist. Ich hatte es in der Schweiz gesehen und fuhr später nochmals hin, um mir die Wirkung anzusehen. Meinen ersten Entwurf betitelte ich mit „Grablegung".

Arnulf Rainer machte sich Gedanken über einen Kreuzweg. Das war zu der Zeit seiner schwarzen Kreuze. Allerdings wollten die Architekten das nicht, die Stationen sollten außerhalb der Kirche zu begehen sein. Jahrzehnte später wurde dann doch innen ein Kreuzweg aufgehängt, aus Keramik und zum Erbarmen hässlich. Aber damit hatten die Architekten nichts mehr zu tun. Auch Pfarrer Eisenbarth nicht, der das nie zugelassen hätte.

Es wäre klüger gewesen, Rainer damit zu betrauen.

Obwohl der Pfarrer ausgesprochen weltoffen war, gab es ständig Diskussionen. Er lehnte den Schwurfinger für eine für den Giebel geplante Plastik ab, weil das das zentrale Thema des leidenden Menschen sei.

Im Herbst 1955 fuhren wir alle nach Belfort in den Vogesen und sahen uns die berühmte Kapelle „Notre Dame du Haut von Ronchamp" von Le Corbusier an.

Kokoschka fand kein gutes Wort für diesen Bau. Das hinderte ihn freilich nicht, in Parsch vieles zu übernehmen, was er bei Le Corbusier gesehen hatte. Kokoschkas Entwurf wurde von Richard Kurt Fischer, einem seiner Schüler an der Sommerakademie, als Betonschnitt ausgeführt.

Obwohl Kokoschka die Sommerakademie in Salzburg gründete, kam er nie ganz nach Österreich zurück. Er betrachtete Herbert Boeckl als seinen ärgsten Feind.

Wotruba versuchte, zwischen den beiden zu vermitteln, aber es half alles nichts. Es war schon schwierig gewesen, Boeckl zum Rektor zu machen, weil er Parteimitglied gewesen war und das verschwiegen hatte. Sobald er berufen war, holte er Wotruba aus der Schweiz an die Akademie. Von da an waren die beiden unzertrennlich, zusammengeschweißt, immer einer Meinung. Aber bei Kokoschka fanden sie zu keinem Kompromiss, was in Wahrheit ein Drama ist.

Parsch war ungeheuer wichtig für mich. Natürlich auch für die Architekten, die damals ja alles andere als so berühmt wie heute waren, sondern unmittelbar von der Akademie kommend an diesen Auftrag gelangt waren. Während Wotruba ein vorgegebenes Thema bearbeitete, ließ mir der Pfarrer bei den beiden Fenstern völlig freie Hand. Ich entschied mich für „Auferstehung Christi" und „Geburt Christi". Später entwarf ich auch die Messgewänder. Ich besorgte die Stoffe, Franziska nähte sie. Die liturgischen Gefäße gestaltete ich gemeinsam mit den Architekten Kurrent und Spalt.

Parsch war noch ein Glücksfall, als es längst realisiert war. Denn nach dem Brand in der Hofburg wollte man ursprünglich die Redoutensäle nach alten Entwürfen rekonstruieren. Mit Parsch als Modell wurden die Verantwortlichen überzeugt, dass es besser sei, eine völlige Neugestaltung mit einem zeitgenössischen Künstler zu wagen. Parsch war aber auch die entscheidende Empfehlung für das große Wandbild in St. Virgil. St. Virgil wurde als kirchlicher Veranstaltungsort für Seminare und Konferenzen errichtet und Mitte der 1970er Jahre eröffnet.

Das Wandbild, mit dem ich beauftragt wurde, war vierunddreißig Meter lang und neun Meter hoch. Das Thema sollte „Emmaus" sein, eine Szene aus dem 24. Kapitel im

Lukas-Evangelium. Emmaus ist ein Ort in der Nähe von Jerusalem, dessen Lage allerdings nicht eindeutig gesichert ist – mehrere Orte nehmen für sich in Anspruch, das biblische Emmaus zu sein. Lukas berichtet, Kleopas und ein weiterer Jünger seien am Tag nach Pessach von Jerusalem nach Emmaus gegangen und dabei dem auferstandenen Jesus begegnet – freilich ohne ihn zu erkennen. Der Fremde habe ihnen die Schrift ausgelegt. In Emmaus angekommen, luden sie ihn zum Abendessen ein. Erst beim Brechen des Brotes wurde ihnen gewahr, dass es sich um Jesus handelte. Sie kehrten eilig nach Jerusalem zurück, um den Aposteln von der Begegnung zu berichten.

Zur Eröffnung des Konferenzzentrums St. Virgil sagte Erzbischof Karl Berg, Emmaus bedeute den Weg, nicht das Ziel. Es bedeute Verheißung, nicht Erfüllung.

Die Aufgabe, der ich mich zu stellen hatte, war riesig. Ich machte mich mit Feuereifer daran. Wegen der schieren Größe konnte ich damals immer nur an zwei dieser neun Meter hohen Leinwandbahnen arbeiten, einfach weil ich keinen Platz hatte. Der spätere Speisesaal war mein Atelier. War eine Leinwandbahn fertig, wurde sie in die Kapelle zu den anderen Leinwandflächen gehängt, quasi zur Kontrolle. Man konnte sie beliebig auswechseln, verwerfen oder daran weiterarbeiten. Dafür stand mir ein stabiles, fahrbares Gerüst zur Verfügung.

Die einzelnen Leinwandbahnen blieben wegen ihrer übereinander gelegten Ränder plastisch sichtbar. Auch die nummerierten Einteilungen, die ich getroffen hatte. Das hatte ich in Salzburg gelernt, so machen es die Tapezierer. In den ursprünglichen Entwürfen für Salzburg war der Pantokrator klein gewesen. Er wurde immer größer, denn die Wand verlangte es. Wäre er klein geblieben, würde er heute Sedlacek heißen. Mit ihm wurden auch die Apostel und Jerusalem immer größer, denn die Wand verlangte es. Schließlich hingen alle Bahnen. Ich überprüfte sie und befestigte sie endgültig. Das letzte Bild versah ich mit einer Inschrift:

„Mein Vater Matthäus ist am 17. Februar 1976 gestorben. Aber er ist nur weggegangen, wir werden uns wiedersehen."

Jahre später begegnete ich zufällig Alois Brandstetter. Er erzählte mir, die Begegnung mit dem Wandbild sei ein Schock für ihn gewesen. Er sei während einer Tagung der Katholischen Hochschuljugend in die Kapelle gegangen, um am Morgengottesdienst teilzunehmen. Der Anblick des riesenhaften Zuges von Propheten oder Aposteln oder Kyklopen oder Giganten oder worum immer es sich handle, habe ihn erschüttert und bestürzt. Er habe mit anderen Teilnehmern der Tagung über diese dreihundert Quadratmeter wuchtiger Malerei sprechen müssen.

Die Reaktionen seien allerdings zwiespältig gewesen. Einige hätten sich über die „Kirstein Blockmalz-Heiligen" lustig gemacht. Diese Assoziation konnte ich sogar verstehen. Im Riesenformat waren aus meinen Röhren irgendwie Blöcke geworden. Eckig. Kantig. Wuchtig. Gelb, Orange, Ocker und Siena dominierten. Brandstetter sagte, ihn hätten nicht nur die riesigen Dimensionen wie ein Schlag getroffen, sondern mehr noch die Intensität der Farben. Was immer es gewesen sei, das Religiöse, das Mystische, das Metaphysische der Bilder: Obwohl es keineswegs hell in der Kapelle gewesen sei, hätten ihn die Bilder angeschrien. Sie hätten ihn aufgerüttelt. Sie hätten ihn aus der Bahn geworfen. Das ist eine Qualität, auf die es mir ankommt: Meine Bilder brauchen kein künstliches Licht, sie leuchten aus sich heraus.

Ein wenig erinnerte mich, wie Brandstetter sich ausdrückte, an Monsignore Otto Mauer. Wie er über „Bewusstwerdung“ redete. Über einen „festlichen Farbenrausch“. Auch Mauer sprach nicht über Bilder, er predigte. In seinen Reden betonte er wichtige Feststellungen gerne mit einem schneidenden „Nicht wahr?“ Er setzte es ganz bewusst ein, um aufzurütteln. Er beschwor den „deus absconditus“ herauf, den verborgenen, im „unzugänglichen Lichte“ wohnenden Gott, dem die abstrakte Malerei wesentlich näher komme als eine naiv-narrative oder literarische.

Nach seinen Eröffnungsansprachen wurde angeregt und kontrovers über moderne Kunst diskutiert. Das passiert heute nicht mehr. „Alles hat seine Zeit“, heißt es im Buch Kohelet. Was würde ein so geistreicher, engagierter und so von Pathos erfüllter Mensch wie Mauer heute ausrichten? Ich fürchte, nichts. Aber das spräche weniger gegen Mauer als gegen unsere Zeit.

Gerhard Amanshauser hat Otto Mauer in seinem Roman „Schloss mit späten Gästen“ ein Denkmal gesetzt. Oder, besser gesagt, er hat ihn karikiert. Oder parodiert. Und so vergnüglich die Beschreibung des Monsignore zu lesen ist – sie wird Otto Mauer nicht gerecht. Wenn er vor einem Bild stehe, fühle er sich, sagte er mir einmal, sofort herausgefordert, etwas darüber zu sagen. Es animiere, ja provoziere ihn, darüber zu sprechen. Darüber und über das, was er empfinde. Meine Bilder, sagte er, schrien quasi nach Erklärung. Und doch machten sie ihn letztlich ganz still und zwängen ihn, ohne Worte auszukommen.

Ich kannte Alois Brandstetter schon, bevor ich ihm zum ersten Mal begegnete. In seinem Buch „Über den grünen Klee der Kindheit“ hatte ich über den Mikl-Bauern in Geisenheim gelesen. Es hatte mich erheitert zu erfahren, dass dieser Mikl-Bauer der erste Besitzer eines Traktors nach dem Krieg gewesen war. Alois klärte mich auf, dass „Mikl“, aus dem althochdeutschen „mikil“ kommend, „groß“ bedeute. Es sei das ältere Wort für „magnus“. Und es komme in vielen alten Ortsnamen vor: in Meklenburg zum Beispiel. In Michelbeuren.

Mikl bedeutete also „Größe“. Das fand ich köstlich. Denn groß war ich wirklich nicht. Aber Brandstetter hatte noch eine philologische Draufgabe für mich in petto: Nach der alten onomato-poetischen Lehre, nach der alle Vokale eine direkte Bedeutung haben, der wir ja auch verdanken, dass wir von kalten und warmen Farben sprechen, weise das „I“ auf das Helle, auch das Spitze, das Feuer und die Hitze hin.

Mein Name, erklärte mir Brandstetter, stehe nicht nur für Größe, sondern auch für warme, ja heiße Farben von Orange bis Hochrot und Kardinalsrot.

Und tatsächlich bleibe ich beim Malen alles eher denn kühl, sondern echauffiere mich, male mich in Hitze; zuweilen sogar in Rage.

24

Vierzehn Tage, bevor ich das große Wandbild für die Virgil-Kapelle zu malen beginnen sollte, schwoll mein rechter Ellbogen an. Ich konnte den Arm fast nicht mehr bewegen und hatte starke Schmerzen. Ich ging zu Heidi Wrabetz, meiner Ärztin. Sie diagnostizierte eine eitrige Schleimbeutelentzündung. Die Schwellung, erklärte sie mir, entstehe durch eine Flüssigkeitsansammlung im Schleimbeutel als Reaktion auf eine Entzündung. Sie zeigte mir die erhöhten Blutwerte. Sie bestand auf einer sofortigen Operation. Aber das kam natürlich nicht infrage. Nicht so kurz vor St. Virgil.

„Es nutzt alles nichts", sagte ich, „ich muss malen."

„Es nutzt alles nichts", erwiderte sie, „ich muss operieren."

„Kannst du mir garantieren, dass ich nach dieser Operation malen kann?"

Natürlich konnte sie das nicht.

Am selben Abend traf ich sie bei einer Ausstellungseröffnung. Ich trug den Arm in einer Schlinge und wurde rundum bemitleidet.

„Wollen Sie sich wirklich von einer Frau operieren lassen?" fragte mich eine übergewichtige Dame in einem geblümten Kleid, die ich nicht kannte. „Wenn Sie rechtzeitig wieder malen können wollen, kann das nur einer in Wien machen: mein Sohn, Professor Jürgen Holle, der plastische Chirurg."

In diesem Moment fiel meine Entscheidung. Ich behauptete, schon am nächsten Tag einen Termin bei Dr. Wrabetz zu haben – was diese irritiert die Augen heben ließ. Aber es gelang ihr, mich am nächsten Tag einzuschieben. Die Fäden zog sie mir in Salzburg, als ich schon mitten in der Arbeit war.

„Weißt du", sagte sie zu mir, „an dem Abend vor der Operation wäre es mir fast lieber gewesen, du gehst zu Dr. Holle. Ich wollte gar nicht daran denken, was auf mich zukommen würde, wenn etwas schiefgeht."

Ich bin ein ungeduldiger Mensch. Extrem ungeduldig. Ich sitze innerlich permanent auf Kohlen. Es gibt keinen Aufzug, der mir schnell genug fährt. Während man im Mittelalter Kopfzwingen und Schädelpressen, Judaswiege und Ketzergabel, Garotte und spanischen Kitzler, Zangen, Knieschrauben und Fußblöcke benötigt hat, um jemanden zu foltern, genügt es bei mir, mich warten zu lassen. Es genügt schon, dass das Teewasser nicht und nicht kochen will. Dass mir jemand etwas erzählt und nicht auf den Punkt kommt. Dass eine Ampel ewig auf Rot steht – was immer der Fall zu sein scheint, sobald ich mich ihr nähere.

Wenn ich nicht arbeite, agiere ich, als befände ich mich in einer Camera Silens, in einem schweigenden Raum, schallisoliert und dunkel. Das völlige Fehlen von Sinneswahrnehmungen – und nichts anderes ist Warten für mich – treibt mich in den Wahnsinn. Es ist eine psychische Folter. Ich beginne zu halluzinieren, wenn ich warten muss; und da ist niemand, dem ich mein „abiuro", mein Abschwören von allen Sünden, zuflüstern könnte.

Alles, was außerhalb meiner Arbeit geschieht, geht mir zu langsam. Ich erlebe es als eine einzige höllische Zeitverschwendung.

Meine Arbeit hingegen hat alle Zeit der Welt: um ein wenig genauer hinzuschauen. Um etwas länger nachzudenken. Wenn ich arbeite, habe ich kein Problem damit, den Dingen ihre Zeit zu geben. Wenn ich arbeite, weiß ich um die Möglichkeiten, die im Zuwarten schlummern. Ich weiß, wie ich die Dinge bis zum Äußersten ausreizen kann.

Es spielt keine Rolle, wie viele Stunden oder Tage oder Wochen, wie viel Energie ich darauf verwende – ich investiere sie im Wissen, dass dieser Kraftaufwand wieder nach außen drängen und etwas Neues entstehen lassen wird. Ich kenne das Geheimnis, wie das Neue in die Welt kommt. Das ist nicht allein ein Prozess des Nachdenkens. Es ist das Tun selbst, das das Neue entstehen lässt: ein Blatt, das beschrieben wird; eine Linie, die gezeichnet wird; eine Skizze als erste Notiz einer Idee; ein Bild.

Aber für alles andere habe ich keine Geduld. Ich hasse Unpünktlichkeit. Ich hadere damit, dass die einfachsten Dinge so lange dauern. Ich bin wütend, weil ich mich aufgehalten fühle – ich weiß meine Zeit sinnbringender zu nützen, und wenn ich nur vor einer leeren Leinwand sitze. Kann ich das nicht, werde ich daran gehindert, steigt heiße Wut in mir auf. Ich fühle, wie sich in mir alles zusammenballt. Ich kann mich nicht mehr konzentrieren. Ich bin gereizt. Lustlos. Ich würde am liebsten laut schreien. Manchmal tue ich das sogar. Am liebsten würde ich jemanden attackieren, kritisieren, unter Druck setzen. Manchmal tue ich das sogar. Jemand muss schuld daran sein, dass ich meine Arbeit nicht machen kann!

Ich habe Probleme mit dem Einschlafen. Immer schon. Ich trinke zu viel. Weil ich unruhig bin. Weil mich meine Gedanken nicht in Ruhe lassen. Weil sich Zorn in mir aufbaut wie eine weiße Flamme. Weil ich irgendetwas tun möchte, um nicht aus der Haut zu fahren.

Man hat mir geraten, Situationen auszuweichen, die dazu führen. Aber die Navigationsmöglichkeiten sind eingeschränkt, wenn man mit dem Rücken zur Wand steht.

Man hat mir geraten, positiv zu denken. Daran zu glauben, dass sich alles zum Guten wenden wird. Aber ich weiß, dass es dafür schon zu spät ist. Ich weiß, dass die Dinge selten besser, sondern meistens nur schlechter werden. Es ist ein Wissen, das ich nicht einfach verleugnen kann.

Man hat mir gesagt, ich solle mich mit etwas beschäftigen, das mir Spaß macht. Dann werde sich meine Stimmung heben. Aber die Stimmung ist nicht das Problem. Das Problem ist, dass ich nicht machen kann, was mich beschäftigt. Dass ich nicht arbeiten kann.

Man hat mir geraten, mich von Tag zu Tag zu hangeln. So lange, bis ich alles überschauen könne. Bis ich einzusehen begänne, dass das Gras nicht schneller wachse, wenn ich daran zog. Bis ich lernte, Grenzen zu akzeptieren und loszulassen. Bis ich verstände, dass meine Forderungen irrational seien. Aber Ungeduld entsteht im Kopf und setzt sich im Körper und allen Empfindungen fort. Also muss ich auch in meinem Kopf ansetzen.

Andererseits gibt es keine einfachen Lösungen. Man muss den Faden geduldig entwirren. Aber Geduld habe ich nur, wenn ich male.

Wenn ich auf den richtigen Zeitpunkt zuarbeite.

Überraschenderweise erwies ich mich als geduldiger Patient. Ich kann es selbst nicht erklären. Sobald ich mich entschieden hatte, vertraute ich meiner Ärztin und hinterfragte ihre fachliche Kompetenz nicht mehr. Was verstand ich schon davon? Wenn es ungefähr dem entsprach, was die meisten Leute über Malerei wussten, war es besser, ich hielt den Mund und ergab mich meinem Schicksal. So wie ich mich damit auskannte, ein Bild zu malen, würde sich Heidi Wrabetz hoffentlich damit auskennen, wie man einen entzündeten Schleimbeutel operiert. Ich bin nicht so wichtig. Es macht keinen Sinn, einen Wirbel um die eigene Person zu machen. Alles geschieht, wie es geschieht.

Auch später, als mein Herz angegriffen war, sah ich schnell ein, dass es sinnlos war, sich dagegen aufzulehnen. Sich dagegen aufzulehnen, machte es nicht besser. Es löste das Problem nicht. Das Problem war, dass ich zu diesem Zeitpunkt die Bilder für die Redoutensäle malen musste. Und wenn das nur mit kranken Herzkranzgefäßen ging, dann war das eben so. Einmal, als die Schmerzen in meiner Brust und in den Armen zu groß wurden, rief ich Heidi an. Sie sagte, sie werde sofort die Rettung rufen. Aber das war nicht, was ich wollte. Ich wollte, dass sie käme und mir eine Spritze gäbe. Damit ich weiterarbeiten konnte. Später erzählte mir Heidi, dass sie es ewig bedauert hätte, meine Beschwerden wie einen grippalen Infekt behandelt zu haben. Aber es war genau das, was ich verlangt hatte.

Auf Dauer lässt sich der eigene Körper freilich nicht täuschen. Als ich ein paar Wochen danach mit dem Taxi zu ihr ins Krankenhaus fuhr, genügte eine Spritze nicht mehr.

Ich hatte einen Herzinfarkt.

Es hatte damit angefangen, dass mir kalter Schweiß ausbrach. Ich schob es auf die schwere Arbeit, die ich zu leisten hatte. Aber insgeheim wusste ich genau, dass es das nicht war. Als zum Schweiß, der meine Kleidung tränkte, bis sie durchgeschwitzt war, Atemnot kam, ging ich ins Bad. Es bestand nur aus einer Toilette, einer provisorischen Dusche und einem halb blinden Spiegel. Mein Gesicht war kreidebleich. Ich bekam keine Luft mehr. Es war, als würde ein Strick um meine Brust und meinen Rücken immer enger angezogen.

Ich war schon die ganze Woche merkwürdig kraftlos gewesen. Eine Erschöpfung, die immer stärker wurde. Sogar die einfachsten Dinge machten mir Probleme. Ich konnte mir kaum mehr die Schuhe zubinden, ohne außer Atem zu geraten. Dazu kamen Verdauungsstörungen, Übelkeit, Blähungen, Durchfall.

Eine Zeitlang ließ sich das als Grippe abtun. Aber es war etwas anderes; das wusste ich genau. Ich war benommen. Ich fühlte mich schwindlig, musste mich immer wieder abstützen, um nicht umzufallen. Dazu kamen Angstattacken. Meine Atemtechnik und das autogene Training, die ich gelernt hatte, um meine Unruhe in den Griff zu bekommen, halfen nicht mehr. Auch nicht, wenn ich einzuschlafen versuchte. Ich hatte das Gefühl, schon tagelang nicht mehr richtig geschlafen zu haben.

Dann begannen die Schmerzen. Meine Brust wurde zusammengepresst, als ob ein Gewicht, ein immer schwerer werdendes Gewicht auf ihr liegen würde. Es drückte auf meine Brust, auf mein Brustbein, auf meine Schultern, auf den oberen Teil meines Rückens. Mein Magen verkrampfte sich, mein Hals, mein Kiefer. Das Gewicht wurde so schwer, als stünde ein Elefant auf meinem Brustkorb. Ich bekam keine Luft mehr. Es fühlte sich an, als würde ich zusammengedrückt, immer stärker, immer schmerzhafter. Ich rief ein Taxi und fuhr zu Heidi Wrabetz ins Krankenhaus. Sie sah sofort, dass das keine Grippe war, sondern ein schwerer Herzinfarkt.

Dabei hatte mein Internist, Dr. Herbert Zasmeta, Oberarzt bei den Barmherzigen Brüdern, schon vorher gesagt, ich dürfe den Auftrag für die Redoutensäle nicht übernehmen. Allein die körperliche Anstrengung angesichts dieser Riesenfläche sei zu viel für mich. Nach dieser Diagnose war ich verzweifelt. Aber Heidi verstand, dass ich, wenn ich das nicht machen könne, genauso sterben würde. Sie verstand, dass ich es akzeptierte, wenn ich bei der Arbeit tot umfiele. Damit könne ich leben, sagte ich, und erkannte erst später, was für einen Unfug ich redete.

Zwischen Dr. Zasmeta und Heidi kam es zu einem ernsten Zerwürfnis. Er warf ihr vor, ihren Patienten umzubringen, wenn sie mich unterstützte, dass ich weiterarbeitete.

Ihr war das völlig klar.

„Du bringst ihn erst recht um, wenn du es ihm verbietest. Vielleicht haben wir Glück."

Ärzte sind ein erstaunliches Völkchen. Sie reden über einen, als sei man gar nicht anwesend. Ich hörte ihrer Diskussion zu, als würde sie jemand anderen betreffen. Was immer sie beschlossen – ich würde tun, was ich für richtig hielt. Also ließ ich sie streiten. Lieber fiel ich tot von der Leiter, als aufzugeben.

Als mich Heidi zum ersten Mal im Arsenal besuchte und das schiere Ausmaß der Arbeit sah, diese riesige, vierhundert Quadratmeter große Fläche des Deckengemäldes für die Redoutensäle, presste sie unwillkürlich die Hand vor den Mund. Sie war entsetzt, und schien ihren Entschluss zu bereuen. Aber sie sah zumindest auch, wie gut es mir tat zu arbeiten. Brigitte war fast die ganze Zeit da. Sie passte auf mich auf, so gut es ging. An den Wochenenden saß Anna in einer improvisierten Sandkiste und spielte mit bunten Klötzchen.

Ich malte, und es war gut, was ich machte. Die Farben meiner Bilder leuchteten wie noch nie. Sie leuchteten aus sich selbst. Irgend so ein Blitzgneißer von Kunstkritiker schrieb später darüber, ich hätte wieder zu meinem Stil gefunden. Er hatte nicht einmal ganz Unrecht. Es sah so aus, als würden die Frauen an meiner Seite starken Einfluss darauf nehmen, wie ich malte. Bei Franziska wurden meine Figuren immer größer und mit der Zeit immer wuchtiger, immer brutaler. Bei Jutta hatte ich begonnen, Blumen zu malen, was anfangs kein Mensch verstand. Aber mit der Zeit verloren die Blumen ihre Formen. Sie waren alles eher denn idyllisch.

Ich will nicht in Abrede stellen, dass Jutta viel für mich getan hat. Ich war schon recht bekannt, bevor ich sie kennenlernte. Aber durch sie lernte ich die wirklich wichtigen Leute kennen. Sie rührte ununterbrochen die Werbetrommel für mich. Mein Erfolg war dadurch nur noch eine Frage der Zeit. Aber je länger wir zusammen waren, desto weniger war ich ich selbst. Erst mit Brigitte wurde ich wieder „der Mikl". Viele meiner letzten Bilder stellen Figuren dar. Figuren, die einander näher kommen oder auseinanderrücken – je nachdem, in welchem Zustand sich meine Beziehung zu Brigitte gerade befand.

Wir lernten uns in Salzburg kennen. 1983. In meinem ersten Jahr als Lehrer an der Sommerakademie in Salzburg. Brigitte war als Studentin eingeschrieben. Sie fiel mir sofort auf. Aber ich war noch unentschlossen; es gab da zwei andere Studentinnen, die mir auch gut gefielen. Entschlossen war ich nur, Jutta zu verlassen. Es ging einfach nicht mehr. Bei meiner nächsten Beziehung wollte ich keine Fehler machen. Ich wollte mich nicht von meiner Eitelkeit, mit der mich Jutta um den Finger gewickelt hatte, treiben lassen. Ich wollte eine junge Frau, eine, die ich noch formen konnte; eine, die dem Idealbild, das ich mir vorstellte, möglichst nahe käme.

Bei unserem ersten Rendezvous kam Brigitte zu spät. Das passierte ihr später nie mehr. Ich könnte mit einem unpünktlichen Menschen nicht zusammenleben: Meine Ungeduld würde mich umbringen. Ich war bereits drauf und dran, ohne sie zu fahren. Wir hatten uns bei einer

Bushaltestelle verabredet, wir wollten gemeinsam ins Theater gehen; im Festspielhaus gab man den „Zerrissenen" von Nestroy. Otto Schenk führte Regie. Helmuth Lohner spielte den Herrn von Lips, Teddy Podgorski den Sporner, Fritz Muliar den Krautkopf.

Der gemeinsame Theaterbesuch sollte eine Art Test sein; ich wollte in Erfahrung bringen, wie sie auf Nestroy reagierte. Dass sie mich sitzen ließ, machte mich wütend. Als sie endlich auftauchte, musste der Fahrer die Bustür nochmals öffnen, er war bereits angefahren. Brigittes Gesicht war schweißnass. Sie keuchte und hielt sich die Seiten. Wir setzten uns in die letzte Reihe.

„Was war los?" fragte ich.

Mein Ton war vermutlich nicht sehr freundlich.

„Ich musste mich noch umziehen", erklärte sie schwer atmend. Ich half ihr, ihre Jacke auszuziehen. Darunter trug sie einen pinkfarbigen Pullover, der ihre zarten Schlüsselbeine preisgab. Sie drehte sich zu mir. Ihr Knie berührte meinen Oberschenkel. Sie redete. Ich hörte ihre Stimme, aber ich verstand kein Wort. Ich war völlig auf meinen Oberschenkel konzentriert und auf den Druck, den sie darauf ausübte. Auf die Hitze, die sie darin auslöste. Der Druck wurde manchmal schwächer, dann wieder stärker – die Hitze blieb. Es war wie das Pulsieren eines lebendigen Tieres, das sich meiner bemächtigte.

Ich lehnte mich zurück, um mich zu entspannen. Dann roch ich ihren Schweiß. Schweiß, vermischt mit ihrem Parfum. Ich drehte ihr Gesicht zu mir, hob ihr Kinn mit dem Zeigefinger an und küsste sie auf die Lippen. Als sie nicht protestierte, küsste ich sie nochmals. Ich schmeckte das Salz auf ihrer Haut. Sie war verschwitzt und weich und roch gut. Als ich spürte, dass ich eine Erektion bekam, ließ ich von ihr ab und verschränkte die Arme hinter dem Kopf.

„Tut mir leid“, sagte ich. „Ich war abgelenkt. Was hast du gesagt?“

Sie antwortete nicht.

Sie saß noch immer da wie zuvor, mit Schweißperlen auf ihrer Oberlippe, die sie nicht wegzuwischen wagte. Ihre Hände lagen gefaltet in ihrem Schoß. Ihr Mund stand offen, sie atmete noch immer zu schnell. Dann blickte sie auf und legte mir ihre Hand auf das Knie. Ich nahm ihre Hand, führte sie an meine Lippen. Eine Weile saßen wir schweigend nebeneinander und tauschten Blicke aus. Dann drehte sie sich herum, schlang ihre Arme um meinen Hals und drückte ihre Lippen auf meine.

Ich versuchte, mir in Erinnerung zu rufen, dass wir nicht allein waren. Dass es im Bus Leute gab, die uns sehen konnten. Aber ich konnte nicht anders. Wir küssten und küssten uns, und ich hatte Mühe, mich zu beherrschen, meine Hände unter ihren Pullover zu schieben und ihre Brüste zu liebkosen. Ihr Mund war weich und warm, ihr Parfum blumig. Aber nichts roch so gut wie ihr Schweiß.

Bei der nächsten Station blieb der Bus schlingernd stehen. Wir stiegen aus. Ich spürte die missbilligenden Blicke einiger älterer Damen auf meinem Rücken. Ich hatte längst vergessen, dass wir eigentlich ins Theater wollten. Sobald der Bus hinter der nächsten Ecke verschwunden war, nahm ich Brigitte in die Arme und hob sie so hoch, dass sie ihre Beine um meine Taille schlingen konnte. Ich wollte nur noch so schnell wie möglich in mein kleines, behelfsmäßiges Atelier in Itzling. Ich setzte sie ab.

„Ich muss mich erst wieder beruhigen“, erklärte ich ihr.

Sie kicherte.

„Geht’s dir gut?“ fragte sie.

„Nein“, antwortete ich. „Mir ist ein bisschen schwindlig.“

„Willst du einen Apfel?“ fragte sie.
„Nein“, antwortete ich. „Ich will dich!“

Irgendwann auf dem Weg, den wir ineinander verschlungen zurücklegten wie zwei Betrunkene, begann es zu regnen. In Salzburg regnete es ständig, meist nur als beständiges Sprühen, das hier „Schnürlregen“ genannt wurde. Wir beschlossen, zu Brigitte zu gehen, weil ihre Wohnung näher lag. Ich war klatschnass, als wir endlich ankamen.

„Komm‘ rein“, rief sie. „Zieh deine Kleider aus. Ich leg‘ sie über eine Wäscheleine.“

Die Wohnung war überraschend groß, ich hatte mit nicht mehr als einem Zimmer mit Kochnische gerechnet. Es wäre mir alles recht gewesen. Es wäre mir alles recht gewesen, solange es ein Dach hatte und eine Tür, die man hinter sich abschließen konnte.

Während ich meine Schuhe abstreifte, den Anzug auszog, die Krawatte abnahm und mein Hemd aufknöpfte, hinterließ ich eine Wasserspur auf dem Parkettboden. Dann, nackt bis auf die Unterhose, näherte ich mich ihr, während sie meine Sachen zum Trocknen aufhängte. Ich küsste sie auf den Hals.

„Du wirst dich erkälten“, sagte sie.

Ich küsste sie weiter auf den Hals.

„Das ist mir egal“, erwiderte ich.

Sie entzog sich mir und ging in ihr Schlafzimmer. Sie schlüpfte unter die Decke. Dann bemerkte sie, dass ich vor Kälte zitterte. Sie schlug die Decke zurück und ich legte mich neben sie. Ich war noch immer nass, mir war eiskalt. Sie wich zurück, als ich mich anzuschmiegen versuchte.

„Willst du, dass ich gehe?“ fragte ich.

„Nein.“ Dann, nach einer Pause. „Tut mir leid.“

Ich nahm meine Brille ab.
„Kannst du ohne überhaupt etwas sehen?“ fragte sie.
„Nein“, antwortete ich. „Aber ich kann dich ja spüren.“
Während mir langsam wärmer wurde, küsste ich sie auf den Hals. Da sie sich nicht wehrte, arbeitete ich mich vorwärts zu ihrer Kuhle am Anfang ihrer Kehle, und dann abwärts zu ihren Brüsten. Vorsichtig knöpfte ich ihre Bluse auf, glitt mit der Hand über die beiden weichen Schwellungen. Ich drückte Brigitte nach unten, bis sie auf dem Rücken lag, und begann ihre Brüste zu küssen.
„Ist dir das unangenehm?“ fragte ich sie.
„Nein“, antwortete sie.
„Gefällt's dir?“ fragte ich.
„Ja“, antwortete sie.
Ich küsste ihre Schulter und ihren Nacken und atmete ihren Geruch ein, schmeckte das Salz auf ihrer Haut. Auf ihrem Bauch entdeckte ich eine Linie, die von ihrem Nabel abwärts verlief. Ich folgte dieser Linie mit den Fingerspitzen bis zum Bündchen ihrer Hose. Dann tasteten sich meine Finger ins Innere vor und trafen auf ihren Haarschopf.
„Josef?“ fragte sie.
„Was denn?“
„Stimmt es, dass du noch immer mit deiner Frau zusammen bist?“
Ich antwortete nicht, aber sie blieb hartnäckig.
„Ich will es wissen!“ Ich versuchte sie zu ignorieren.
„Ich habe noch nie eine so schöne Schulter wie deine geküsst“, sagte ich.
Sie richtete sich auf.
„Es stimmt also!“ rief sie. „Du bist noch immer mit deiner Frau zusammen, nicht wahr? Das weiß ich genau!“
Ihre Augen waren weit aufgerissen.

Schließlich antwortete ich:
„Ja, aber es hat nichts zu bedeuten. Nicht mehr!"
„Wie kann es nichts bedeuten?" fragte sie.
Sie glaubte mir kein Wort.
„Weil es vorbei ist. Weil es schon länger vorbei ist. Ich wusste es nur nicht so sicher wie jetzt."
„Aber wie kannst du zu ihr zurückgehen, nachdem du in meinem Bett warst?"
Sie ließ nicht locker.
„Ich werde mich vielleicht schlecht fühlen. Es wird vielleicht nicht so sein, wie ich es mir jetzt vorstelle."
„Wie stellst du es dir vor?" flüsterte sie.
„Ich stelle mir vor, dass ich nichts mehr für Jutta empfinde. Ich stelle mir vor, dass ich bei dir bleibe."
Ich war wütend, dass ich es ihr gesagt hatte.
Sie berührte meine Schulter. Sie küsste sie.
„Bitte sei nicht mehr wütend auf mich!"
„Ich bin nicht wütend", widersprach ich.
Aber ich war es.
„Es geht nur um Sex, Brigitte. Es geht nicht um Liebe. Es hat nichts mit uns zu tun."
„Wie kann es nichts mit uns zu tun haben? Wie kann es mit uns etwas Besonderes sein, wenn du nachher aufstehst und zu ihr gehst?"
„Weil es nur mit dir etwas Besonderes ist!"
Es klang lustlos; es hörte sich lustlos an. Ich glaubte mir selbst nicht.
„Es ist nur so", begann sie nach einer Weile, „dass ich mir gewünscht habe, dass es etwas ist, das es nur zwischen uns gibt."
„Und jetzt?" fragte ich.
„Ich wollte mir nur ganz sicher sein."
Tränen liefen über ihr Gesicht.

„Ich wollte mir ganz sicher sein, und jetzt weiß ich gar nichts mehr. Ich wollte, dass es etwas Besonderes ist."

„Aber es ist etwas Besonderes!" widersprach ich.

„Ja", sagte sie nachdenklich.

„Weil du etwas Besonderes für mich bist. Deshalb. Aber nur deshalb. Ich liebe dich."

Dann, nach einer Weile, bei der mir schon wieder kalt zu werden begann, obwohl wir unter der Decke lagen, wiederholte ich:

„Und jetzt?"

„Glaubst du, dass du mich auch eines Tages lieben wirst?"

„Aber ich begehre dich doch schon jetzt!" widersprach ich. „Spürst du das nicht?"

„Aber das ist nicht dasselbe wie lieben."

Sie lag still in ihrem Bett. Ich fühlte mich einsam wie schon lange nicht mehr. Ich fühlte, dass ich mich tiefer und tiefer in eine düstere Gedankenwelt zu verlieren drohte. Ich war nur einen Schritt weit weg von einem schwarzen Loch, das mich verschlingen konnte. Brigitte richtete sich auf und betrachtete mein Gesicht. Dann kletterte sie auf meinen Schoß und küsste mich sanft auf die Lippen. Ich schlang meine Arme um ihre Taille. Als sie sich vorbeugte, umfasste ich ihre Brüste.

Dann wanderten ihre Hände nach unten.

25

Ich hätte himmelhoch jauchzen müssen; aber ich war niedergeschlagen, als ich in dieser Nacht nach Hause ging. Der Regen war vorüber. Die Luft war sauber, wie frisch gewaschen. Es war kühl geworden. Die Straßen glänzten im Licht der Laternen. Es war schon recht spät; keine Spaziergänger, ja nicht einmal Autos waren unterwegs. Es war still in der Stadt – so als würde sie eine kleine Verschnaufpause einlegen. Ganz von ferne hörte man das ewige Rauschen des Verkehrs. Eine Sirene. Aber es war immerhin so still, dass man das stete Tropfen des Wassers von den Dächern hörte. Meine Schritte hallten zwischen den Mauern der Häuser.

Ich hätte himmelhoch jauchzen müssen; aber ich war niedergeschlagen. Ich musste ständig an Brigitte denken. Aber in jeden Gedanken an sie schlich sich auch Jutta. Und in jeden Gedanken an Jutta schlich sich auch Franziska.

Nicht, dass ich bereit war nachzugeben. Nicht, dass ich mir erlaubt hätte, mich meiner schwermütigen Stimmung auszuliefern: Depressionen sind verführerisch – sie ziehen einen in sich hinein. Sie locken mit der Verheißung süßen Vergessens. Sie überwältigen einen mit dem Versprechen, dass nichts etwas bedeutet als man selbst. Sie winden sich an allen Verteidigungsstellungen, die man errichtet hat, vorbei. Sie schwächen die Willenskraft. Sie umnebeln den Teil des Gehirns, der richtig und falsch zu unterscheiden vermag. Sie umgarnen einen mit ihren schuldbeladenen, hassenswerten Freuden. So lange, bis sie einem – und das ist das Schlimmste daran – völlig vertraut sind. Von nun an ist man nur noch ein Sklave der eigenen Ängste. Alles entgleitet einem: die Arbeit, die Freundschaften, der Partner. Man merkt es kaum, aber es ist nahezu unumkehrbar. Es endet erst, wenn man schon halb in die Katastrophe verliebt ist.

Nein, ich ließ mich nicht fallen. Nicht gänzlich jedenfalls. Aber es sah ganz so aus, als würde sich die Geschichte wiederholen – auf unheilvolle Weise. Jutta war verheiratet gewesen, als wir uns kennenlernten. Ihr Mann schien sogar ein ausnehmend netter Mensch zu sein. Sie hatten zwei Kinder. Jutta verließ sie, wie ich Franziska und Franz Josef und Karl verließ.

Niemand sagte es mir damals ins Gesicht, aber praktisch jeder aus unserem Bekanntenkreis ging davon aus, dass es nicht gut gehen würde mit Jutta und mir. Und es ging auch nicht gut. Auch bei Brigitte sagte es mir niemand ins Gesicht. Aber jeder dachte, dass sie nur ein Strohfeuer sei – entzündet auf dem Rücken von Jutta. Damals, als ich mich von Franziska getrennt hatte, waren meine Freunde auf ihrer Seite gestanden. Jetzt sah es so aus, als würde sie zu Jutta halten, die sie immer abgelehnt hatten.

Bei irgendeinem Fest – es gab damals zahllose – waren sich Franziska und Jutta sogar begegnet. Franziska ahnte bereits, dass ich sie betrog. Aber statt mit Vorwürfen und Schuldzuweisungen und weiteren endlosen Streitereien zu reagieren, zog sie sich zurück. Sie kapselte sich ab. Sie gab auf, was überhaupt nicht zu ihr passte. Ich sehe sie noch vor mir, wie sie in einer Ecke saß und mit niemandem redete. Es beunruhigte mich, sie so zu sehen; es machte mir Angst. Für ein paar Augenblicke stellte ich mir vor, dass sie sich etwas antun könnte: Sich die Pulsadern aufschneiden; Schlaftabletten nehmen; sich vor einen Zug werfen, was weiß ich!

Was sie dann tatsächlich tat, Jahre später, sah ich nicht vorher. Selbst in diesem kurzen, hellsichtigen Moment dachte ich nicht an die Möglichkeit, dass sie in einer fremden Wohnung auf einen Balkon treten, über die Brüstung klettern und sich in die Tiefe stürzen könnte. Es fällt mir auch heute noch schwer, mir das vorzustellen. Franziska war zwar nicht besonders eitel; aber sich selbst zu verstümmeln, zeugt von abgrundtiefer Ausweglosigkeit.

Und jetzt wiederholte sich die Geschichte: Jetzt hatte ich nur noch Augen für Brigitte. Und doch war mit ihr alles ganz anders. Es gab natürlich viel Gerede, viel Kritik, die sich ungerechterweise nicht gegen mich, sondern gegen sie richtete. Die meisten meiner Freunde betrachteten sie als „Mäderl", als halbes Kind, das mir niemals Paroli bieten können würde. Die meisten meiner Freunde gingen davon aus, dass es sich bei unserer Beziehung um einen Anfall von Torschlusspanik meinerseits und um pure Berechnung ihrerseits handelte: Ein Mann in mittleren Jahren mit einer attraktiven jungen Frau; eine klassische Konstellation, aus der nichts Gutes entstehen konnte.

Kaum jemand sah, was viel schwerer wog: Wir waren zwei Menschen, die bereit waren, einen Blick auf die Welt zu werfen, wie ihn nur wenige Menschen riskierten. Wir waren beide Künstler – und das erwies sich als eine Qualität, die ich bis dahin nicht gekannt hatte. Bei Franziska hatte es diese Gemeinsamkeit nicht gegeben, weil sie, um unsere Familie durchzubringen, jede künstlerische Betätigung aufgeben musste. Danach war das Thema für uns vergiftet. Bei Jutta entstand diese Affinität gar nie; obwohl sie bald jeden in der Szene kannte und genial darin war, Beziehungen zu knüpfen, hatte sie von Kunst keine Ahnung. Mit Brigitte war das anders: Da weder sie noch ich auf irgendetwas verzichten mussten, konnten wir uns auf Augenhöhe begegnen.

Natürlich war ich auch fasziniert von Brigitte. Von ihrer

 Jugend. Von ihrer Schönheit. Natürlich begehrte ich sie.

Aber jenseits ihrer Jugend, jenseits ihres guten Aussehens entdeckte ich einen Menschen von großer Ernsthaftigkeit. Einen Menschen mit Verantwortungsgefühl. Ehrgeizig. Neugierig. Lernfähig. Loyal. Wie ich zu Perfektionismus neigend.

Sie war eine Meisterin im Grundieren. Das nötigte mir von Anfang an Respekt ab. Denn das Grundieren ist kein Nebenschauplatz für die Qualität eines Bildes, es ist die Voraussetzung, die Basis. Wenn ein Bild fertig an der Wand hängt, sieht man nichts mehr davon. Aber ohne Grundierung hätte das Bild so gar nicht gemalt werden können. Und ohne Grundierung würde es bald nicht mehr existieren. Es würde regelrecht aus dem Rahmen fallen.

Auch meine Beziehung zu Brigitte beruhte auf einem solchen stabilen Grund. Von außen war davon nichts zu sehen. Aber ohne diese Basis wäre auch meine dritte Ehe gescheitert.

Mit einem stabilen Grund beginnt alles. Bei der Malerei und im Leben. Bei der Malerei ist er unverzichtbar, wenn man samtige, gobelinhafte Tiefen bei großen Flächen erzielen will. Es ist unabdingbar notwendig für klare, präzise, durchschneidende Pinselstriche, für leuchtende Farben, klare Formen. Ohne eine perfekte Grundierung können matte und glänzende Oberflächen nicht nebeneinander gestellt werden. Ohne perfekte Grundierung gibt es keine Spannung bis ins kleinsten Detail. Die Spannung der Oberfläche basiert auf der Spannung der Leinwand – wie bei einer Trommel, die man schon am Klang erkennen kann. Damit eine Leinwand das leistet, braucht sie eine sorgfältige, mehrmals gestrichene Grundierung – senkrecht und waagrecht und wieder senkrecht und wieder waagrecht.

Im Leben ist es ganz ähnlich. Wenn die Grundierung fehlt, geht früher oder später alles den Bach hinunter.

Ohne Rückgrat, ohne Gewissen, ohne Verantwortungsbewusstsein funktioniert eine Beziehung nicht. Alles andere, das Versprechen von Glück, Zugehörigkeit, Nähe, Geborgenheit und Sicherheit, erfüllt sich, wenn es sich denn erfüllt, auf Dauer nur unter dieser Voraussetzung.

Mit Nähe habe ich, zugegeben, noch immer meine Probleme. Ich brauche noch immer viel Distanz, und Brigitte kann gut damit umgehen. Ich habe ihr die Geschichte von den Stachelschweinen erzählt, die zusammenrücken, wenn sie frieren, aber immer darauf achten müssen, genug Abstand zu halten, um sich nicht gegenseitig zu verletzen. Brigitte hat sofort verstanden, was ich ihr sagen wollte: Ich brauche viel Freiraum – zum Atmen wie zum Malen.

So lange wir frisch verliebt waren, hatten wir nur Augen und Ohren füreinander. Wir wollten jede Minute miteinander verbringen und konnten kaum die Hände voneinander lassen. Aber diese Raserei gibt sich – Gott sei Dank. Und dann kommt es darauf an, die richtige Balance zu finden zwischen Nähe und Distanz – und sie ständig neu auszutarieren. Wenn zwei Menschen einander näherkommen, stoßen sie sich mit den schärfsten Stacheln ihrer Persönlichkeiten. Sie haben dann nur die Wahl, sich zurückziehen – oder zu versuchen, den richtigen Abstand zu finden; nah genug, um nicht zu erfrieren; weit genug weg, um sich nicht gegenseitig weh zu tun. Das ist nicht einfach, eine richtige Sisyphos-Arbeit. Sie hört nie auf.

Wir zogen in meine Wohnung in der Praterstraße. Sie ist groß, zum Glück. Denn ich brauche einen Rückzugsort. Einen Platz, an dem ich allein sein kann. An dem ich in Ruhe nachdenken, lesen, malen kann. Wir redeten viel miteinander; aber ich hatte noch immer Vorbehalte, einen anderen Menschen an meinen Träumen, an meinen Wünschen, an meinen Ängsten teilhaben zu lassen. Ich klammerte noch immer wesentliche Bereiche meines Lebens aus, sprach so gut wie nie über Franziska, so gut wie nie über Jutta. Mir war klar, dass ich damit Grenzen setzte. Aber jeder Mensch hat sein eigenes Maß. Meines bedeutet, dass ich Bewegungsfreiheit benötige. Ich würde bei einem Partner, der klammert, ersticken.

Aber ich bemühte mich immerhin, mich nicht einfach wortlos zurückzuziehen. Ich bemühte mich, nicht ungehalten zu reagieren, wenn ich mehr Raum zum Atmen benötigte. Manchmal gelang es mir sogar.

Denn wie nur die richtig grundierte Leinwand zur freien, großen Bewegung, zu Leichtigkeit, zu Freude, zu Lust an der Farbe, zum Triumph über die Strenge des Grundes führt, braucht es auch die richtige Grundierung, um die Belastungen in der Beziehung zweier Menschen zu tragen. Nur auf Basis des guten Grundes kann die Malerei die Fläche sprengen; nur auf dieser Basis wird sie die Form beherrschen und den Zufall in die Grenzen weisen. Der perfekte Grund ist die Voraussetzung, um die hoch fliegende Fantasie mit dem Intellekt zu zügeln.

Über die Malerei wusste ich das schon immer. Über das Leben lernte ich es erst nach und nach, manchmal ziemlich schmerzvoll, nicht selten verbunden mit Enttäuschungen und Niedergeschlagenheit. Wie beim Malen wollte ich auch in unserer Beziehung keine Kompromisse eingehen. Ich hatte ganz konkrete Vorstellungen, wie alles sein müsse.

Aber während es für eine Grundierung exakte Rezepte gibt, ist das Leben komplizierter. Wenn ich den Grund einer Leinwand prüfen wollte, trat ich mit der Schuhspitze dagegen. In einer Beziehung kann ein leichter Tritt hingegen dramatisch enden. Es braucht Sensibilität, keine Schuhspitze, um die Spannung auszuloten.

Beim Grundieren durfte mich niemand stören. Wenn ich grundierte, baute ich in Gedanken bereits die Malerei darüber auf. Natürlich war noch nichts davon zu sehen – nur eine hellbeige, makellose Fläche. Ich habe nie reinweiß grundiert. Das war mir deshalb wichtig, weil es immer wieder Bilder gab, die nicht vollständig deckten und wo die Grundierung zu einem Teil der Malerei wurde. Meine Grundierung hatte daher den Farbton der Leinwand. Die Stellen, die frei blieben, vermittelten die Illusion, als schaue die Leinwand durch.

In den letzten Jahren habe ich nicht mehr selbst grundiert. Das hat Brigitte für mich gemacht. Ich hatte nie besseres Malmaterial. Aber sie machte noch viel mehr für mich: Sie führte mich wieder zu meiner Kunst zurück. Sie erwies sich als stark. Als viel stärker, als alle vermuteten. Unsere Beziehung überdauerte Stürme und Widerstände. Sie überdauerte meine Wutanfälle. Meinen Zorn auf so viele und so vieles. Meine Rachsucht. Meine Eitelkeit. Manche meiner Freunde spürten sehr schnell, dass sich etwas radikal verändert hatte.

Heidi Wrabetz besuchte mich ganz am Anfang meiner Liebesbeziehung mit Brigitte in der Akademie. Auf dem Tisch in meinem Atelier lagen Blätter mit süßen, kleinen Bären.

Heidi fragte: „Ist das von dir?"

„Ja, ja, die sind für Berlin", antwortete ich.

Die Bären waren mir ein bisschen peinlich.

„Na, da bist aber ordentlich verliebt", stellte sie trocken fest.

Dann setzten wir uns, und ich erzählte ihr stundenlang von Brigitte.

Jutta erfasste die neue Situation sehr schnell. Ihr wurde klar, dass sie keine Chance haben würde, unsere Ehe zu retten. Brigitte erwies sich nicht als das „Mäderl", das anfangs viele in ihr gesehen hatten. Sie war in sich gefestigt. Sie war ihrer selbst sicher. Trotzdem war es nicht einfach für sie, von meinem Freundeskreis akzeptiert zu werden. Das waren alles Leute in meinem Alter, mit ganz anderen Interessen und Erfahrungen als ihre Generation. Aber selbst wenn der Widerstand gegen sie nicht aufgehört hätte, hätte das nichts geändert: Ich war verliebt. Ich hätte ihr von früh bis spät erzählen mögen, was mich bewegte. Mit ihr konnte ich sogar über das Malen reden. Nicht nur über das Handwerkliche. Sondern ebenso über das Problem der Bildfindung. Über Konzentration. Über Qualität; jedenfalls das, was ich darunter verstand. Sie war mir ebenbürtig – auf jedem Gebiet. Wir vereinbarten ein Erstbesichtigungsrecht für die Bilder des anderen.

Die Scheidung von Jutta war grauenhaft. Es gab einen jahrelangen Rechtsstreit um alles und jedes. Im Nachhinein kann man nur den Kopf schütteln darüber, dass keiner von uns bereit war, nachzugeben. Ich konnte es von Natur aus nicht. Sie war überzeugt, im Recht zu sein. Niemand brachte sie auf den Gedanken, dass sie das, was sie durchlitt, bereits Franziska zugefügt hatte. Sie hasste mich mit unglaublicher Inbrunst. Was sie an Zuneigung für mich aufgebracht hatte, verwandelte sich nun in Hass und Bosheit.

Mir ist schon klar, dass es nicht leicht ist, mich zu mögen. Ich bin ein Mensch, der auf seiner Distanz besteht. Der niemanden ganz an sich heranlässt. Der alles tut, damit niemand hinter die skurrile Fassade blickt, die ich um mich errichtet habe. Damit niemand entdeckt, was sich hinter meinem Zynismus und meinem Wiener Schmäh versteckt.

Wer mich nicht kennt, gewinnt leicht den Eindruck, ich würde es genießen, die Leute vor den Kopf zu stoßen. Aber in Wahrheit ist alles nur ein Versuch, einen Abstand herzustellen, ohne den ich nicht existieren kann. Ich brauche diese Distanz unbedingt! Es ist nicht so, dass ich darauf bestehe, weil es bequem für mich ist. Oder weil es mich zu etwas Besonderem macht: Ich habe diesen Schutz ganz einfach bitter nötig.

26

Ich begegnete Jutta 1968. Sie gefiel mir, weil sie so unnahbar wirkte. Aber das war sie nicht. Eine große Frau, elegant, weltgewandt, so kam sie mir vor. Aber das war sie nicht. Nach der Eröffnung einer Lehmden-Ausstellung lud sie mich zu ihrem Geburtstagsfest ein. Sie nannte es „Lindenfest“, weil vor ihrem Balkon Linden in voller Blüte standen. Auf diesem Balkon lernte ich Heidi Wrabetz kennen. Ich stellte mich ihr, sobald ich herausgefunden hatte, dass sie Ärztin war, ebenfalls als Arzt vor. Allerdings, behauptete ich, würde ich nicht in Wien, sondern in Deutschland ordinieren. Wir unterhielten uns fast eine Stunde lang über medizin-philosophische Fragen. Sie zweifelte keine Sekunde, es mit einem Kollegen zu tun zu haben.

Angesprochen hatte ich sie eigentlich nur, weil ich mehr über Jutta in Erfahrung bringen wollte. Aber Heidi kannte sie selbst erst seit kurzem. Sie wusste über Jutta nur, dass diese unbedingt in der Kunstszene Fuß fassen wolle. Sie wolle, hatte sie angeblich gesagt, „in die Kunst eindringen“, worüber sich alle lustig gemacht hätten. Juttas Begeisterung gelte den phantastischen Realisten; um sie kennenzulernen, würde sie, laut Heidi, „ihr letztes Hemd“ geben. Sie spreche die ganze Zeit nur über Hutter, Fuchs und Brauer.

Ich kam recht schnell zur Überzeugung, dass Heidi keinen Grund hatte, sich über Juttas Kunstverstand lustig zu machen. Ihre eigene ästhetische Aufnahmefähigkeit endete beim Nötscher Kreis. Moderne Malerei sei ihr suspekt, verriet sie mir. Es komme ihr vor wie ein riesiger Schwindel.

Mein Schwindel, ich sei Arzt, flog auf, als mich Herbert Fleissner in eine Diskussion über Antifaschismus verstrickte (ein Thema, das mich, weil dabei so viel gelogen wird, stets in helle Wut versetzt). Heidi erkundigte sich, wer der Arzt sei, mit dem sie sich am Balkon unterhalten habe. Aber niemand wusste etwas von einem Arzt.

Schließlich zeigte Heidi auf mich:

„Na, der da drüben!"

„Aber das ist doch der Mikl!" wurde ihr beschieden.

Das Lindenfest war ein voller Erfolg – wie meistens, wenn Jutta eine Party gab. Sie hatte ein Händchen dafür, die richtigen Leute zusammenzubringen: Schmähführer wie Helmut Qualtinger und Teddy Podgorski, ernste, gebildete Menschen wie Roland Goeschl und Artur Rosenauer, Intellektuelle wie Herbert Fleissner und Herbert Liaunig, überhaupt alles, was in der Kunstszene Rang und Namen hatte. Und alle hatten, ihren unterschiedlichen Naturellen zum Trotz – oder vielleicht gerade deshalb – viel Spaß. Juttas Feste waren berühmt. Sie war, ohne irgendjemanden zu kennen, nach Wien gekommen, und innerhalb kürzester Zeit waren ihre Einladungen hochbegehrt in der Szene.

Später versuchte Jutta, mich in ein Gespräch zu verwickeln.

„Ich habe mich mit Herbert Liaunig über die Art, wie Sie malen, unterhalten. Aber ich verstehe es noch immer nicht. Erklären Sie es mir!"

„Ich mache es so!"

Das war alles. Das ist alles. Mehr gibt es darüber nicht zu sagen. Nicht einmal für Jutta war ich bereit, eine Ausnahme machen.

Manchmal mache ich aber doch eine Ausnahme, und gebe meine Verweigerung in künstlerischen Fragen auf. Bei einem Abendessen zog einer der Gäste, ein feister Baumeister, dem ich taxfrei zutraute, Woche für Woche schöne alte Häuser zu schleifen und durch gesichtslose Mietskasernen zu ersetzen, über moderne Kunst her:

„Das, was die machen, kann doch jedes Kind!“ rief er. „Die Künstler sind doch heutzutage nicht einmal mehr fähig, eine Rose oder etwas Ähnliches zu zeichnen.“

Darauf nahm ich ein Blatt Papier und zeichnete eine Rose; gleich am Tisch, während des Essens. Ich sah dem Fettwanst in die Augen und sagte:

„Ich kann‘s.“

Die Leute am Tisch wollten die Zeichnung unbedingt haben. Aber ich zerknüllte das Blatt und warf es weg. Es war mir darum gegangen zu demonstrieren, dass es keine Kunst sei, nach der Natur zu zeichnen.

„Vielleicht, wenn man ihn trainiert“, erklärte ich dem Baumeister süffisant, „könnte man es sogar einem Affen beibringen. Schimpansen sollen dafür besonders begabt sein, habe ich gehört. Aber auch Baumeister und Architekten haben angeblich ein Talent dafür. Auch wenn es schwer fällt, das zu glauben, wenn man die Häuser sieht, die heutzutage gebaut werden.“

Der Baumeister bekam einen roten Kopf und verließ die Gesellschaft schon recht früh. Geradezu fluchtartig. Heidi Wrabetz war von meiner Demonstration sehr beeindruckt. Sie erweitere, sagte sie, ihren künstlerischen Horizont. Von nun an, versprach sie, werde sie moderne Kunst mit anderen Augen betrachten. Ich machte sie auf ihr Missverständnis nicht aufmerksam.

Als ich noch ein Kind war, dachte ich nie daran, Künstler zu werden. Ich machte einfach, was ich wollte – und später, als Erwachsener, hörte ich einfach nicht damit auf. Ich habe gezeichnet, seit ich denken, und gelesen, seit ich Worte und Sätze bilden kann. Ich wollte nie Fußball spielen. Ich bin ein zweidimensional orientierter Mensch: auf die Buchstaben in den Büchern und die weiße Fläche des Zeichenblattes. Fußball ist dreidimensional – viel zu kompliziert für mich!

Künstler zu sein, ist eine ziemlich merkwürdige Tätigkeit. Man weiß nie, ob etwas gelungen oder misslungen ist. Sobald man es weiß, bedeutet das, dass man am Fließband steht. Dass man Fließband-Kunst produziert. Aber Fließband-Kunst ist keine Kunst. Sie ist bloß Kunstgewerbe. Gut genug für den Markt. Nicht gut genug für einen selbst.

Es gibt Maler, die allein dadurch berühmt geworden sind, dass sie immer dasselbe gemacht haben. Dass sie eine Marke kreiert haben. Die Leute freuen sich, wenn sie auf den ersten Blick erkennen, von wem ein Bild stammt. Aber dass das eine Qualität sei, stimmt nur für den Kunsthandel. Das stimmt nur für die Produktion von Fließband-Müll. Für ein einzelnes Bild ist das eine völlig falsche Vorstellung.

Aber die Leute verbinden mit einem Künstler überhaupt vollkommen falsche Vorstellungen. Es ist nicht so, dass man sich vor die Leinwand stellt und eine bestimmte Absicht realisiert. Dass man eine fertige Bildidee heruntermalt. Im Grunde gibt es bei der Malerei nur eine Richtung. Da helfen keine Rezepte. Da geht es nicht darum, hiervon so viel und davon so viel zu nehmen; das funktioniert vielleicht beim Kochen. Bei der Kunst funktioniert es nicht.

Aber nicht einmal beim Kochen ist ein halbes Kilo Paprika eine Garantie dafür, dass ein Gulasch zu einem guten Gulasch wird. Man wird auch nicht lebendiger, wenn man sich die Paprika ins Hirn streut. Ein Bild entsteht in der zwiespältigen Verknüpfung hellwachen Nachdenkens und geradezu irrational tiefer Intuition. Erfahrung ist natürlich gut. Bestimmte technische Details zu beherrschen, ist wichtig. Aber ein wesentlicher Teil entzieht sich dem, was man benennen könnte.

Wenn ich heute so etwas wie Erfolg und Anerkennung finde und zu den so genannten wichtigen Künstlern zähle – nicht, dass das irgendetwas bedeuten würde –, dann hat die Gesellschaft jedenfalls nichts beigetragen dazu. Ich war bei keinem Verein, war nie Freimaurer, hatte nie ein Parteibuch – und bin trotzdem nicht verhungert. Wasche ich Geschirr, soll das Geschirr danach sauber sein und gut gespült; das ist mein Ehrgeiz.

Trotzdem kann ich nicht leugnen, dass ich mich freue, wenn ich meine Bilder irgendwo hängen sehe. Obwohl, manchmal wird es geradezu skurril: In der UNO-City haben sie ein großes Bild von mir hoch statt quer an die Wand genagelt. Ein Feuerlöscher daneben erlaube kein Querformat, hat man mir erklärt. Soll ich mich darüber ärgern? Dass sich das Beamtenherz derart entblößt, ist doch ein Anlass zur Freude!

Der Redoutensaal kam zufällig, wirklich überraschend; fast möchte ich, wäre der Begriff nicht so belastet, von Fügung sprechen. Ich wurde eingeladen, in die Jury zu gehen. Aber ich lehnte ab: Ich wollte am Wettbewerb teilnehmen. Ich verlangte sogar, andere Teilnehmer nominieren zu dürfen, was überraschend akzeptiert wurde. Von meiner Liste kamen drei Maler in die engere Wahl. Irgendetwas, sagte ich mir, musste da furchtbar schief gegangen sein: Wahrscheinlich hatte man vergessen, genügend Beamte einzuladen.

Meine Erfahrungen bis dahin waren ganz andere. Nach dem Krieg war es praktisch undenkbar, dass man Bilder verkaufen konnte. Aber das hatte auch sein Gutes: Bilder werden mit der Zeit immer besser. Sie brauchen diese Zeit, man selbst braucht auch Zeit, um sie so zu malen, wie sie sein sollen. Dann lernte ich Hein und Eva Stünke kennen, die Inhaber der Kölner Galerie „Der Spiegel". Richtige Menschen. Sie machten Ausstellungen, aber sie verkauften so gut wie nichts: weder Max Ernst noch Alexej von Jawlensky noch Ernst Wilhelm Nay – und schon gar nicht Josef Mikl.

Dann kam das Geld ins Spiel. Und mit ihm kamen die Jongleure zwischen Kunst und Markt. Man musste kein Prophet sein um vorherzusehen, wer gewinnen würde.

Ich war nie stolz auf das, was ich erreicht habe; auch wenn eine Ausstellung erfolgreich war (was, welche Ironie, an der Anzahl der Hausmeister, die vorbeigeschaut haben, gemessen wird). Als Werner Hofmann 1964 meine erste große Präsentation für das 20er Haus zusammenstellte, schrieben die Kritiker:

„Zu früh!"

1968, zur Biennale-Ausstellung, schrieben sie:

„Zu spät!"

Man sieht, was sich in vier Jahren alles ändern kann. Weder 1964 noch 1968 war ich stolz, aber immerhin froh und (für kurze Zeit) sogar zufrieden. Später habe ich dann viele der ausgestellten Bilder vernichtet; eine so große Ausstellung zeigt im Grunde ja nur den Ausschuss. Das ist allerdings kein Freibrief für die Kritiker, sich darüber auszulassen! Nur einer hat das Recht zu urteilen: der, der das Übel verursacht hat, der Maler selbst.

Wenn die Kunst überhaupt etwas leisten kann, dann das: Dass man darauf hoffen darf, dass es irgendwann einmal jemanden geben wird, der versteht, was man gemacht hat. Das wird mit Sicherheit kein Kurator sein. Kein Kritiker. Keiner von den großen Besserwissern. Und es wird

nicht einmal so sein, dass jemand, der sich dann mein

Bild ansieht, wirklich nachvollziehen könnte, was ich damit mitzuteilen versucht habe.

Nein, das Beste, worauf man hoffen darf, ist, dass das Bild dem Betrachter etwas sagt, dass es ihm etwas bedeutet – selbst wenn das etwas ganz anderes ist, als ich hineingegeben habe.

Denn ich glaube, es kommt so gut wie nie vor, dass jemand, während er sich eines meiner Bilder ansieht, die gleichen Gedanken, die gleichen Empfindungen hat wie ich, während ich es malte. Die Wahrheit ist, dass ich ja nicht einmal selbst sagen könnte, was ich mitzuteilen versuche.

27

Ein Kritiker einer der Hausmeisterzeitungen schrieb, in meinen Bildern würden in letzter Zeit die Figuren immer deutlicher hervortreten. Ich gehe davon aus, dass er menschliche Figuren meinte, weil ja alles, was vor unseren Augen sichtbar wird, eine Figur ist. Aber diesen Unterschied möchte ich ihm lieber nicht auseinandersetzen. Er würde dann in seiner Hausmeisterzeitung gleich einen Artikel darüber verfassen. Und der könnte die Aufmerksamkeitsspanne seiner Leser bei weitem überfordern.

Dass menschliche Figuren in meinen neueren Bildern öfter vorkommen, hängt schlicht mit den Inhalten zusammen. Es hängt mit ihrem Bezug auf literarische Vorlagen zusammen. Wenn ich mich mit Nestroy oder Gogol auseinandersetze, dann wird das in den Bildern eben sichtbar.

Nach den Arbeiten für den Redoutensaal war ich auf Nestroy fixiert. Ich bin davon einfach nicht mehr losgekommen. Das war wie eine Erleuchtung: Nestroy wieder vor den Vorhang zu holen. Es ist schon lange her, dass ich den „Zerrissenen" und das „Gewürzkrämerkleeblatt" beim Altpapiersammeln gefunden habe. Eines Tages gelang es mir sogar, die erste Nestroy-Ausgabe von Ludwig Ganghofer und Vinzenz Chiavacci billig abzustauben. Später entdeckte ich einen großen Posten Wallishauser Aufführungshefte – im Dorotheum, für zwanzig Schilling.

Wenn ich nach dem Krieg Briefmarken verkaufte, ging ein Großteil des Geldes für Malmaterial auf. Aber ich kaufte mir immer auch Bücher. Ich bin froh darüber, dass ich Briefmarken gesammelt habe und nicht Käfer oder Schmetterlinge. Die Viecher täten mir heute noch Leid.

Nach Salzburg war der Redoutensaal-Auftrag die Sache,
61 die wirklich großes öffentliches Interesse hervorrief. Aber

noch viel wichtiger war, dass ich endlich große Formate malen konnte. Das wollte ich schon immer. Aber man geht nicht her und malt ein vierhundert Quadratmeter großes Bild, ohne einen Auftrag dafür zu haben. Ohne zu wissen, was mit dem Bild geschehen soll, wenn es fertig ist. Man malt nicht einmal ein hundert Quadratmeter großes Bild ohne Auftrag. Denn kaum wäre es fertig, müsste man es schon wieder entsorgen. Allein die Lagerung stellte ein unlösbares logistisches Problem dar.

Schon als Kind war mir klar, dass ich nie Sport betreiben würde. Was immer meine Schulfreunde begeisterte – ich konnte sportlicher Betätigung, egal welcher, nie etwas abgewinnen. Allerdings ist ein Gemälde wie das für die Hofburg neben der künstlerischen Aufgabe auch eine körperliche Herausforderung. Es ist eine schwere, anstrengende Arbeit. Mir kam zugute, dass ich mich schon immer gerne bewegt habe. Ich liebe es, durch den Wald zu streifen, im Lainzer Tiergarten oder am Semmering. Durch das Gehen wird das Denken angeregt, und so manche Bilder entstanden im Kopf, während ich über Waldwege und steile Hügel marschierte.

Ich bin am liebsten allein unterwegs. Wenn mich Brigitte begleitete, beklagte sie sich immer:

„Du rennst schon wieder!“

Aber es sind nicht die Füße, die sich beeilen wollen; es sind die Gedanken, die immer schneller werden. Man muss sich Mühe geben, mit ihnen Schritt zu halten. Gehen ist sogar noch mitten in der Stadt ein Vergnügen und voller Anregungen. Leider wird man in dieser Stadt so oft von Autos, Hunden und Wienern belästigt.

Sobald ich anfing, die großen Formate für die Redoutensäle zu malen, brauchte ich keine ausgleichende Bewegung mehr. Ich musste keine Wanderungen mehr machen und keine Märsche. Wenn man den ganzen Tag auf einem riesigen Bild herumturnt und mit den schweren Brettern hantiert, die es stützen, hat man sein Tagespensum an Bewegung bald erledigt.

Bewegung hält jung. Da ist was dran. Deshalb malte ich in letzter Zeit wieder an großen Formaten. Weil ich Angst hatte, dass ich vielleicht schon morgen nicht mehr so gut auf den Beinen sein könnte. Dass ich nicht mehr aufkomme. Ich muss die Zeit nützen, solange es geht. Jetzt, wo ich alt bin, habe ich Angst, dass mir plötzlich etwas zustoßen könnte. Das wäre nicht weiter tragisch; ich hatte ein gutes Leben. Aber wenn mir plötzlich etwas zustieße, könnte ich die schlechten Bilder, die ich gemacht habe, nicht mehr vernichten. Ich könnte sie nicht mehr zerschneiden. Ich wäre nicht mehr in der Lage, sie aus der Welt zu schaffen.

Das ist etwas, das mich sehr beschäftigt. Manchmal habe ich einen Albtraum: Ich befinde mich vor der Akademie. Ich gehe hinein, und da stehen die miesesten Bilder herum, die man sich vorstellen kann – und alle sind von mir! Ich wache dann auf – mit rasendem Herzen.

Natürlich denkt man, wenn man so alt ist wie ich, auch über das Sterben nach. Man denkt eigentlich die ganze Zeit an nichts anderes. Ich bin zur Entscheidung gelangt, dass ich mich nicht davor fürchte. Ich habe den rationalen Entschluss gefasst, dass es mir egal ist, ob es morgen passiert oder übermorgen. Aber ich möchte vorher Ordnung machen können. Ich möchte keinen Misthaufen hinterlassen. Es ist mir wichtiger, ein paar Bilder, die mir misslungen sind, zu demolieren, als noch ein paar zusätzlich zu malen.

Natürlich will ich bei den Bildern, mit denen ich gerade angefangen habe, so weit kommen wie nur möglich. Damit ich eine Auswahl treffen kann. Damit ich entscheiden kann, welche ich beseitigen soll. Und wenn ich damit fertig bin, fange ich wieder mit zehn neuen Bildern an. Und es stellt sich dieselbe Frage. An den Fragen hat sich nichts geändert.

Seit ich alt bin, ist mein Atelier der Ort, an dem ich mich am ehesten zu Hause fühle. Die meisten Dinge interessieren mich nicht mehr. Wenn ich davon höre, dass wieder irgendwo ein Krieg ausgebrochen ist oder eine Katastrophe ganze Landstriche verwüstet oder ein Minister in die Portokasse gegriffen hat, höre ich es zwar, aber es regt mich nicht mehr auf. Es betrifft mich nicht mehr. Es gibt kaum noch etwas, das mich richtig wütend macht. Aber es gibt auch kaum noch etwas, das mir wirklich Freude bereiten würde.

Im Atelier zu sein ist das einzige, was ich wirklich will.

Ich habe gute und schlechte Tage. Manchmal lege ich am Abend nach einem langen Tag mein Handwerkszeug mit dem Gefühl aus der Hand, nichts geleistet zu haben. Nicht weitergekommen zu sein. Am Stand getreten zu haben. Aber am nächsten Tag gehe ich wieder in mein Atelier, schaue mir die Bilder an, an denen ich gerade arbeite und denke: Ja, das hier, das könnte etwas werden. Auch das andere dort.

Meine Stimmungen schwanken. Und eine absolute Gewissheit gibt es sowieso nicht. Ich werde sie wohl nie finden. Nicht, dass ich, wenn ich mich ins Bett lege und den Tag Revue passieren lasse, denke: Heute war ich gut. Heute war ich richtig gut. Ich möchte weder als verrückt noch als genial gelten. Ich möchte mit klarem Verstand sterben.

Meine Familie ist mir wichtig. Das ist eine neue Erfahrung für mich. Brigitte. Manchmal beobachte ich sie, wenn sie nicht darauf achtet. Ich suche Anzeichen des Überdrusses. Des Ärgers. Der Frustration. Aber ich kann nichts entdecken. Wir sind jetzt seit fünfundzwanzig Jahren zusammen. In dieser Zeit hat sich jede Zelle in meinem Körper mehrmals erneuert. Auch in ihrem. Aber sie ist noch immer eine schöne Frau. Und während ich sie ansehe, frage ich mich, was sie in mir sieht. Es ist nicht mehr viel übrig von mir.

Seltsamerweise sind mir durch die Chemotherapie die wenigen Haare, die ich noch habe, nicht auch noch ausgegangen. Ich bin nicht besonders groß, aber ich hatte einmal breite Schultern und schmale Hüften. Ja, ich konnte ziemlich lange darin verharren, mich im Spiegel anzusehen. Auf Kleidung habe ich immer viel Wert gelegt. Bei Einladungen tat ich es nie unter einem schwarzen Anzug. Und auch an ganz normalen Tagen verließ ich das Haus stets im Anzug und mit handgenähten Schuhen. Oder zumindest einem Sakko aus Harris Tweed.

Auch jetzt versuche ich noch zu retten, was zu retten ist. Ich halte es da mit dem Earl of Chesterfield, der über Kleidung schrieb, sie sei an sich eine völlig unbedeutende Sache. Aber es sei töricht, wenn man sich nicht der erwarteten Situation entsprechend anziehe. Der Unterschied zwischen einem Gentleman und einem Gecken bestehe darin, dass der Geck sich etwas auf seine Kleidung einbilde, während der Weltmann lächle und schweige.

Diese Haltung von Toleranz, Contenance und vollendeten Umgangsformen hat mir schon immer imponiert. Ich wollte schon immer einer sein, der sich jederzeit zu beherrschen weiß, egal in welcher Situation er sich befindet. Der lächelnd zu schweigen versteht. Allerdings lässt sich nicht bestreiten, dass ich das nie geschafft habe.

Ich werde leicht wütend, und selbst, wenn ich nicht aufbrausend reagiere, merkt man mir an, dass ich wütend bin. Und der Mensch, der mich in den letzten Jahren am häufigsten in Wut versetzt hat, ist meine Tochter Anna.

„Sie ist wie du!" behauptete Brigitte.

„Wie meinst du das, wie ich?"

Ich wurde schon wieder wütend.

„Siehst du", antwortete Brigitte, „wie jetzt. Du wirst wütend, nur weil ich von deiner Tochter gesagt habe, sie sei wie du. Dabei ist es das Nächstliegende der Welt, dass sie deine Gene geerbt hat. Sie weiß genau, was sie will, und lässt sich durch nichts davon abbringen. Sie ist unnachgiebig und stur wie ein Esel – wie du. Und sie kann auch nur schwer verzeihen – wie du."

Anna. Schon als sie klein war, hatte sie ihren eigenen Kopf. Sie widersprach. Sie widersprach bei jeder sich bietenden Gelegenheit. Sie schien den Widerspruch geradezu zu suchen. Seit sie größer ist, können wir keine fünf Minuten im selben Raum sein, ohne uns anzuschreien. Sie hat keinen Respekt. Vor nichts. Ich musste mich ununterbrochen beherrschen, sie nicht zu packen und ihren Widerspruchsgeist aus ihr herauszuschütteln.

Dann ging sie auf ein Internat in Irland. Weit genug weg von mir. Wir redeten praktisch nicht mehr miteinander. Als sie zurückkam, hatte Brigitte eine eigene Wohnung für sie angemietet. Da war Anna fünfzehn. Die Wohnung war zwar im gleichen Haus, aber ich fand das trotzdem unmöglich, dass ein Kind nicht bei seinen Eltern lebt. Andererseits war ich froh. Da wir nicht miteinander auskamen, war es vielleicht wirklich das Beste, wenn wir uns aus dem Weg gingen.

Manchmal kam sie zum Essen oder holte sich etwas aus dem Kühlschrank. Aber im Grunde verhielt sie sich wie ein Gast, der nur zu Besuch da ist. Als ich dann im Krankenhaus lag, bei den Barmherzigen Brüdern am Johannes-von-Gott-Platz, und die Chemotherapie mich auffraß, rechnete ich nicht damit, dass sie mich besuchen würde. Aber es kam alles ganz anders.

Nach einem Sturz beim Schifahren zog sie sich eine Thrombose zu. Ein Problem, das auch mir vertraut ist – noch etwas, das ich ihr offenbar vererbt habe. Anfangs versuchte sie es zu ignorieren. Aber die Schmerzen wurden immer ärger. Bei der Untersuchung stellte sich heraus, dass sie stationär aufgenommen werden musste. Aber bei den Barmherzigen Brüdern war kein Zimmer mehr frei. Nur bei einer alten, bösartigen Frau, vor der sich Ärzte und Schwestern gleichermaßen fürchteten, hätte es noch ein freies Bett gegeben. In dieser Situation entschied sich Anna für die vermeintlich gelindere Strafe: Sie ließ ein Bett in mein Zimmer schieben.

Aus unseren Gesprächen hätte man ein Theaterstück machen können: Warten auf Godot im Krankenzimmer.

Meist war der Vorhang zwischen uns geschlossen. Am ersten Tag wechselten wir so gut wie kein Wort. Aber irgendwann begannen wir doch miteinander zu sprechen. Anfangs waren es nur Gesprächsfetzen. Einer von uns brach ab, kurz bevor unser Gespräch zu entgleisen drohte.

„Ich möchte nur wissen, wo mein Arzt bleibt", beschwerte sich Anna. Sie hatte Schmerzen. Ich hörte es an ihrer Stimme.

„Ich bin sicher, er kommt gleich", versuchte ich sie zu trösten.

„Wie kann man einen kranken Menschen so warten lassen?" empörte sie sich.

„Hier sind alle krank, Anna", erklärte ich in einem, wie ich meinte, vernünftigen Ton: „Es ist bestimmt viel Andrang."

„Welcher Andrang?" fuhr sie auf. „Es ist kein Mensch weit und breit zu sehen. Die sitzen wahrscheinlich alle im Schwesternzimmer und trinken Kaffee!"

„Er wird gleich kommen", unternahm ich einen letzten Schlichtungsversuch.

„Ich sehe niemanden“, beharrte sie.

Sie hatte Recht.

Ich sah auch niemanden. Es war still wie in einer Kirche auf unserer Station.

„Wenn nicht gleich jemand kommt, gehe ich!“

Anna war wütend. Sie ließ sich von ihrer Wut ebenso wenig abbringen wie ich, wenn ich wütend war.

„Du kannst nicht gehen“, versuchte ich auf sie einzuwirken. „Du bist verletzt!“

„Und ob ich gehe!“ widersprach sie. „Warum sollte ich nicht gehen können? Hier kümmert sich ohnedies niemand um mich!“

Sie richtete sich auf und streckte den Fuß aus dem Bett. Ihr Knie war stark angeschwollen und ganz blau.

„Du wirst nicht gehen!“ befahl ich ihr.

„Willst du mich aufhalten?“ lachte sie freudlos. „Die Zeiten sind vorbei, dass du mich aufhalten konntest. Ich mach‘, was ich will!“

„Tu‘ es nicht“, lenkte ich ein.

Sie humpelte aus dem Bett und zog den Vorhang zurück. Sie schaute mich aufmerksam an. Sie hatte nicht nur meine Unduldsamkeit. Sie hatte auch meinen Blick. Bei mir wirkte er streng, unnahbar. Bei ihr wirkte er bloß entschlossen. Sie war jung und schön und unabhängig und eigensinnig.

Ich hätte stolz auf sie sein sollen.

„Und warum nicht?“ insistierte sie.

„Weil ich dich darum bitte.“

Sie stand, auf ihr gesundes Bein gestützt, und hielt sich am Vorhang fest.

„Das ist ja etwas ganz Neues“, sagte sie. Aber es klang nicht besonders böse.

„Was?“

„Dass du mich um etwas bittest."

„Ich bitte dich gar nicht", erwiderte ich leise. „Ich appelliere bloß an deine Vernunft."

„Ausgerechnet du!"

Es klang noch immer nicht böse. Eher überrascht. Sie sah mich aufmerksam an, etwas, das sie schon länger nicht mehr gemacht hatte. Was sie sah, war nicht besonders einnehmend. Ich hatte stark abgenommen. Ich hatte kaum mehr Haare auf dem Kopf; in der Öffentlichkeit kaschierte ich das mit einem Hut. Oder mit einer Haube, die irgendwie schon mein Markenzeichen geworden war. Meine Augen lagen tief in den Höhlen. Meine einst kräftigen Arme waren dünn geworden, und meine Schultern schmal. Meine Haut war so dünn und spröde wie Papier.

Anna setzte sich auf ihr Bett:

„Du warst immer so stark", flüsterte sie. „Wie geht es dir?"

Wir hatten ihr nie gesagt, wie es wirklich um mich stand.

„Sie ist noch zu jung", hatte Brigitte gemeint.

„Es interessiert sie gar nicht", hatte ich erwidert.

Jetzt sagte ich es ihr.

Sie sank ein kleines Stück zusammen:

„Wann?" flüsterte sie.

„Bald", antwortete ich.

Sie schaute mich an, ihre Augen füllten sich mit Tränen. Sie wollte aufstehen, zu mir herüberhumpeln und irgendetwas tun, was sie schon lange nicht mehr getan hatte: Mich in den Arm nehmen, an meiner Schulter weinen, irgendetwas in der Art. Aber sie brachte es nicht zuwege; auch darin war sie wie ich. Schließlich blieb sie sitzen und starrte mich nur unverwandt an.

„Wann genau?" wiederholte sie ihre Frage.

„Nicht mehr lange", sagte ich. „Eher Wochen als Monate."

 Sie wischte sich mit der Handfläche über die Augen.

„Willst du, dass ich bei dir bleibe?"

Jetzt klang ihre Stimme wie die Stimme des kleinen Mädchens, das ich einmal so geliebt hatte. Das an meiner Hand gegangen war und mich mit Fragen bestürmt hatte, wenn ich aus dem Atelier kam; das nie genug von meinen Geschichten bekommen konnte.

„Ja", antwortete ich.

Ich schämte mich.

Von da an blieb der Vorhang offen. Wenn ich im Bett lag und meinen Gedanken nachhing, spürte ich manchmal Annas Blick auf mir. Einmal muss ich gestöhnt haben, ohne es selbst zu bemerken. Anna sprang aus ihrem Bett, ohne Rücksicht auf ihr Knie.

„Hast du Schmerzen?" fragte sie.

Ich konnte ihr nicht gleich antworten. Wahrscheinlich war ich eingenickt.

„Nein", sagte ich. „Das Merkwürdige ist, dass ich fast nie Schmerzen habe." Aber das Stöhnen war auch in meiner Stimme; ich konnte es nicht unterbinden.

Anna drückte auf die Klingel.

Aber niemand kam.

Sie humpelte zur Eingangstür, öffnete sie und rief:

„Entschuldigung! Hallo! Ist da jemand? Entschuldigung!"

Ich stöhnte noch immer, und erinnerte mich nicht mehr, wie ich das Stöhnen abstellen könnte.

Dann, nachdem ich von der Schwester etwas gegen die Schmerzen bekommen hatte, obwohl ich kaum Schmerzen verspürte; ich konnte nur nicht aufhören zu stöhnen, setzte sich Anna an den Rand meines Bettes.

„Hast du Angst?" fragte sie.

„Eigentlich nicht", antwortete ich nach einer Weile. „Das Sterben ist gar nicht so schwer. Das Leben ist schwer. Das, was man falsch gemacht hat und nun nicht mehr ändern kann. Das ist schwer."

„Ich würde so gerne etwas für dich tun", flüsterte sie. „Ich würde so gerne etwas für dich tun. Und ich weiß nicht, was."

„Du tust ja etwas für mich. Du bist da. Du gibst mir die Möglichkeit, dich kennenzulernen. Und ein bisschen daran zu ändern, was ich falsch gemacht habe bei dir."

„Du hast nichts falsch gemacht, Papa."

Sie weinte jetzt. Die Tränen liefen über ihr hübsches Gesicht.

„Oh doch", erwiderte ich. „Und du weißt es auch. Ich habe viel, sehr viel falsch gemacht. Und das Meiste kann ich nie wieder gut machen."

Sie beugte sich vor und legte ihr tränennasses Gesicht an meine Wange.

Wir redeten tagsüber, wenn niemand im Zimmer war. Wir redeten nachts, wenn wir nicht schlafen konnten, und das Krankenhaus ganz still war. Ich erzählte ihr mein ganzes Leben; alle Hoffnungen; alle Verirrungen. Ich erzählte ihr von meiner Kindheit, wie es war im Krieg. Wie es wirklich war – keine Gschichterln. Ich erzählte ihr von meiner Zeit an der Graphischen und von meiner Zeit als Professor an der Akademie. Ich erzählte ihr von Parsch und von St. Virgil und von den Redoutensälen. Damals war sie noch ein ganz kleines Mädchen gewesen und hatte gespielt, während ich an dem riesigen Gemälde malte.

Und Anna erzählte von sich. Von Irland und wie verzweifelt sie gewesen sei, weil ich sie nicht verstand, weil ich sie nur kritisierte, weil wir über jede noch so belanglose Sache in Streit gerieten. Von ihrer ersten Liebe und ihren ersten kleinen Erfolgen im Leben. Und ich erzählte ihr von

Brigitte, wie wir uns kennengelernt hatten. Über das Malen. Über die Verschiedenheit unserer Bilder.

„Ich bin so froh, dass sie mich nicht nachmacht“, sagte ich. „Was sie macht, macht sie ganz für sich.“

Ich sagte ihr, was ich davon gehalten hätte, mit einer kleinen Mikeline verheiratet zu sein.

Anna lachte: „Was wäre daran so schlimm?“

Ich erklärte es ihr. Ich erklärte ihr, dass es ein Verrat an der Kunst wäre – nicht an meiner, an ihrer. Ich erzählte Anna alles, was ich über Kunst wusste. Alles. Nie zuvor hatte ich mit einem anderen Menschen mehr als nur ein paar Worte darüber gewechselt. Aber während wir in unseren Betten lagen, krank, von Schmerzen gepeinigt, ängstlich, was da kommen werde, erklärte ich ihr, dass es nicht so sehr darauf ankomme, *was* Kunst sei, sondern *wie* Kunst sei.

Und während ich ihr alles erzählte, was ich über Kunst wusste, dachte ich:

Es wäre grauenhaft gewesen, wenn wir uns Abend für Abend zusammengesetzt und über Kunst diskutiert hätten; Brigitte und Anna und ich. Es wäre grauenhaft gewesen, wenn jeder Beifall heischend über seine Bilder hätte sprechen wollen.

„Da wäre ich“, dachte ich, „lieber in die Urania Häusln putzen gegangen, als in so einer Familie zu leben.“

Als ich spürte, dass es zu Ende ging, bat ich Brigitte, mich nach Hause zu holen. Anna musste im Krankenhaus bleiben. Ihre Trombose wollte nicht und nicht besser werden. Und Brigitte wollte keinesfalls, dass sie in der Nähe war, wenn ich starb.

28

Meine Arbeit für die Redoutensaal-Bilder begann inmitten großer weißer Leinwandbahnen. Sie begann aber auch inmitten meiner Kindheit. Inmitten guter Träume und alter Erinnerungen. Ein Gedicht von Karl Kraus handelt davon:

Da schon die Blätter falb,
will ich nicht säumen,
innen und außerhalb
Frühling zu träumen.

Eh mich umfasst die Qual
dunkler Gewalten –
o holdes Dazumal,
lasse dich halten!

Ich schrieb alle vierunddreißig Strophen dieses Gedichts in mein Bild hinein. Seit es hängt, kann man natürlich nicht lesen, was dort steht; der Große Redoutensaal ist ja immerhin sechzehn Meter hoch. Aber wahrscheinlich könnte meine Schrift auch aus der Nähe niemand entziffern. Ich habe dieses Gedicht ausgewählt, weil heutzutage viele Menschen ihren Kindheitserinnerungen skeptisch, ja ablehnend gegenüberstehen. Sie betrachten ihre Jugend als Schaden, und ihre Eltern als Schädlinge. Der Psychiater wartet schon. Aber so habe ich meine Kindheit, meine Jugend, meine Eltern nicht erlebt.

Das Problem bei diesem Riesengemälde und den Wandbildern war nicht so sehr, meine inneren Bilder zu äußeren Bildern zu machen; das ist schwierig genug. Nein, ich schlug mich gleich am Anfang mit dem Problem herum, dass das große Deckengemälde am Boden entstehen musste – einfach aus logistischen Gründen. Anders ging es nicht. Das Deckengemälde lag am Boden wie ein Teppich. Aber es durfte kein Teppich werden. Ein Teppich hat immer mehr Gewicht, als eine Decke haben darf. Das Problem war, dass ich einen Teppich malen musste, der eine Decke werden sollte. Hoch. Schwebend. Wie Luft. Wie in der Luft schwebend. Aber nicht als Luft für die Luftikusse.

Das zweite große Problem war die schiere Größe. Nur wenige Maler sind je mit einer Herausforderung konfrontiert worden, wie ich sie zu bewältigen hatte. Ich wusste natürlich, dass ein gutes Bild ausgewogen sein muss: Technik, Inhalt und Form müssen einander ergänzen, im Gleichgewicht sein. Sprengt der Inhalt die Form, entstehen nur Salonbilder. Ein großer Saal, mit Flecken und Streifen gefüllt, ergibt nur eine leere Schachtel, einen sinnlosen Raum.

Dann fand ich die Lösung. Ich hatte schon immer ein Faible für Bücherkästen. Bücherkästen, gefüllt mit guten Büchern. Mit Büchern, die auch gelesen werden. Keine Bestseller, keine Titelsuchtbefriedigung. Daher begab ich mich als Erstes auf die Suche nach dem Inhalt, nach dem Gerüst des Ganzen. Die Suche führte mich zu Karl Kraus, zu Nestroy, zu Ferdinand Raimund, zu Elias Canetti.

Ich stehe der Satire, den tragisch-komischen Komödien, näher als den erbaulichen Stücken. Ich stehe dem kritischen Gespräch näher als dem wohlgestimmten. Daher wählte ich Monologe und Dialoge aus den Stücken unserer großen Satiriker. Ich wählte Textstellen aus Nestroys „Einen Jux will er sich machen", aus dem „Zerrissenen" und der „Verhängnisvollen Faschingsnacht", aus Canettis „Komödie der Eitelkeit" und Raimunds „Barometermacher auf der Zauberinsel". Und natürlich aus „Der Alpenkönig und der Menschenfeind".

Im Sommer 1994 entstanden im Burgenland die ersten Zeichnungen und Entwürfe. Obwohl ich so viel lese, habe ich ein schlechtes Gedächtnis. Ich musste die Textstellen erst mühsam heraussuchen, um sicher zu sein, dass sie auch passten. Nicht alles ist für die Malerei geeignet, manches widersteht ihr. Oft sind großartige Dialoge zu mächtig für zwei Figuren; mehr als drei sollten aber keinesfalls auf die Bildfläche kommen. Die Textstellen wollte ich hineinmalen, gänzlich in die Malerei integrieren. Es sollten keine Spruchbänder, keine sprachlosen Sprechblasen werden, sondern Worte, hineingemalt in die Malerei als Malerei.

Dann erst kamen die Skizzen, die Probebilder, die Entwürfe. Und schließlich die Ausführung der Decke und später die Ausführung der Wandbilder für den großen Saal. Für den großen Saal mit seinem Gleichgewicht von oben und unten, von Inhalt und Form, von Handwerk und Intuition.

Ich suchte ein geeignetes Atelier. Im Arsenal entdeckte ich eine riesige Halle. Sie war verdreckt, aber das schreckte mich nicht. Schmutz kann man entfernen. Licht kann man heranschaffen. Und die Kreativität würde sich einstellen, sobald ich den Pinsel in der Hand hielt und in die Farbe tauchte.

Ich hatte eine sehr klare Vorstellung davon, wie ich diese Arbeit angehen würde. Ich überlegte sogar, ein Zelt in der Halle aufzustellen, um dort übernachten und jederzeit weiterarbeiten zu können. Die Euphorie über diese riesige Aufgabe brannte wie ein Feuer in mir. Zu meinem Glück erwies sich die Idee mit dem Zelt als nicht durchführbar. Aber ansonsten traf alles ein, wie ich es mir ausgemalt hatte. Wenn ich einen Arbeitsschritt beendet hatte, stieg ich auf mein Gerüst und betrachtete durch die verkehrt herum gehaltene Optik eines OperngucKers mein Werk.

Niemand durfte ins Atelier. Wenn man mit mir sprechen wollte, konnte man mich regelmäßig im legendären Cafe Arabia am Kohlmarkt antreffen. Dort trank ich um 11 Uhr zwei Gläser Rotwein. Manchmal kam Manfred Wehdorn, der Architekt, der mit der Wiedererrichtung der Redoutensäle beauftragt worden war, und trank ein Glas mit. Meist wurde ihm schlecht davon. Es war ihm einfach zu früh für Alkohol. Mir war es nicht zu früh. Meine Beziehung zum Trinken war schon immer sehr intensiv, aber auch sehr bewusst und nie neurotisch. Wer mich auf meinen Alkoholkonsum anredete, erntete den blöden Spruch:

„Dummheit frisst, Intelligenz säuft."

Einmal fragte mich Wehdorn:

„Wie beginnt man eigentlich? Wie setzt man den ersten Pinselstrich auf ein Bild, das vierhundert Quadratmeter groß ist?"

Ich antwortete:

„Zwei Doppler, und es geht wie geschmiert!"

Aber das war natürlich ein Witz. Das Bild zu malen, war Arbeit. Aber es war eine Arbeit, die ein Riesenpensum an Kreativität verschlang. Ein Schluck ab und zu konnte da schon hilfreich sein.

Ich kann nicht von mir behaupten, dass ich ein großer Weinkenner wäre. Ich kann nicht behaupten, dass ich viel von Anbau, Reifung und Herstellung guten Weins verstünde. Aber ich weiß immerhin, dass es Geduld und Sorgfalt braucht, um einen guten Tropfen zu keltern. Ich weiß immerhin, dass unzählige Faktoren wie Rebsorten, Bodenbeschaffenheit, Lage, Klima und vieles mehr Qualität und Geschmack beeinflussen. Und ich weiß, dass ein erlesener Wein es verdient, mit Bedacht getrunken zu werden.

Das Öffnen einer guten Flasche Wein gleicht einem Ritual. Aber weiter geht meine Ehrfurcht nicht. Ich weiß, was mir schmeckt, und man sagt mir nach, dass ich einen guten Geschmack habe. Einen Teil des einzigen Gebäudes im Arsenal, das unter Denkmalschutz steht, sperrte ich ab. Dort war mein Rotweinlager.

Es wäre jeder Vinothek würdig gewesen.

Gemalt habe ich in der großen Pfeilerhalle, dort war mein Malboden angelegt. So wie es nur wenige Menschen gibt, die es verstehen, ein Glas Wein zu einem Fest für die Sinne werden zu lassen, gibt es nur wenige Menschen, die Bilder richtig verstehen. Die meisten wollen zuerst denken und dann schauen. Sie wollen zuerst möglichst viel über den Künstler erfahren, über die Geschichte des Bildes, über kunstwissenschaftliche Zusammenhänge und was weiß ich. Sie gehen das Betrachten eines Bildes akademisch an.

Aber das ist falsch. Das ist der falsche Zugang. Zuerst kommt das Schauen. Schauen ist geistige Arbeit.

Wir diskutierten die Frage, wie die Wandbilder aufzuhängen seien. Hier wie bei jeder anderen, wenn auch noch so peripheren Frage mischten sich unzählige Beamte ein, die alle keine Ahnung, aber dafür eine Meinung hatten. Dass das Architektenteam Bescheid wissen musste, war ja noch einzusehen: Immerhin spielte das für die Akustik eine wichtige Rolle. Aber wozu man für diese Entscheidung ganze Heerscharen von Staatsdienern der verschiedenen Ministerien benötigte, entzog sich meinem Verständnis.

Ich plädierte dafür, die Bilder aufzukaschieren. Ich war überzeugt, dass man die Bilder nicht so spannen könne, dass nicht später Falten entstehen würden. Im Büro von

Burghauptmann Wolfgang Beer wurde das Aufspannen eines Bildes praktisch ausprobiert. Danach ging es nicht mehr durch die Tür. Also blieb es bei Beer – als Leihgabe.

Obwohl meine Bilder nicht viel Licht benötigen, war mir klar, dass für den Großen Saal eine entsprechende Beleuchtung vorgesehen werden musste. Für mich kamen dafür nur Glühbirnen infrage. Allein beim Gedanken an eine Neon-Beleuchtung drehte sich mir der Magen um. Nun schrieb aber das Arbeitsinspektorat eine bestimmte Helligkeit für Arbeitsplätze vor, eine bestimmte Lux-Zahl. Ich war mit technischen Vorgaben konfrontiert, die kaum nachvollziehbar waren. Jahre nach der Akademie trampelten die Bürokraten auf meinen künstlerischen Intentionen herum.

Wehdorn demonstrierte mir, dass man, um Glühbirnen einzusetzen, wegen der Raumhöhe des Großen Redoutensaals geradezu verrückte Lampenkonvolute konstruieren müsste. Ich setzte mich also hin und entwarf eine einfache Lampe – eine Art Stahlrohr, in dessen Mitte sich die Lampen befanden. Wenn das Licht dieser Lampen auf einen Arbeitstisch konzentriert wurde, erreichte man die nötige Lux-Zahl. Eine Probeleuchte wurde produziert: Ein groteskes, geradezu umwerfend scheußliches Ungetüm. Die Leuchte sah aus, als hätte sie ein betrunkener russischer Designer der 1950er Jahre entworfen. Aber ich wollte noch immer nicht davon abgehen, dass der Redoutensaal mit Glühbirnen beleuchtet werden müsse.

Wehdorn schlug vor, die Probeleuchte zu behübschen. Ich war dagegen. Da hätte man ja gleich Hundertwasser mit der Gestaltung betrauen können. Die Probleme der Gestaltung der Leuchtkörper waren nicht die einzigen. Unzählige Stellen redeten uns bei jedem Detail hinein: die Burghauptmannschaft, das Denkmalamt, das Magistrat, die Bauoberbehörde und eine unüberschaubare Zahl an

Ministerien. Die Auseinandersetzungen mit diesen unsäglichen Leuten, die über nichts verfügten als über Sitzfleisch, waren niederschmetternd. Wenn ich nicht gleichzeitig auch an den Bildern hätte arbeiten können, wäre ich verrückt geworden.

Schließlich fiel die Entscheidung auf einen einfachen Zylinder, dessen Mantel aus Kristallglas bestand. Das war natürlich ein Kompromiss.

Ein grauenhafter Kompromiss, wie sich herausstellte.

Ich sträubte mich gegen diese Lampen mit Händen und Füßen. Und ich schwor mir, bis zu meiner letzten Stunde dagegen zu kämpfen. Diese Luster mussten weg!

Ich protestierte so vehement dagegen, dass man mich schließlich nicht mehr einlud, wenn Gäste kamen.

„Ich kann das nicht mehr hören", rief Minister Bartenstein. „Jedes Mal, wenn wir Gäste haben und den Saal herzeigen wollen, sehen sie als Erstes den Mikl, wie er über die Luster schimpft. Aber das wird sich bald ändern – wegen der Energiesparlampen."

„Was soll sich durch die Energiesparlampen groß daran ändern, dass die Luster so hässlich sind?" erwiderte Brigitte. „Außer, dass alles noch hässlicher wird."

Vor der offiziellen Eröffnung der Redoutensäle sollte den Wienerinnen und Wienern die Möglichkeit geboten werden, sich die Säle anzusehen. Gerechnet wurde mit fünfhundert Besuchern. Bei einer der zahllosen Besprechungen wurde die Hoffnung (oder Befürchtung, je nach Sichtweise) geäußert, dass sogar zweitausend kommen könnten. Es kamen dann aber nicht zweitausend, sondern neuntausendfünfhundert – und das innerhalb einer Besuchszeit von nur zweieinhalb Stunden.

Die Leute waren natürlich nicht so leicht wieder hinaus zu bringen; als der letzte Besucher endlich gegangen war, wurde es draußen schon dunkel. Wolfgang Beer begrüßte die Gäste am Eingang, Manfred Wehdorn im Dachfoyer und ich im Redoutensaal.

Die Wiener kamen mit gemischten Gefühlen; sie kommen immer mit gemischten Gefühlen, wenn sie fürchten, mit etwas Neuem behelligt zu werden. Sie matschkerten beim Eingang, weil sie so lange warten mussten; sie brummten und murrten im Dachfoyer, weil nichts weiterging. Aber sobald sie des Deckengemäldes im Großen Saal ansichtig wurden, entlud sich ihr ganzer Ärger:

„Wenn's ganz abbrennt wär', wär's a net schlimmer!" schimpften sie.

„Des schaut ja aus, als würd's noch immer brennen!" ereiferte sich eine ältere Dame.

Ihr Begleiter stocherte mit seinem Regenschirm in meine Richtung:

„Schämen S' Ihnen, die schönen Redoutensäle so zu verschandeln!"

Ich wollte, ich hätte ein Tonbandgerät bei mir gehabt; aus den Kommentaren hätte sich ein Stück schreiben lassen, das Nestroy zur Ehre gereicht hätte.

Dabei will ich nicht ungerecht sein. Ich wusste ja längst, wie lange die Wiener brauchen, bis sie sich an etwas Neues gewöhnt haben. Selbst Leuten, die noch nie in der Hofburg waren, war die barocke Pracht der unter Maria Theresia umgebauten Säle irgendwie vertraut. Im Fasching 1748 wurden sie mit einem prächtigen Maskenball eröffnet und begründeten eine Tradition, die bis heute anhält. Hier wurden die Hochzeitsfeierlichkeiten für Kaiser Joseph II. mit Isabella von Parma abgehalten. Hier wurde nicht nur getanzt, sondern auch gespielt, gegessen und getrunken. Während des Wiener Kongresses fanden hier zahlreiche Festlichkeiten statt. Die besten Orchester Wiens spielten zum Tanz auf, Johann Strauß und Joseph Lanner dirigierten. Es wurden Hoffeste, Konzerte und Theateraufführungen veranstaltet. Und diesen Saal, der Mozartopern, die Uraufführung von Beethovens 8. Symphonie sowie das Gipfeltreffen zwischen John F. Kennedy und Nikita Chrutschtschow erlebt hatte, verunstaltete nun dieser Mikl mit riesigen grellen Bildern.

Als der letzte empörte Besucher gegangen war, umarmte ich Manfred Wehdorn:

„Jetzt hassen uns neuntausendfünfhundert Wiener! Und wenn morgen die Zeitungen erscheinen, hasst uns die ganze Stadt! Es ist einfach großartig!"

Mittlerweile haben sich die Wiener an den neuen Redoutensaal gewöhnt. Wahrscheinlich ist er ihnen wurscht. Was sollen sie sich auch über etwas ärgern, das sie sowieso nie wiedersehen werden. Vielleicht gefällt er ihnen mittlerweile sogar. Inzwischen gilt er ja als Vorzeigeprojekt.

Wehdorn hat mir einmal gestanden, wie sehr er sich während der Renovierung über meine Sturheit, über meine Anmaßung, immer ganz genau zu wissen, was richtig sei und was falsch, geärgert habe. Aber auch dieser Ärger war verflogen – und übrig blieb das Wissen, dass uns etwas gelungen war, das nicht oft gelingt auf dieser Welt.

Der Umbau des Redoutensaales war schon im Gange, als ich zu meinem Geburtstagsfest ins Arsenal einlud. Es war ein bewegender Moment, als das Deckenbild, das zuvor mit Papier abgedeckt worden war, freigelegt wurde. Die Bahnen wurden auf einer Seite aufgeschnitten, sodass Stück für Stück des riesigen Bildes sichtbar wurde.

Als ganz junger Maler war ich einmal eingeladen worden, für den Werbefilm „Der Untermieter“ mit Otto Schenk und Alfred Böhm vor laufender Kamera ein Bild zu malen. Dafür hatte ich zwanzig Sekunden Zeit. Das war im Grunde kein Problem. Ich bereitete eine Leinwand im Format ein mal ein Meter vor. Daneben standen drei Waschschüsseln, drei verschiedene Farben und ein paar Tücher. Nach neun Sekunden war ich mit der ersten Farbe fertig. Nach fünfzehn Sekunden mit der zweiten. Dann, bei der dritten Farbe, drehte ich mich um und sagte:

„So, jetzt is‘ es ruiniert!“

Das Deckengemälde für den Großen Redoutensaal war nicht allein deshalb eine so große Herausforderung, weil die Fläche, die bewältigt werden musste, so riesig war; es war eine Herausforderung, weil ein einziger falscher Farbauftrag alles ruinieren konnte.

Heidi stand mitten im Großen Redoutensaal, den Kopf weit nach hinten gelegt. Sie konnte den Blick nicht von dem großen Bild wenden.

„Erklär‘ es mir!“ bat sie.

„Da gibt’s nichts zu erklären“, erwiderte ich.

„Es ist großartig“, flüsterte sie. „Diese Farben! Wie eine Explosion!“

Ich nahm einen Schluck Wein.

„Schau“, sagte ich, „dort, fast in der Mitte, sitzt ein Hase!“

Sie sah mich ungläubig an. Und dann begann sie, den Hasen zu sehen. Und von da an fing sie an, überall nur noch Hasen in meinen Bildern zu sehen.

„Du bist gemein!“ schimpfte sie.

„Hauptsache, deine Ergriffenheit ist beim Teufel!“

Es gab nichts zu erklären. Und weil es nichts zu erklären gab, war es besser, über Hasen zu sprechen statt über die Malerei und die Probleme, die mit ihr verbunden sind.

29

Nach den Redoutensälen wurde ich in manchen Medien als „Staatskünstler“ bezeichnet. Von allen Beleidigungen, die man über mich ausgeschüttet hat, war das die niederträchtigste. Dieselben Zeitungen, die nur am Tropf der Regierung hängend überhaupt existieren konnten und sich mit speichelleckerischer Hofberichterstattung revanchierten, unterstellten einer unabhängigen Jury quasi Schiebung.

Auf der anderen Seite findet dieselbe Journalistenmeute nichts dabei, dass Politiker fürs Fernsehen neuerdings vorzugsweise vor Bildern zeitgenössischer Künstler posieren. Das wäre, angesichts der sattsam bekannten Haltung dieser Volksvertreter in Fragen der Kunst, schon widerlich genug, wenn sie diese Bilder wenigstens gekauft hätten. Haben sie aber nicht. Sie schmücken sich nicht nur mit fremden Federn, sondern setzen offenbar voraus, dass die Künstler es als eine Ehre ansehen müssen, unbezahlt in Ministerbüros zu hängen. Mehrere der berühmtesten Fließband-Akrobaten des Landes haben sich tatsächlich nicht lange bitten lassen. Für mich ist das schlicht Korruption. Aber niemand scheint diese Meinung zu teilen.

Auch die Kritiker fanden nichts daran auszusetzen. Aber es ist ohnedies eine Illusion, von einem Kritiker zu erwarten, dass er kritisch ist. Er beschäftigt sich lieber mit der Frage, was gute Kunst ist. Was ein gutes Bild ist. Was Kunst überhaupt ist. Solche Fragen beschäftigen ihn von früh bis spät. Er bleibt tunlichst im Allgemeinen. Er nennt es das Grundsätzliche. Ich nenne es das Akademische. Es eröffnet diesen Leuten die Möglichkeit, nie wirklich konkret werden, nie wirklich ein Risiko eingehen zu müssen.

Denn die meisten Kritiker scheuen das Urteil. Sie folgen
83 dem Markt, auch wenn das bedeutet, dass sie damit den

Künstlern schaden. Lange durfte man glauben, moderne Kunst brauche nichts dringlicher als Kritik. Sie könne nicht sein ohne Erläuterung, ohne Kommentar und Einschätzung. In Wahrheit braucht sie nichts dergleichen. Niemand würde die Kritiker vermissen, wenn sie ab sofort ihr Maul hielten.

Es mag ja sein, dass es eine Zeit gegeben hat, da sich die Kritiker als Agenten der Moderne ausgeben konnten. Es mag ja sein, dass es eine Zeit gegeben hat, in der sie Seite an Seite mit den Künstlern gegen die Vorurteile der Spießer kämpften, um der Avantgarde zum Durchbruch zu verhelfen.

Aber die großen Ästhetik-Schlachten sind geschlagen; die Moderne hat gesiegt. Der Kritiker als Kampfgenosse, als Talentsucher und Trendforscher hat ausgedient. Selbst auf das Theoretisieren hat er keinen alleinseligmachenden Anspruch mehr: Weil es heutzutage eher die Künstler sind, die die Bedingungen der Kunst hinterfragen und die Macht des Marktes und der Museen in Zweifel ziehen. Und weil diese Themen unmittelbar in ihre künstlerische Arbeit hineinspielen, machen sie den Kritiker überflüssig.

Aber was bleibt dann noch für ihn? Kritik der Kritik? Im Grunde müsste er den Hut nehmen. Danke und auf Wiedersehen! Zumindest müsste er seine Grenzen neu bestimmen. Aber die meisten Kritiker scheuen nicht nur vor Kritik, sondern auch vor Grenzziehung zurück.

Sie lieben die Rolle des Zwitters: Einmal rezensieren sie Ausstellungen, ein andermal richten sie sie aus. Einmal besuchen sie eine Galerie als Abgesandte der veröffentlichten Meinung, ein andermal mimen sie dort den bezahlten Vernissagen-Redner. Einmal beraten sie Sammler, ein andermal schreiben sie über sie. Einmal gebärden sie sich als Freund eines Künstlers, ein andermal sind sie sein

Kritiker. Mittlerweile kennt sich in diesem ganzen Durcheinander kein Mensch mehr aus: Künstler treten als Kritiker auf, Kritiker als Kuratoren, Kuratoren als Künstler und umgekehrt. Jeder kann in die Rolle von jedem schlüpfen.

Was also bleibt für den Kunstkritiker? Dass er die Kunst erklärt? Man muss die Bilder nicht erklären. Man muss die Kunst nicht erklären. Die Kunst braucht das alles nicht. Was Kunst ist und was Kunst nicht ist, entscheidet sich erst viel später. Wie und wann sie wirkt, ist ihr egal. Die einzigen Erklärungen, die etwas taugen, sind Gleichnisse. Die meisten Erklärungen hingegen arten in Appelle an die Vernunft aus. Aber mit Vernunft kommt man bei der Kunst nicht weiter. Da hilft nur, schauen zu lernen; und schauen lernt man, indem man schaut.

Deshalb ist es auch müßig, meist sogar schädlich, zu lesen, was irgendjemand über ein Bild geschrieben oder gesagt hat – das ist meist eine Sackgasse. Man gerät hinein in diese Sackgasse, und das Äußerste, was man bekommt, ist die Meinung eines Menschen, der mit hoher Wahrscheinlichkeit nicht verstanden hat, worum es geht. Aber das ist nicht einmal das Schlimmste. Das Schlimmste ist, dass Kunst etwas viel zu Persönliches ist, um es sich von jemand anderem vorleben und vorkauen und vorschmecken zu lassen.

Denn selbst, wenn derjenige, der einem ein Bild vorkaut und vorschmeckt, kluge Augen und gute Instinkte haben sollte – mehr als ein Viertel dessen, was dieses Bild bedeutet, bekommt er nicht mit. Mehr als ein Viertel dessen, was er mitbekommen hat, kann er nicht vermitteln. Für mehr als ein Viertel gibt es nicht einmal Worte. Und von dieser Viertelmeinung versteht man wieder nur die Hälfte, und da geht es noch nicht einmal darum, dass die Leute, die sich angeblich mit Kunst auskennen, eine Sprache entwickelt haben, die kein Mensch versteht; die kein Mensch verstehen soll, weil ja sonst alle sofort bemerken würden, was das für ein Unfug ist, der da verzapft wird. Weil ja sonst alle sofort, wie in dem Märchen von des Kaisers neuen Kleidern, bemerken würden, dass der Kaiser nackt ist.

Nein, noch viel problematischer ist, dass das, was da einer vielleicht wirklich mitbekommen hat, nur für ihn selbst von Bedeutung ist. Es ist seine Sichtweise, seine Reflexion auf das, was er sieht. Wenn man Glück hat, bleibt von dieser Viertelmeinung die Hälfte, also ein Achtel. Und eine Achtel-Kunst ist ein bisschen wenig. Ein Achtel-Wissen ist zu wenig, um wirklich etwas von einem Bild zu haben.

Deshalb hilft nur selbst schauen. Lebenslang, immer wieder. Da darf man sich nichts vormachen: Mit guten Bildern ist es wie in einer Schule, in der man nie ein Abschlusszeugnis bekommt. Aber man lernt immerhin, die schlechten Bilder auszusieben: Die guten ins Kröpfchen, die schlechten ins Töpfchen. Darum geht's. Und es ist nicht einfach, beileibe nicht.

Es ist für einen Sammler, für alle, die Bilder kaufen, nicht einfach. Aber sie tun so, als wäre es das. Sie greifen in die Tasche und bezahlen. Und meinen allen Ernstes, das würde genügen. Sie haben nichts verstanden. Und sie hören einem ja auch nicht zu. Ich hätte diese Leute mein Leben lang umsonst beraten, welche Bilder sie kaufen sollen. Auch Otto Breicha hätte es getan, da bin ich mir sicher. Aber es hat sich nie jemand beraten lassen, außer zwei, drei Leuten, und die haben heute eine schöne Sammlung. Die anderen glauben, sie wissen alles, was sie wissen müssen. Sie glauben, es genügt, genug Geld zu haben.

Aber sie wissen eben gar nichts, die Bankdirektoren und Versicherungsmanager, und all die anderen, die ein

Scheckbuch besitzen, aber keine Ahnung von Kunst haben. Darum sind ja auch ihre Sammlungen so kümmerlich. So absolut kümmerlich und missraten. Und diese Sammlungen werden größer und größer, und je größer sie werden, umso kümmerlicher und missratener werden sie. Selbst wenn sich darin etwas befindet, was Qualität hat, ein wirkliches, echtes, gutes Bild, geht es in all der Mittelmäßigkeit unter; es wird geradezu hinuntergezogen.

Denn der eigene Geschmack genügt nicht. Der eigene Geschmack führt in die Irre. Der Zugang zur Kunst über das Scheckbuch endet im Niemandsland. Denn die meisten Sammler haben zwar Geld, aber sie verstehen nichts. Und weil sie die Kunst bloß kaufen, sich aber nicht mit ihr auseinandersetzen, werden ihre Sammlungen nicht nur immer größer, sondern gleichzeitig auch immer blamabler. Es gibt Sammlungen, gegen die ist die Geisterbahn im Wurstelprater eine hochelitäre Veranstaltung. Es gibt Sammler, die sind in Wahrheit Geisterbahnfahrer.

Denn das, worum es bei der Kunst wirklich geht, ist, dass man etwas aus ihr lernt. Dass man lernt, etwas Wichtiges zu erkennen; etwas, womit Hollywood nicht rechnet, womit der Durchschnittssumperer nicht umgeht, was in Trachtenschlössern und Seitenblicken nicht vorkommt, wovon der Wegwerf-Generaldirektor, der Abriss-Architekt und der beamtete Kunstfunktionär nicht einmal geträumt haben – etwas für Gescheite, nicht für Gescheiterte.

Kinder lieben Kasperltheater. Gescheiterte lieben Fernsehen mit beweglichen Fotos und eingeblendetem Lachen. Gescheiterte sehen keine Bilder, nur Reklame. Sie lesen keine Bücher, nur Zeitungen. Sie besitzen keine plastische Sensibilität, nur Designerkotflügel. Sie hören keine Musik, nur Radiolärm. Sie arbeiten um ein Gehalt, aber es ist alles umsonst. Sie sitzen auf gelungenen Tischler-Möbeln, aber sie decken das gute Stück mit ihren breiten Ärschen zu.

Aber die Zeit guter Sessel, die Zeit guter Bilder, die Zeit guter Musik, die Zeit guter Bücher wird kommen – und wenn es hundert Jahre dauert.

Länger sitzt einem auch ein Gescheiterter den Platz nicht weg.

30

„Künstler sein heißt, in einem Maße zu scheitern, in dem kein anderer zu scheitern wagt.“

Samuel Beckett hat das einmal gesagt. Mit dem Scheitern als Künstler lebe ich jeden Tag. Das Scheitern als menschliche Existenz traf mich unerwartet. Im März hatte man mir den Befund mitgeteilt: „Bauchspeicheldrüsenkrebs“. Ich hatte mit dieser Diagnose insgeheim sogar gerechnet. Dennoch warf sie mich aus der Bahn. Plötzlich schien ich vom Leben ausgeschlossen zu sein. Es war, als würde ich in einem tiefen Keller eingesperrt sein und außerstande, aufzustehen, das Licht anzudrehen und wieder hinauszugehen in den hellen Tag.

Als ich mit einem kleinen Koffer zu weiteren Untersuchungen in die Klinik einzog, musste ich meine ganze Kraft aufwenden, zumindest äußerlich Ruhe und Selbstsicherheit zu demonstrieren. Brigitte begleitete mich. Alleine hätte ich es nicht geschafft. In den nächsten Wochen bestand ich darauf, dass sie nicht von meiner Seite wich. Sie begleitete mich zur Chemotherapie, zu immer neuen medizinischen Tests, zu jedem Gespräch mit den Ärzten. Ich hatte das Gefühl, dass ich umfallen würde, wenn sie mich nicht hielte. Mein Bedürfnis, beschützt zu werden, nahm geradezu pathologische Züge an. Von den meisten anderen Leuten zog ich mich zurück.

Niemand durfte wissen, wie es um mich stand.

„Denk‘ daran“, sagte ich zu ihr, „dass wir Anna nicht beunruhigen wollen.“

„Sie wird nichts erfahren – bis du es willst. Aber wir können es ihr gegenüber nicht ewig verheimlichen“, erwiderte Brigitte.

„Ich werde wissen, wann der richtige Zeitpunkt gekommen ist. Dann wird es früh genug sein."

„Wie du meinst", sagte Brigitte. „Aber sie wird Fragen stellen."

„Sie wird nicht einmal bemerken, dass ich nicht da bin. Es ist ja nur eine Untersuchung. Ein paar Tage, dann bin ich wieder daheim. Danach sehen wir weiter."

Aber ich glaubte selbst nicht, was ich sagte. Aus irgendeinem Grund, der in völligem Widerspruch zu meiner zerrütteten Beziehung zu Anna stand, glaubte ich, ich sei ihr wichtig.

Im Krankenhaus war Brigitte fast ständig an meiner Seite. Und ich war froh darüber. Aber ich war auch froh, wenn ich alleine war. Dann hatte ich Zeit, über alles nachzudenken. Ich lehnte es ab, die Krankheit zu leugnen. Ich wies den Gedanken zurück, es könne sich um eine Fehldiagnose handeln. Es kam mir richtig vor, was Heidi mir zu erklären versucht hatte. Es klang nur falsch, als sie aufzählte, welche Möglichkeiten es noch gäbe.

Ich ging davon aus, dass ich sterben würde. Alles, was ich wollte, war, dass mir noch genug Zeit bliebe, gewisse Dinge in Ordnung zu bringen. Mein ganzes Leben lang war ich so oft auf so vieles und so viele wütend gewesen. Jetzt trat ich einen Schritt zurück. Überdachte meine Situation. Erwog die Alternativen. Akzeptierte schließlich, was geschehen würde. Vielleicht half mir mein Glaube, obwohl mir die Vorstellung eines Lebens nach dem Tod neuerdings wie eine völlig verquere Idee erschien.

Einmal hörte ich Brigitte sagen (sie hatte keine Ahnung, dass ich zuhörte), sie hätte meine Reaktion fast als ein wenig gespenstisch empfunden. Ich war mein ganzes Leben lang ein ungeduldiger, ja unduldsamer Mensch gewesen, der seiner Umgebung oft genug das Leben zur Hölle gemacht hatte. Jetzt wurde ich ganz ruhig. Brigitte beobachtete mich heimlich; sie wusste nicht, was sie von meinem Gebaren halten sollte. Sie rechnete jeden Augenblick mit einem Zusammenbruch.

Aber dazu kam es nicht. Jeden Abend, wenn ich den Fernsehapparat aufdrehte, sah ich Katastrophen und Schicksale, die viel schlimmer waren als meine Krankheit. Ich ging davon aus, dass ich sterben würde. Aber der Tod erschreckte mich nicht. Ich fürchtete ganz andere Dinge.

Ich fiel auch nie in Depressionen. Die Erstarrung, der Zorn und die Wut waren nur von kurzer Dauer. Ein kurzes Aufwallen widersprüchlicher Empfindungen. Es war zwar eine schreckliche Vorstellung, nicht mehr da zu sein. Nicht mehr zu sehen. Nicht mehr zu fühlen. Nicht mehr zu denken. Nicht mehr malen zu können. Meine Familie zu verlieren. Brigitte und Anna nie wiederzusehen. Aber es belastete mich weniger, als ich erwartet hatte. Es belastete mich nicht, weil es nicht meine Schuld war. Niemand konnte mir die Schuld daran geben; nicht einmal ich selbst.

Natürlich hatte ich Angst. Natürlich war ich verzweifelt. Ich fürchtete mich vor den Schmerzen; davor, mich lächerlich zu machen. Aber die Angst und Verzweiflung würden aufhören. Dazu brauchte es keinerlei Beweises. Ich hatte gelesen, dass Menschen in meiner Situation irgendwann an den Punkt gelangen, an dem sie akzeptieren, was mit ihnen geschieht. Sie erwarten den Tod und schlafen extrem viel. Sie haben keine Gefühle mehr; der Kampf ist vorbei. Der Schmerz ist vergangen, sie wollen nur noch ihre Ruhe haben.

Bei mir war das anders. Ich hatte sehr schnell akzeptiert, dass mein Leben zu Ende ging. Aber aus irgendeinem unerfindlichen Grund glaubte ich, dass es noch ein wenig

 dauern würde. Dass ich nicht im Krankenhaus sterben

würde. Dass ich noch Zeit haben würde, ein paar Bilder zu malen – und ein paar zu vernichten. Ich schlief weniger statt mehr. Mein Kopf war erfüllt von Gefühlen, von Wünschen, von widerstreitenden Empfindungen. Der Schmerz war erträglich, aber er war immer da. Er erinnerte mich, dass noch viel zu tun war.

Vor der Operation war ich allein. Das war auch gut so. Ich wollte allein sein. Ich wollte mir zurechtlegen, was ich noch erledigen musste. In meinem Kopf fertigte ich eine Liste an und notierte darauf alles, was noch getan werden musste. Aber ich grübelte auch über das nach, was die Ärzte gesagt hatten. Es gab einen pathologischen Befund, der eindeutig auf bösartige Zellen hinwies. Aber es gab andererseits keinen Tumor. Die Ärzte konnten ihn zumindest nicht entdecken. Sie waren ratlos. Sie sahen mich an, als ob mit mir etwas nicht stimmte. Sie berieten ihre weitere Vorgangsweise. Aber ich war sicher, dass der pathologische Befund stimmte. Ich kam nicht auf die Idee, er könnte im Labor vertauscht worden sein oder irgendein anderer Fehler zugrunde liegen.

Die Symptome meiner Krebserkrankung waren klassisch, aber lange Zeit wenig besorgniserregend. Ich hatte kaum Beschwerden. Ich verlor an Gewicht, ohne dass es dafür eine Ursache gegeben hätte. Ich hatte Schmerzen, kaum der Rede wert, eher ein permanentes Unwohlsein. Heidi war aufgefallen, dass meine Haut sich gelblich verfärbt hatte und riet mir, mich untersuchen zu lassen. Manchmal war mir ein wenig übel. Ich hatte meinen seit jeher guten Appetit, vor allem auf Fleisch, verloren.

Also ging ich zur Untersuchung ins Krankenhaus, wo mir Blut abgenommen wurde und die Bauchspeicheldrüsenenzyme kontrolliert wurden. Aber man erklärte mir gleich, dass das keine sehr verlässliche Methode sei. Also setzte man Röntgenuntersuchungen an, machte eine Computertomographie. Aber den letzten Beweis würde, erklärte man mir, erst eine Gewebeprobe bringen, die man aufgrund einer Biopsie gewinnen würde.

Am Tag des Eingriffs machte man einen letzten Ultraschall, und endlich sahen die Ärzte das Karzinom. Es war verwachsen und daher nicht eindeutig erkennbar gewesen.

Der Eingriff selbst war gespenstisch, aber schmerzlos. Ein Arzt entnahm, indem er mit einer feinen Nadel durch die Bauchdecke stach, eine Gewebeprobe aus der Bauchspeicheldrüse; alles nur unter örtlicher Betäubung. Ich fühlte mich wie ein Stück Fleisch; voller Ängste, aber empfindungslos. Zwar spürte ich, wie die Nadel durch die Bauchdecke drang, aber es war gleichsam eine gefühllose Empfindung. Der Pathologe sollte binnen kurzer Zeit erkennen, dass eine Operation nicht mehr möglich war. Der Krebs war bereits zu weit fortgeschritten.

Man sagte mir, dass man deshalb zu einer „palliativen" Therapie greifen würde; es ginge nicht darum, mich zu heilen, dafür war es zu spät. Aber man wolle meine Beschwerden lindern. Ich war froh, dass ich nicht operiert wurde. Ein paar Tage nach dem Eingriff teilte man mir mit, dass mein Krebs besonders bösartig sei. Er habe begonnen, schneller zu wachsen.

Ich hatte nichts anderes erwartet.

Als ich aus dem Krankenhaus entlassen wurde, schüttelte ich alles ab. Meine Gedanken. Meine Ängste. Meine Sorgen. Meine Trauer. Meine Wut. Im Laufe der folgenden Monate bekam ich starke Neurodermitis an den Händen. Wenn ich schlaflos in meinem Bett lag, spürte ich noch immer die Nadel, wie sie tiefer und tiefer in mich eindrang.

Körperlich ging es mir gar nicht so schlecht, aber seelisch befand ich mich in einem Vakuum. Es war ein Gefühl, als würde ich schweben. Als wäre es nicht ich, dem dies alles passierte, sondern eine andere Person. Ein paar Tage später war ich wieder im Atelier und arbeitete mehr, als ich je gearbeitet hatte. Brigitte unterstützte mich, so gut sie konnte. Aber wenn es ans Sterben geht, ist man letztlich allein.

Sechs Monate später wurde bei einer Computertomographie festgestellt, dass der Krebs wieder auf dem Vormarsch war. Ich war nicht überrascht. Ich ging nach Hause, sagte kein Wort und bereitete meinen Geburtstag vor. Brigitte half mir, ein letztes tolles Fest zu organisieren. Mittendrin hörte ich auf: Es ging nicht. Es war nicht möglich. Es war unvermeidlich, dass meine Gäste bemerken würden, dass ich todkrank war. Das wollte ich nicht. Brigitte und ich verbrachten meinen Geburtstag alleine. Leuten, die anriefen, um mir zu gratulieren, wurde beschieden, ich sei nicht da.

Ich hatte mir vorgestellt, meine Freunde einzuladen, Wolfgang Hollegha, Markus Prachensky und Roland Goeschl mit ihren Frauen, Drago Prelog, John Sailer und Gabi Wimmer, Wieland Schmied, Heidi Wrabetz, Alois Brandstetter, Wolfgang Exner. Ich hatte mir vorgestellt, wir würden uns alle versammeln und fröhlich sein. Ich hatte mir vorgestellt, es würde ein letzter großer Abend sein, ein Abschied auf angemessene Weise. Wir würden Champagner-Sangria mit frischen Früchten genießen, danach eine gemischte Tapas-Platte. Als Hauptspeise, hatte ich mir ausgemalt, würde es Lammfilet mit Estragon-Sauce, mit Carpaccio-Variationen, Käse und Salat geben und zum Abschluss Sorbet, Cognac und Liköre. Aber es ging nicht. Dass mein Zustand bekannt würde, war das letzte, was ich wollte. Ich musste mich von meinen Freunden fernhalten.

Brigitte und ich schauten uns einen Film im Fernsehen ein. Danach redeten wir die halbe Nacht. Ich hatte die ganze Zeit Schmerzen, zum ersten Mal. Sie stachen in meinen Rücken wie ein Messer, immer wieder, und ich musste meine ganze Selbstbeherrschung aufbieten, um nicht zusammenzuzucken. Am nächsten Tag fand ich eine Aufforderung des Krankenhauses in der Post, zur nochmaligen radiologischen Abklärung zu kommen. Ich machte mir nicht vor, die Bilder seien bloß verwackelt gewesen und müssten deshalb noch einmal gemacht werden.

Brigitte begleitete mich, wie immer. Ich hätte darum gebettelt, nur um nicht allein hingehen zu müssen; Gott sei Dank ersparte sie mir das. Und noch während ich sie bat, mit zu begleiten, wollte ich allein sein. Wir hatten Anna noch immer nicht gesagt, wie es um mich stand. Wie viele Eltern glaubten wir, sie schonen zu müssen. Aber Kinder bekommen viel mehr mit, als wir uns eingestehen wollen.

Brigitte rief im Krankenhaus an und machte einen Termin aus. Danach wollten die Radiologen mich sofort wieder nach Hause schicken, aber ich beharrte darauf, die Wahrheit zu erfahren. Der diensthabende Oberarzt führte mich in ein Arztzimmer. Er stand unter Zeitdruck.

Ohne lange Vorrede sagte er: „Sie haben Lungenmetastasen!"

„Was geschieht jetzt?" fragte ich.

„Da kann man nicht mehr viel machen", erklärte er mir, ohne mich anzusehen. „Nur Chemotherapie, wenn überhaupt."

Er spielte mit seinem goldenen Kugelschreiber. Er sah noch immer nicht auf.

„Gehen Sie nach Hause", sagte er. „Sie werden benachrichtigt."

Brigitte, die immer starke Brigitte, die allen Stürmen getrotzt und immer gewusst hatte, was zu tun sei, brach in Tränen aus, kaum hatten wir die Tür zum Besprechungszimmer hinter uns zugemacht. Ich versuchte sie zu trösten. Aber ich war selbst erschüttert. Mehr, als ich mir hätte vorstellen können. Aber auch dieser Schockzustand dauerte nur kurz. Letztlich hatte ich es erwartet. Wir gingen langsam nach Hause. Ich brauchte Zeit, um die Nachricht zu verarbeiten. Es wurde ein schweigsamer Marsch. Brigitte, spürte ich, wollte darüber reden. Aber dazu war ich noch nicht bereit. Dazu war ich noch nicht in der Lage.

„Später", sagte ich.

Ich ging ins Atelier und setzte mich auf einen Hocker. Das Bild, an dem ich gerade arbeitete, leuchtete in der Mittagssonne. Aber es sagte mir nichts. Ich hatte keine Ahnung, was ich weiter daran machen sollte. Es gab so viele Fragen und nur so wenige Antworten. Aber im Grunde wusste ich, dass die einzige Antwort, die zählte, schon gesprochen war.

Brigitte kam herein.

„Wir müssen reden", sagte sie. „Jetzt!"

Sie nahm das Telefon, rief das Krankenhaus an und ließ sich einen Termin beim Primar geben. Wir kannten ihn beide, er hatte vor ein paar Jahren ein Ölbild gekauft.

„Am Freitag, gut", sagte sie.

Als wir im Krankenhaus ankamen, hatte Professor Johannes Meran seine komplette Ärzteschaft um sich versammelt. Ich hätte lieber ein Gespräch unter sechs Augen geführt. Ich fühlte mich sehr klein, sehr verletzlich, wie ich da auf meinem Stuhl saß und auf das Urteil wartete. Kurz flammte in mir die unbändige Lust auf, irgendjemandem Vorwürfe zu machen. Warum es so lange gedauert habe, bis der Befund vorgelegen sei. Warum man nicht schneller reagiert und mit der Therapie begonnen habe. Ob nicht doch eine Operation möglich gewesen sei. Warum man es nicht zumindest ernsthaft ins Auge gefasst hätte, als es noch möglich gewesen wäre. Aber diese helle, klare Flamme der wütenden Anklagen sank gleich wieder in sich zusammen.

Ruhig fragte ich:

„Was können wir tun?"

Der Professor empfahl mir eine Lungenpunktion, um festzustellen, ob es sich bei den Metastasen um eine neue Erkrankung handelte. Ich, der ich früher jedem, egal wie mächtig er sein mochte, die Stirn geboten hatte, fühlte mich wehrlos, der Ärzteschaft ausgeliefert. Aber das hatte auch sein Gutes: Ich musste keine eigenen Entscheidungen treffen.

„Wann?" fragte ich.

„Am Montag", sagte der Professor. „Kommen Sie gleich am Montag!"

Als wir vor das Krankenhaus traten, bemerkte ich den bestürzten Gesichtsausdruck bei Brigitte. Für sie brach eine Welt zusammen. Vielleicht hatte sie mit Heidi gesprochen und wusste, was die letzten Nachrichten bedeuteten. Metastasen. Vielleicht hatte sie gehofft, alles könne doch noch irgendwie gut werden. Jetzt erfuhr sie, dass ich unwiderruflich sterben würde. Dass mir niemand mehr helfen konnte. Ich sah ihr an, dass sie kaum einen klaren Gedanken zu fassen in der Lage war. Ich sah ihr an, dass sie am liebsten losgeschrien und alle beschuldigt hätte. Ich nahm ihren Arm und drückte ihn.

„Ich bin zufrieden", sagte ich. „Ich habe so viel erreicht."

Der Professor hatte mir versprochen, er werde mich
 schmerzfrei halten. Das, fand ich, war die beste Nachricht

des Tages. Es erleichterte mich ungemein, dass ich nicht würde leiden müssen.

Aber ich zweifelte auch, wollte Sicherheit:

„Können Sie das?“ fragte ich ihn.

„Es ist eines der wenigen Dinge, die wir noch können“, antwortete er. „Glauben Sie mir, ich würde gerne mehr tun. Aber es liegt nicht in unserer Macht.“

Auf dem Heimweg verlangte ich von Brigitte:

„Zu niemandem ein Wort!“

Sie antwortete: „Und Anna?“

„Noch nicht“, beharrte ich.

Am Montag fuhr ich ins Krankenhaus. Man versuchte, eine Metastase, die an der äußeren Lungenwand saß, zu punktieren. Ich war davon ausgegangen, man würde mir bei diesem Eingriff eine leichte Narkose geben. Aber der Arzt betäubte nur die Haut. Ich bekam alles mit. Als der Primar kurz vorbeischaute, gestand der Arzt ein, er habe zu tief gestochen. Ich schmeckte Blut im Mund. Mein Kreislauf spielte verrückt. Ein OP-Helfer verhinderte, dass ich das Bewusstsein verlor, indem er mir die Beine hochlegte. Er schlug mir leicht ins Gesicht und verabreichte Sauerstoff. So wurde zumindest ein Kollabieren der Lunge verhindert.

Als es mir wieder besser ging, sagte der Oberarzt:

„So, ich habe mein Bestes gegeben, Sie haben ihr Bestes gegeben, aber gebracht hat es, fürchte ich, nichts!“

Damit wurde ich entlassen.

Ich hasse Krankenhäuser. Ich habe sie schon verabscheut, als ich noch gesund war. Vielleicht ist das ein tief in meinem Unterbewusstsein vergrabener Rest meiner Erfahrungen auf der Säuglingsstation. Aber andererseits, es gibt viele Menschen, die sich vor Krankenhäusern fürchten.

Und es gibt gute Gründe dafür. Man ist, von einem Augenblick zum anderen, nicht mehr Herr seiner Entscheidungen. Es wird über einen entschieden, und was immer entschieden wird, ist mit Schmerzen, Angst und dem Verlust an Würde verbunden. Zurück in meinem Krankenbett versuchte ich, mich wieder zu fassen. Die Biopsie hatte also nichts ergeben. Die Untersuchung war vergebens gewesen und alle Aufregung, alle Schmerzen umsonst.

Die Chemotherapie ging über vier Monate. Ein Horrortrip. Ich fühlte mich ohnmächtig. Handlungsunfähig. Paralysiert. Ich wurde mir selbst immer fremder. Ich hatte Angst. Ich nahm meine ganze Kraft zusammen, einen letzten Rest an Selbstachtung aufrechtzuerhalten, aber meine Kraft reichte nicht aus.

Chemotherapie. Davor fürchtet sich jeder Mensch. Ich war angeschlagen. Ich war geschlagen. Aber ich ließ es mir nicht anmerken. Ich ließ es nicht an anderen aus.

Brigitte hatte endlich Anna gesagt, wie es um mich stand. Anna weigerte sich, mich zu besuchen. Meine erste Therapie war eine Tortur. Ich hatte nie gute Venen. Der Arzt war ungeschickt, oder ich war so verkrampft, jedenfalls musste er mehrmals stechen, ehe er den Zugang legen konnte. Durch die Aufregung musste ich mich sofort nach der ersten Flasche Chemo erbrechen. Das ging fünf Tage so, danach hatte ich drei Wochen Pause.

Ich fühlte mich wie ein Strafgefangener. Von heute auf morgen hatte ich mein ganzes Leben, sogar meine Identität verloren. Die Schwestern und Ärzte gingen einfühlsam mit mir um. Aber wenn man vier Monate in diesem Ausnahmezustand leben muss, braucht man etwas, um nicht verrückt zu werden. Ich malte. Ich malte Bilder im Kopf. Ich malte unsichtbare Bilder.

Die Bilder in meinem Kopf leuchteten gelb, orange, rot und blau. Nie zuvor hatte ich so vollkommene Bilder gemalt. Alles in mir drängte, nach Hause in mein Atelier zu gehen und das, was ich mir vorstellte, auf die Leinwand zu bannen.

Die ganze Zeit über im Krankenhaus hoffte ich, dass mich niemand erkennen würde. Ich wollte keinesfalls, dass sich herumsprach, dass ich Krebs hatte. Ich wollte malen. Ich wollte mich nicht mit irgendwelchen Leuten auseinandersetzen. Mir war völlig klar, dass viele Menschen große Hemmungen gegenüber dieser Erkrankung haben. Viele Menschen denken immer noch, wer Krebs habe, sehe aus wie ein Gespenst, sei abgemagert, dem Siechtum nahe. Ich dagegen sah gar nicht so schlecht aus. Natürlich ist ein Schlafrock kein Ersatz für einen doppelreihigen Anzug, handgemachte Schuhe und einen Burberry-Mantel.

Obwohl ich immer nur tageweise im Krankenhaus war, blieb Besuch, den ich mir, von wem auch immer, verbeten hatte, nicht ganz aus. Immer wieder kam die Psychotherapeutin vorbei. Wir unterhielten uns über Kunst, ein Thema, das ich ansonsten verabscheue. Aber sie vermittelte mir das Gefühl, ich würde etwas für sie tun, wenn ich ihr Malweisen und Stile erklärte. Seltsamerweise empfand ich diese Gespräche als angenehm.

Sie half mir im Gegenzug mit Entspannungsübungen.

Dann kamen die Damen, die es sich zur Aufgabe gemacht haben, ehrenamtlich Patienten zu besuchen. Ich versuchte, es ihnen auf möglichst liebenswürdige Weise abzugewöhnen – aber es kamen immer neue.

Der Vertreter der katholischen Kirche, auch so ein unerbetener Gast, war ein aufdringlicher, frömmlerischer Narr. Noch ein paar Begegnungen mit ihm, und ich wäre aus der Kirche ausgetreten, nur um ihn los zu werden.

Mit den Krankenschwestern entwickelte sich eine überraschend harmonische Beziehung. Ich kannte alle, nannte sie beim Vornamen und versuchte, ihnen so wenig Arbeit wie möglich zu machen. Sie schimpften, wenn sie wieder einmal entdeckten, dass ich etwas erledigt hatte, das in ihren Aufgabenbereich fiel; aber es war auch unübersehbar, dass sie dankbar dafür waren. Vor meiner letzten Ausstellung brachte ich ihnen ein Plakat mit. Sie hängten es an die Tür zum Schwesternzimmer. Es hing noch dort, als ich das letzte Mal vorüberging.

Heidi schaute ein, zwei Mal vorbei. Sie wusste, dass es sehr schlecht um mich stand.

Ich beruhigte sie:

„Es ist alles geregelt“, sagte ich.

Aber Sterben ist nichts, auf das man sich vorbereiten kann. Man kann nur seinen letzten Rest an Kraft und Mut zusammenkratzen. Man kann nur nach außen hin so tun, als wäre man noch Herr seines Geschicks. Und seiner Würde. Innen schrie ein kleiner Mensch wie am Spieß.

„Weißt du“, sage ich zu Heidi, „es tut mir nur leid um die Bilder, die ich noch in meinem Kopf habe, und die ich nun nicht mehr malen kann.“

Bei ihrem letzten Besuch lag Anna schon im Nebenbett.

Ich sagte zu Heidi: „Siehst du, es ist alles gut. Es ist gut, dass die Anna bei mir im Zimmer liegt. Dadurch sind wir uns wieder ein bisschen näher gekommen.“

Wenn man nur durch einen dünnen Vorhang vom anderen getrennt ist, kann man ihm nicht aus. Nach und nach glichen sich unsere gedanklichen und emotionalen Level wieder aneinander an, und bald waren wir fast auf einer Wellenlänge. Wir waren beide ans Bett gefesselt; aber unsere Gedanken und Gefühle machten Luftsprünge. Zugegeben, nach jedem solchen Luftsprung landet man wieder auf der Erde. Man schlägt sich die Knie auf. Man spürt, wie die Luft aus den Lungen gepresst wird. Aber man würde wieder springen. Und wieder. Und wieder. Zuletzt sprangen wir zusammen.

Wenn man auf einer Krebsstation liegt, gewöhnt man sich daran, dass rundherum Menschen sterben. Bei meinem letzten Aufenthalt hatte ich gelernt, dass der Tod ziemlich überraschend eintreten konnte. Menschen, die gar nicht so krank aussahen, waren am nächsten Tag tot.

Man verabreichte uns parallel zur Chemotherapie Anabolika. Ich nahm sogar ein bisschen zu. Doch das konnte nicht darüber hinwegtäuschen, dass ich todkrank war. Tag für Tag kostete es mich größere Anstrengung, mich gelassen, geduldig, freundlich zu geben. Ich wollte nur noch weg. Ich wollte an meine Staffelei. Ich wollte ein Bild malen. Ich wollte Farben mischen. Brigitte hatte mir erzählt, dass sie – wie von mir gewünscht – zwanzig Leinwände grundiert habe. Diese Leinwände warteten auf mich. Ich wollte endlich nach Hause.

Als ich aus dem Krankenhaus entlassen wurde, war ich nicht geheilt; ganz im Gegenteil. Aber ich hatte mein Leben wieder; den elenden Rest davon. Ich erzählte noch immer niemandem, dass ich todkrank war.

Ich hätte Sätze wie „Es ist alles in Gottes Hand", oder „Wenn ich dir die Krankheit doch abnehmen könnte, ich würde es tun" oder „Du musst positiv denken" nicht ertragen. Ich hätte das Gerede der Gleichgültigen, der Ignoranten, der Egoisten, der Gewissenlosen, der Heuchler, der Feiglinge und Herzlosen nicht ertragen. Wahrscheinlich hätte mir, damit konfrontiert, selbst meine in den letzten Wochen und Monaten antrainierte Disziplin dann nicht mehr genützt.

Ich wusste, dass mir nicht mehr viel Zeit blieb.

31

Meine letzte Ausstellung machte ich bei Wolfgang Exner, den ich immer geschätzt habe. Da wusste ich schon, dass ich nicht mehr lange zuwarten durfte. Ich musste alle Kräfte mobilisieren, um überhaupt dabei sein zu können. Ganz neue Farben dominierten. Ein kräftiges Gelb herrschte vor. Einige Besucher waren überrascht. Die meisten bemerkten es nicht einmal. Sie hätten wahrscheinlich auch dann nicht reagiert, wenn die Spannrahmen leer gewesen wären.

Ein erschreckend großer Teil der Menschheit ist blind. Diese Leute würden selbst dann nichts sehen, wenn man sie mit der Nase mitten hineinstieße in die leuchtenden Farben.

In einer Spiegelung entdeckte ich mein Gesicht. Ich erkannte mich nicht gleich. Meine Haut war ganz gelb. Meine Haut leuchtete im Gelb der Bilder.

Ich ging zu Brigitte, zog sie auf die Seite:

„Ich will zuhause sterben", sagte ich.

„Ja", antwortete sie. Einfach so.

„Du verstehst es?"

„Ja", antwortete sie, „ich verstehe es."

Ich war mir nicht sicher, ob sie wusste, worauf sie sich einließ.

Wir leben, wie die Chinesen sagen würden, in spannenden Zeiten. Oscar Wilde konnte sich noch der Illusion hingeben, mit den Beinen im Morast zu stehen, aber zu den Sternen zu schauen. Heute ist eine solche Betrachtungsweise nicht mehr möglich. Im Grunde wissen es alle: Die Welt wird untergehen. Sie hat damit sogar schon begonnen. Das Fundament ist bereits zerbrochen. Die Welt wird untergehen, weil wir uns nicht länger vormachen können, sie sei ein sicherer Ort, an dem man sich bloß vor den Raubtieren in Acht nehmen müsse.

Wir sind noch nicht imstande, uns ein Bild davon zu machen, wie man mit der Vorstellung eines mit Lichtgeschwindigkeit auseinanderplatzenden Weltalls leben soll. Wir haben schlicht und ergreifend keine Ahnung, wie wir mit dem Wissen umgehen sollen, dass Zeit und Raum keine Relevanz haben. Wir haben die Orientierung verloren, seit wir herausgefunden haben, dass der Körper, in dem wir wohnen, die Straße, auf der wir gehen, die Dinge, die wir berühren, im Grunde nicht real sind. Dass alles Stoffliche nur eine Illusion ist. Dass alles, was wir über Jahrtausende für wirklich gehalten haben, lediglich durch Kraftfelder, Energie, Bewegung und Geschwindigkeit hervorgerufen wird.

Die Welt wird untergehen, weil obsolet geworden ist, was wir mit den Sinnen erfassen können. Weil wir sie mit dem Verstand nicht mehr erfassen können. Wie konnte irgendjemand erwarten, die Malerei würde sich, während uns all dieses Wissen dämmert, nicht ändern?

Die Welt wird untergehen, nicht nur, weil nur unsere Annahmen von der Natur zu Bruch gegangen sind, sondern auch jene vom Menschen.

Die Welt wird untergehen, weil sich die Illusion, unser Bewusstsein werde vom Verstand gesteuert, nicht länger aufrechterhalten lässt.

Die Welt wird untergehen, weil sich die Behauptung des vernünftig und verantwortungsbewusst handelnden Homo sapiens nicht länger aufrechterhalten lässt. Weil sich nicht länger leugnen lässt, dass die Hülle zivilisierten Verhaltens hauchdünn und nur eine Tarnung ist!

Die Welt wird untergehen, weil uns unsere Ängste angesichts unseres monströsen Charakters und einer unbegreiflichen Umwelt überwältigen werden. Wie konnte irgendjemand erwarten, die Malerei würde sich, während uns dieses Wissen dämmert, nicht ändern?

Noch gestern waren die Welt und die Gegenstände, die darin sichtbar in Erscheinung treten, die Basis der Kunst. Durch Jahrhunderte hatte das Bild sich als stark genug erwiesen, um alle Bedingtheiten des Menschen darzustellen. Nun ist alles fragwürdig geworden. Nun müssen ganz andere Fragen gestellt werden. Nun, da alle sicher gewähnten Annahmen sich als falsch erwiesen haben, muss die Kunst ihre ewig gültigen Wahrheiten neu formulieren.

Ein Maler wie ich ist da nur mehr ein Anachronismus. Mein Perfektionismus ist da nur mehr ein Anachronismus. Dass ich durch halb Europa gefahren bin, um die besten Farben, die besten Pinsel, die besten Leinwände zu kaufen, ist ein Anachronismus. Wenn Materie nur eine Illusion ist, was bleibt dann? Die Präzision, die Kompromisslosigkeit, auf die ich mir immer so viel zugutegehalten habe: nichts als vergeudete Liebesmüh! Ich bin nicht nur alt, krank und müde – ich komme mir nutzlos vor. Ich habe auf dieser Welt nichts mehr verloren.

Aber ich glaube noch immer, dass die Kunst nicht zu Ende ist. Ich glaube daran, weil ich es glauben muss. Dass ich Maler bin, ist kein Willensakt. Ich bin nicht Maler, weil ich will, sondern weil ich muss. Sobald ich eine Leinwand vor mir habe und Farben, bin ich eins mit mir. Es ist meine Art zu kommunizieren. Es ist genau wie reden. Nein, mehr noch: Zu malen ist die einzige Sprache, die ich fließend spreche.

Alles andere sind für mich Fremdsprachen.

32

Wer den Großen Redoutensaal betritt, wird von den Bildern wie von einer Explosion empfangen. Das Rot und das Orange sind wie eine Sonne, wie eine Quelle, die einen emotionell auflädt.

Bei der Eröffnung waren viele Leute wie vor den Kopf geschlagen. Aber aus durchaus divergierenden Gründen. Die meisten schoben sich zur Tür herein, drehten den Kopf von links nach rechts und wieder zurück, und beendeten ihre kurz aufgeflammte Neugier mit klassischen Bemerkungen:

„Des hätt‘ i a z‘sammbracht!“

„Jetz‘ waß‘ i endlich, wo unser Steuergeld hin ist!“

Oder, eleganter, fast mit einem Anflug von Weltläufigkeit:

„Dafür hättn s‘ es net anzünden müssen!“

Nicht dass mich die Kommentare der Hausmeister entsetzt oder verärgert hätten; nein. Wer in dieser Stadt lebt, kommt nicht umhin, die menschliche Natur in ihrer ganzen unmenschlichen Breite kennenzulernen. Was mich entsetzte und verärgerte, war, dass fast nur Hausmeister gekommen waren, um sich die Redoutensäle anzusehen.

Es hätte ein Fest sein sollen und wurde zu einer Gaudi degradiert. Niemand sprach mich auf die Verbindung der Bilder mit der Literatur an. Nicht ein Besucher! Die Redoutensäle waren der Schlussstein meines künstlerischen Lebens. Aber niemanden schien es zu interessieren. Niemand schien es zu sehen. Vor lauter Hausmeistern waren andere Stimmen nicht mehr zu vernehmen.

Ich hatte versucht, purer Emotion nicht nur eine Form zu geben, sondern sie beim Betrachter zu erzeugen – ohne alle störenden Gedanken. Im Grunde hatte ich schon immer daran gearbeitet, in ungezählten Variationen.

Natürlich hat jedes Bild einen anderen Aufbau, eine andere Sprache und verlangt auch einen anderen Zugang. Aber die Augen zu überwältigen, sie mit nichts als mit Farbe zu besiegen, so dass man geradezu hineingezogen wird in das Licht, das sie verströmt, das war mein innerster Antrieb. Jetzt sah ich mich plötzlich mit der Übellaunigkeit tausender selbsternannter Kritiker und dem heillosen Durcheinander ihrer keifenden Stimmen konfrontiert. Und alle, die gekommen waren, um zu schauen, um zu entdecken, um zu erkennen, waren umsonst gekommen.

Was die Bilder augenfällig miteinander verbindet, das sind die Farbtöne, diese Rot-Orange-Gelb-Töne. Manchmal werden sie mit Schwarz oder Braun, in letzter Zeit immer öfter mit Blau kombiniert. Aber ich könnte nicht sagen, dass diese Farben für bestimmte Emotionen oder was auch immer stehen. Natürlich sollen sie etwas ausdrücken. Aber es ist nicht so vordergründig, wie manchmal unterstellt wird.

Es gibt Menschen, die können Rot nicht ausstehen, weil es für sie Aggression bedeutet. Dann gibt es Menschen, die finden Blau feminin und lehnen es daher ab. Aber jeder Mensch reagiert anders auf Farben. Und es gibt darüber hinaus, auch wenn der Grundton einer Farbe Rot oder Blau ist, große Nuancen. Ich könnte jetzt behaupten, dass Rot für mich Leidenschaft bedeutet und Blau Beruhigung. Ich könnte einen Farbenkanon entwickeln. Aber das wäre erstunken und erlogen. Es gibt mehr als genug Leute, die das gerne hätten. Aber die Farben sind oft reine Willkür. Und innerhalb eines Bildes sind sie nichts anderes als ein Teil des Aufbaus, der Konstruktion.

Andererseits, Grün verwende ich selten. Aus den frühen 1960er Jahren gibt es ein paar grüne Bilder. Aber Grün ist nicht meine Farbe.

Die Entscheidung für oder gegen eine Farbe erfolgt spontan, ohne große hintergründige Bedeutung. Eine Rolle spielt auch, dass, je mehr Farben in einem Bild vorkommen, es umso zerrissener wird. Je mehr Farben in einem Bild vorkommen, umso größer ist die Mühe, das Konstruktive wieder auf den Punkt zu bringen. Vielleicht habe ich mir da ein Beispiel genommen an Mantegna, an Rembrandt, an Leonardo da Vinci, die ja alle fast kein Grün verwendet haben. Die in meinen Augen wichtigsten Maler haben nicht mit Grün gemalt. Dafür gibt es eigentlich keine Begründung. Ich nehme an, sie haben es gemacht, um die Einheit des Bildes nicht zu gefährden. Sogar Ruysdael hat kein Grün verwendet.

Wer ein Bild ansieht, den erreicht zunächst die ästhetische Ausstrahlung der Farben. Es sind die Farben, die das unmittelbare sinnliche Erleben verursachen. Den Augen zeigt sich zunächst nichts anderes als Farbe – selbst wenn die Augen geschlossen sind. Und erst mit dem Erfassen von Farben wird das Erfassen von Formen möglich – und erst mit dem Erfassen von Formen das Erfassen von Dingen. Soll ein Gegenstand gesehen werden, muss er sich farblich von seinem Umfeld abheben, sonst bleibt er unsichtbar. Was beim Sehen unser Bewusstsein erreicht, ist nicht weniger als die ganze erscheinende Welt. Farbe offenbart uns die Welt für die Augen. Sie zählt nicht allein zum Wesen der Malerei: Farbe ist das Wesen des Sehens!

Natürlich ist, was wir sehen, abhängig von unserem ganz persönlichen Erfahrungshintergrund. Von unserer augenblicklichen mentalen Disposition. Von den tief in uns verwurzelten Haltungen und Empfindungen. Von unserer Vorbildung. Von unserer Vorstellungswelt. Das, was wir sehen, ist abhängig von unserer Umwelt, unserer Lebensgeschichte, unserer gesellschaftlichen Position und dem Schatz an Erinnerungen, den wir angehäuft haben.

Die Fähigkeit, Kunst zu erleben, kommt nicht von selbst. Man muss schauen, schauen und noch einmal schauen. Man muss vergleichen und mit all seinen Sinnen prüfen. Wer das nicht tut, läuft Gefahr, den „Kuss" von Klimt als das Non plus ultra der Kunst zu bejubeln. Die Leute, die glauben, es wäre nicht möglich, etwas Besseres zu machen, haben bloß nichts Besseres gesehen.

Ich lese viel in letzter Zeit. Ich suche mir die alten Bücher heraus, die ich schon lange nicht mehr in den Händen hatte. Es ist ein bisschen Sentimentalität im Spiel. Ich hätte gerne in einem anderen Jahrhundert gelebt, als der Glaube an die Kunst noch intakt war. Ich hätte gerne zu einer Zeit gelebt, in der Wilhelm Heinrich Wackenroder in seinen „Herzensergießungen", ohne in Gefahr zu geraten, ausgelacht zu werden, schreiben konnte, die Malerei sei eine Poesie mit Bildern.

Ich hätte gerne zu einer Zeit gelebt, als die Künstler Werke schufen, um eine ideale Welt zu illustrierten. Eine Welt, die damit überhaupt erst vorstellbar wurde. Alle Gegensätze und jeglicher Zwiespalt, so hofften sie, würden sich in Schönheit auflösen. Die Wirklichkeit würde überwunden sein, und eine neue Welt – eine Welt der Ideen, der Phantasie, des Spiels und der Schönheit – würde ihre verklärende Herrschaft auf das ganze Universum ausdehnen.

Wie weit weg ist das heute! Schon der Begriff „Romantik" hat einen schalen Nachgeschmack. Aber für Wackenroder war die Kunst die Sprache, in der Gott den Menschen seine Schöpfung erklärt. Die Vorstellung, dass diese Sprache enträtselt werden könnte, und sei es mit den Instrumenten vermeintlicher Wissenschaftlichkeit, hielt er für abgrundtief dumm.

„Ein schönes Gemälde", schrieb er einmal, „ist, meinem Sinne nach, eigentlich gar nicht zu beschreiben; denn in dem Augenblicke, da man mehr als ein einziges Wort darüber sagt, fliegt die Einbildung von der Tafel weg und gaukelt für sich allein in den Lüften."

Ja, Wackenroder kannte noch einen Ausweg.

Er sah noch ein Ziel vor Augen.

Er hatte noch eine Vorstellung, wie der Untergang vermieden werden könne.

Er glaubte noch daran, dass es nicht eine, sondern zwei Sprachen gäbe, durch die Gott es uns ermögliche, die großen Fragen des Menschseins (er nannte sie „die himmlischen Dinge") zu begreifen.

Sie kämen, schrieb er, durch ganz andere Wege zu unserm Inneren als mithilfe der Worte.

Die eine dieser wundervollen Sprachen spräche nur Gott. Die andere sprächen nur ganz wenige Menschen. Die eine sei die Natur; die andere die Kunst.

Natur und Kunst, sie scheinen sich zu fliehen, notierte einst Johann Wolfgang von Goethe. Aber im Grunde sah er zwischen Natur und Kunst keinen Gegensatz. Zeit seines Lebens erforschte er ihre unsichtbaren, unauflöslichen Wechselwirkungen: Die Natur sah er in der Kunst, die Kunst in der Natur. Das Gegeneinander-Wirken von Stoff und Form, von Ruhe und Bewegung, von Schöpfung und Abhängigkeit: Er fand sie in der Natur wie in der Kunst als gemeinsames Prinzip.

Seine Begriffe des Motivs, des fruchtbaren Moments, des symbolischen Falls sind daraus abgeleitet. Seine Forderungen an die Komposition, an die Wahrheit, an die Notwendigkeit, an die Schönheit eines Kunstwerks beruhen darauf. Auf Schönheit ziele letztlich alles ab, war sein Credo. Goethe konnte sie nur in der Wahrheit finden, und sie zeigte sich ihm – wie in der Natur – im Einfachen.

Einfachheit war für ihn die ausschlaggebende Eigenschaft des Schönen schlechthin.

Aber wir haben die Vorstellung einer idealen, sogar einer besseren Welt verloren. Wir haben die Hoffnung eingebüßt, es gebe noch einen Ausweg, es sei noch eine Rettung möglich. Die Technik und ihre gewissenlosen Mittäter behaupten, dass sie alles, was sie zerstören, wieder reparieren könnten. Sie sagen, dass sie es neu erschaffen könnten. Diese Halunken! Die Technik ist eine große Kriegsmaschine, die seit Jahrhunderten einen erbarmungslosen Kampf gegen den Planeten Erde führt.

Wie kann es einen Frieden geben mit der Technik?

Schon bald werden zu viele Menschen auf der Erde leben. Sie werden auf Müllhalden leben, auf Autofriedhöfen – und auch der übrige Teil des Bodens wird vergiftet sein. Diese Menschen werden kein Trinkwasser mehr haben. Der Verkehr – und ganz besonders der vertrottelte Tourismus – wird die Atmosphäre vergiftet haben, er wird die letzten unversehrten Landschaften zerstört haben.

Im Mantel der Erde sind große Löcher. Der Satz „Und neues Leben blüht aus den Ruinen" wird nicht mehr gelten. Millionen Pflanzen- und Tierarten, die Millionen Jahre zu ihrer Entwicklung benötigt haben, werden auf ewig ausgestorben sein.

Es wird die letzten Kriege geben um das Notwendigste. Die Industrie, ihre giftigen Produktionsstätten und ihre Erzeugnisse, allesamt zu nichts anderem nütze als fürs

Wegwerfen, haben den Weltuntergang längst eingeleitet. Und die Kunst steht daneben und tut, als sei nichts. Am Ende ist sie nur der letzte, verzweifelte Versuch, die Vorstellung der großen Katastrophe zu überwinden. All die Bilder, die eine scheinbare Realität zu zwingen scheint, etwas anderes zu sein als Überwindung, etwas anderes als ein letzter Ausweg, kommen letztlich alle in den Orkus.

Aber auch jene Bilder, die von Überwindung künden, werden die Katastrophe nicht aufhalten.

Wir haben nicht nur den Glauben an eine ideale Welt eingebüßt; wir haben die Fähigkeit verloren, uns eine ideale Welt überhaupt vorzustellen. Wir sind nicht mehr in der Lage, eine glaubwürdige Idee darüber aufzubauen. Unsere Phantasiewelt endet in Fernsehserien, in kitschigen Kinofilmen.

Wir haben vergessen, wie es ist zu leben.

Wir haben vergessen, wie es ist, uns Zeit zu nehmen. Innezuhalten. In uns zu ruhen. Atem zu schöpfen. Kraft zu tanken. Und eine Ahnung zu entwickeln von einem anderen Leben. Einem Leben jenseits der Maschinen. Einem Leben jenseits des Plastikmülls. Einem Leben jenseits der Zerstörung.

Auch die Künstler scheinen die letzten Erinnerungen daran nach und nach zu verlieren. Auch sie scheinen im Laufrad des „immer mehr", „immer höher", „immer schneller" in die Irre zu laufen. Paul Cézanne konnte seine kontemplative Versenkung noch genau beschreiben:

„Das ganze Wollen des Malers muss schweigen. Er soll in sich verstummen lassen alle Stimmen der Voreingenommenheit. Vergessen! Vergessen! Stille schaffen! Ein vollkommenes Echo sein. Die Landschaft spiegelt sich, vermenschlicht sich, denkt sich in mir. Ich steige mit ihr zu den Wurzeln der Welt. Wir keimen. Eine zärtliche Erregung ergreift mich und aus den Wurzeln dieser Erregung steigt dann der Saft, die Farbe. Ich bin der wirklichen Welt geboren. Ich sehe!"

Sehen. Wirklich sehen: Das ist das Geheimnis der Kunst. Das Geheimnis, um ein Kunstwerk wirklich wahrzunehmen. Um es zu verstehen.

Es bedeutet, für ein paar Augenblicke zu schweigen.

Es bedeutet, die Stimmen in sich zum Schweigen zu bringen.

Es bedeutet, Stille herzustellen und hinabzusteigen in sich. Und zu schauen.

Das ist das eigentliche Kunstverständnis.

Zugegeben, es gelingt nicht immer.

Es stellt sich nicht immer ein. Nicht immer sind wir dazu bereit. Nicht immer sind wir dazu in der Lage. Aber es nicht zu versuchen, ist eine Kapitulation. Ein katastrophales Versagen. Sollten wir diese Fähigkeit eines Tages endgültig eingebüßt haben, gibt es keine Rettung mehr.

Es braucht niemanden zu überraschen, dass es gerade die Kunstkritiker sind, die Kuratoren, die Kenner, die so genannten Insider, die durch die Ausstellungen hetzen, als gelte es, einen Geschwindigkeitsrekord aufzustellen. Von der Kontemplation, von der Cézanne spricht, haben diese Marktschreier noch nie gehört. Dafür haben sie keine Zeit. Dafür haben sie kein Verständnis. Sie gehen mit den Bildern der Kunst um wie mit allen Bildern auch. Wie mit allem, was das Fernsehen und die Werbeindustrie produziert haben: Sie sehen sie, und sehen doch nichts. Bei der Kunst geht es nicht darum, sich von der Welt abzuwenden. Es geht, im Gegenteil, darum, sich ihr über ein bestimmtes Motiv zuzuwenden. Auf eine besonders intensive Weise.

Wenn alle „immer mehr“, „immer schneller“, „immer höher“ schreien, ist die einzige Möglichkeit, nicht vor die Hunde zu gehen: stehen zu bleiben. Anzuhalten. Sich auf das zu konzentrieren, was man vor sich sieht.

„Reines Empfangen“ nennt das Dante: „Durch Schauen wird Seligkeit errungen, nicht durch die Liebe; die folgt erst, wenn sie dem Schauen, als ihrem Quell, entsprungen.“

Für die meisten Menschen ist das natürlich nichts. Die meisten Menschen brauchen, wie sie allen Ernstes glauben, die Ablenkung, die Unterhaltung. Sie ziehen das Oberflächliche vor, das ach so Gemütliche, das Primitive, die Zerstreuung.

Zwischen dem Schunkeln in Ausflugslokalen (alles andere hat der Tourismus zerstört), der Zeitungslektüre und den lustigen Fernsehprogrammen mit dem eingeblendeten Lachen läuft ab, was sie mit Leben verwechseln. An diesen Orientierungspunkten entwickelt sich ihr Humor. Sie werden gut damit versorgt, es gibt reichlich Lieferanten: Broschüren-Grafiker, Witzezeichner, Fernseh-Blödler, Kabarettisten, Alleinunterhalter.

Auch die meisten derer, die für sich in Anspruch nehmen, Ästheten zu sein, denken völlig gleich; sie täuschen etwas anderes bloß vor. In Wahrheit konsumieren sie den gleichen Müll wie der große Rest.

In dieser lustigen, humorvollen Welt würden Lehrgänge über Rabelais, Swift, Daumier, Nestroy, Kafka und Kraus nicht nur Widerstände, sondern Krankheiten, ja sogar ganze Epidemien hervorrufen. Der Nicht-Humor der meisten Menschen ist das Thema der wahren Karikatur.

Die Satire ist zur Aufklärung der Wenigen geworden.

So wenig möchte auch ich sein.

33

Die Kritiker suhlen sich im Morast der Unterhaltungsindustrie. Sie produzieren diesen Morast zum nicht geringen Teil sogar selbst. Mit Brettern vor dem Kopf stolperten sie in den Redoutensaal und konnten es kaum erwarten, ihre mit dem Gift der Beschränktheit gefüllten Kugelschreiber zu zücken. Angesichts der Einhelligkeit von Volkes Meinung schien das Risiko einer Blamage, das bei der Rezension moderner Kunst hinter jeder Ecke lauert, gering. Der Boulevard hat kein Interesse daran, eine eigenständige Haltung zu propagieren. Er schreibt dem schlechten Geschmack, den Vorurteilen, der Böswilligkeit, dem Rassismus und der Bildungsfeindlichkeit hinterher. Manchmal schreibt er ihnen auch voraus, aber das macht keinen Unterschied – am Ende begegnen sich Zeitungshyäne und Schafherde in trauter Verbundenheit.

Die Kritiker ergriffen die Gelegenheit, sich zu revanchieren für alles, was ich ihnen im Lauf der Zeit nachgesagt hatte. Die Artikel troffen nur so von ihrem Geifer.

Aber das letzte Wort ist noch nicht gesprochen. Ich verhehle nicht, dass es mir Spaß macht, diesem Gesindel einzuschenken. Ich gebe mir immerhin Mühe, dabei amüsant zu sein, humorvoll, auch wenn es ein beißender Humor ist. Das ist mehr, als man über die Kritiken der Kritiker sagen könnte.

Die meisten, sei es geklagt, sind ja nur Berichterstatter. Sie geben nur wieder, was ihnen Pressetante und Kunstapostel vorkauen. Meist verfassen sie nur ein paar dürre Sätze; mehr nicht. In den Medien kommt die Kunst ganz hinten vor, wenn überhaupt. Und wie über sie berichtet wird, ist langweilig und provinziell. Das ist aber schon deshalb nicht wirklich relevant, weil die Kunst, über die berichtet wird, ebenfalls meist langweilig und provinziell ist.

Aber warum sollten die Kritiker auch besser sein als die Künstler? Die handwerkliche und inhaltliche Unzulänglichkeit der Kritiken findet ihre Entsprechung in den Kunstwerken, die von den Kritikern wahrgenommen werden. Das hat vor allem damit zu tun, dass die technische Ausbildung vieler heutiger Künstler so miserabel ist. Sie wissen nichts mehr über Farben und ihre Konsistenz. Nichts über Papier und seine chemischen Reaktionen. Nichts darüber, wie man richtig grundiert. Und schon gar nicht wissen sie, dass man, um zu abstrahieren, wissen muss, wie eine Figur aufgebaut ist. Es fehlt ihnen, kurz gesagt, das handwerkliche Rüstzeug, um überhaupt wiedergeben zu können, was ihnen durch den Kopf geht. Und bei vielen Künstlern muss man schlechterdings am nötigen Talent zweifeln.

Aber es ist, wie es ist: Wenn man es kann, macht es Sinn. Wenn man es nicht kann, steht alles auf tönernen Füßen. Dann muss kaschiert und vertuscht werden. Hermann Nitsch zum Beispiel kann zeichnen wie ein junger Gott. Da ist die Basis vorhanden. Aber manche Künstler glauben, sie müssten nur lernen, wie man Farbe auf eine Leinwand schüttet. Sie glauben allen Ernstes, es komme nur auf die Effekte an, darauf, dass das Ergebnis irgendwie gut ausschaut.

Aber irgendwann geraten sie an eine Grenze, und dann wird deutlich, dass alles nur Dilettanterie ist, was sie machen.

Sich mit der Kunst einzulassen, gibt's nicht umsonst. Das gilt für die Künstler. Das gilt für die Kritiker. Das gilt auch für die Sammler. Es gibt unglaublich viele Bildersammlungen auf dieser Welt. Aber nur wenige von ihnen besitzen Qualität. Es gibt unglaublich viele Malerinnen und Maler auf dieser Welt. Auch Bilder gibt es genug. Aber nur wenige von ihnen besitzen Qualität. Das ist so.

Leider.

Man sollte meinen, dass ein Sammler, wenn er gebildet ist, anders als die vielen, die bloß ihre Wände tapezieren wollen, bessere Einsichten hätte. Immerhin, er unternimmt Reisen, er kennt New York, London, Maastricht und Köln, er besucht Galerien und Museen. Aber garantiert das bereits einen größeren Weitblick? Eine tiefere Erkenntnis? Garantiert das bereits eine bessere Sammlung? Oder macht dieser gebildete Sammler alles nur, weil es ihn unterhält? Weil es ihn zerstreut? Weil es gut für sein Prestige ist?

Nein, gebildet zu sein und die halbe Welt zu kennen, führt nicht automatisch zu einer guten Sammlung. Für eine gute Sammlung braucht es eine Gabe. Und die zu besitzen, hat nichts mit Reisen, nichts mit Museen, nichts mit Kunstmessen zu tun.

Diese Gabe kann man nicht erlernen. Diese Gabe wird auch nicht genetisch weitergegeben – zumindest spricht die Erfahrung dagegen. Viele Berufe bilden Familientraditionen aus. Der auserwählte Bilderliebhaber steht allein.

Er beginnt schon sehr jung. Er fängt klein an. Er nimmt sich von seiner Zeit einen großen Teil, so wichtig scheint ihm die Sache von Anfang an zu sein. Er hat nur geringe Mittel. Aber er setzt auch nicht auf den Mainstream. Er verlässt sich nicht auf die Meinung anderer. Er verlässt sich nicht auf das Fachwissen anderer. Er hat mit den Kunstagenten nichts am Hut. Er unterrichtet sich selbst im Schauen. Denn durch das Schauen kommt das Begreifen. Durch das Schauen kommt das Verstehen; das weiß er ganz sicher, obwohl es ihm niemand gesagt hat.

Dabei ist schon ein Kleinkind dazu fähig. Die Neugier ist angeboren. Wir kommen mit der Begeisterung fürs Schauen auf die Welt. Später verlernen wir sie. Sie wird uns ausgetrieben in der Schule und vom Leben.

Die Crux ist: Ist diese Begabung einmal weg, kommt sie nie wieder. Der auserwählte Bilderliebhaber freilich hat sie nicht verloren. Stile, Richtungen, Theorien, die ebenso komplizierten wie nutzlosen Einteilungen der Kunstwelt, interessieren ihn nicht. Er weiß, dass es bei der Malerei immer nur um eines geht: um die Wahrheit der Gedanken. Um die Echtheit der Empfindungen. Dieser Richtschnur folgt der gute Sammler. Ohne Hilfe, allein mit seiner Begabung, mit seiner Neugier, mit seiner Begeisterung, mit seiner Urteilsfähigkeit. Ohne sich je darum zu kümmern, was die Kunsttreiber in den bunten Kunstheften geschrieben haben, findet er neue, unbekannte Malerpersönlichkeiten.

Seine Arbeit ist Detektivarbeit; anstrengend, aber spannend. Es ist die Unterhaltung des Bilderliebhabers seit Jahrhunderten. Bis an sein Lebensende bleibt sie seine einzige Liebhaberei. Der gute Sammler hat keine Eile. Seine Gabe zwingt ihn zur Ruhe. Zur intensiven Beschäftigung mit den Bildern von jungen Malern. Von alten Malern. Von unbekannten Malern. Von toten Malern. Zeit spielt keine Rolle. Er beschäftigt sich mit Bildern, die kein Modejournal je gedruckt, kein Kritiker je gelobt, kein Kurator je ausgewählt, kein Kunstagent je vermittelt hat.

Der gute Sammler ist ständig auf der Suche. Er weiß genau, wonach er sucht. Und er findet es, tief vergraben im immer größer werdenden Kunstmisthaufen.

Alles, was glänzt, alles, was sofort ins Auge fällt, alles, was leicht zu erkennen, leicht zu verstehen ist, lässt er links liegen. Er braucht keine Scheinwerfer, er braucht keine künstliche Beleuchtung: Leuchtstoffröhren sind etwas für Farbenblinde!

Er weiß, ein gutes Bild leuchtet aus sich selbst. Er wird es erkennen, sobald er es sieht. Der gute Sammler liest nicht zufällig die besseren Bücher und hört nicht zufällig die bessere Musik. Er lernt nicht ohne Grund bei den klugen Denkern; auch dieser Anstrengung unterzieht er sich. Er vermeidet den Schund eben überall, wo er sich zeigt.

Für einen Künstler gelten dieselben Regeln. Denn das, was man sieht, das, was man gesehen hat, lässt sich nie ganz vergessen. Das ist auch der Grund, warum es keine ausgedachten, keine wirklich gegenstandslosen Bilder gibt. Ein Gegenstand macht das Bild erst sinnvoll. Dieser sinnvolle Inhalt muss sich mit Form und Technik decken. Nur ein Hohlkopf kann von einem Bild behaupten, es sei ein schlechtes, aber gut gemalt. Oder der Maler habe Vorstellungskraft, aber kein Formverständnis. Der Bildinhalt hat zwangsläufig gegenständlichen Charakter, denn nur in diesem Zusammenhang lässt sich das, was man meint, überhaupt mitteilen.

Das Zeichnen vor der Natur unterstützt dieses gegenständliche Denken. Der Baum. Das Kind. Der Akt. Sie verhalten sich dem Zeichner gegenüber wie Proportionsmodelle. An ihnen lernt er, die Raumgrößen auf Flächen zu übertragen; er lernt logisch zu denken.

Die meisten Politiker, Journalisten, Beamten, all die Kunsthudler und viel zu viele Künstler können damit natürlich nichts anfangen. Die Forderung nach Präzision, nach handwerklicher Qualität, nach Verantwortungsbewusstsein und Stringenz erachten sie als hoffnungslos veraltet. Mit Moral und Ethos, in jedem Wortsinn Fremdworte für sie, können sie nichts anfangen.

Ich habe Zeit meines Lebens aus meinem Herzen keine Mördergrube gemacht und mit meiner Verachtung für sie nicht hinter dem Berg gehalten. Einige dieser Wichtigtuer revanchierten sich, indem sie mich anfeindeten.

Die meisten, indem sie mich totschweigen. Wahrscheinlich werden sie mich noch totschweigen, wenn ich endlich wirklich gestorben bin.

Ich bin, wenn man den Leuten, die ich nicht mag und die mich nicht mögen, glauben will, ein unangenehmer Mensch: aggressiv. Unduldsam. Sarkastisch. Rechthaberisch.

Bei einem Abendessen bei meinem Freund Klaus Aggermann saß der Wiener Polizeipräsident Joschi Holaubek ganz in meiner Nähe. Ich war in Hochform und lästerte die ganze Zeit gegen Politiker. Beim Weggehen hörte ich, wie er fragte, wer das sei, der da so stänkere. Man sagte es ihm.

Seine Reaktion war:

„Sofort einsperren, den Kerl!"

Andererseits: Man müsste schon schwerer betrunken sein, als ich es je war, um die Wiener nicht peinlich, die Politiker nicht widerwärtig und Beamte nicht unerträglich zu finden.

Ich habe nie ein Problem damit gehabt, mir Feinde zu machen. Ich halte nichts davon zu lügen. Und auch Verschweigen ist eine Lüge. Ich sage, was ich denke, und ich sage es stets unumwunden; egal, was die Folgen sind.

Wenn mir etwas nicht passt, kann ich schroff und abweisend sein. Ich hasse Trittbrettfahrer, ich hasse Parasiten. Mit vielen Dingen gehe ich anders um als die meisten anderen Menschen. Ich halte immer Distanz. Aber ich nehme mir kein Blatt vor den Mund.

Es dauert lange, bis ich meine abwehrbereite Haltung aufgebe. Eigentlich passiert das nie: Ich öffne mich nie ganz. Trotzdem: Meinen Feinden bin ich ein guter Feind. Und meinen Freunden ein guter Freund.

Aber der Spaß hört bei mir auf, wenn es um Kunst geht. Wenn es um den haarsträubenden Unfug geht, den die Leute den Kritikern nachplappern, kann ich nicht an mich halten.

Momentan schwärmen alle von Gustav Klimt. Als die „Goldene Adele" restituiert wurde und nach Amerika ging, jammerten sie, als wäre das Ende des Abendlandes angebrochen. Aber Klimt hat sich selbst als dekorativen Maler bezeichnet. Und auch wenn er das vielleicht anders gemeint hat: Genau das war er. Die Leute knien vor Klimt und übersehen, dass es viel wichtigere Maler zu seiner Zeit gegeben hat. Oskar Kokoschka. Richard Gerstl. Über Kokoschka und Gerstl lohnt es sich nachzudenken. Über Klimt lohnt es sich nicht. Aber Klimt ist natürlich viel einfacher zu verstehen. Gerstl hingegen muss ein bisschen differenzierter betrachtet werden.

Sein Stern ging über einer Landschaft auf, die gerade vom Jugendstil verwüstet wurde. Sein Stern leuchtete aber nicht durch den Widerschein dieser Wüste, er holte seine Leuchtkraft auch nicht aus der unter ihm liegenden Provinz, die mitten im ersten Wiener Gemeindebezirk beginnt. Er war kein Komet, der nur einen kurzen, heftigen Schein von sich gibt und dann verschwindet. Klar und ruhig leuchtet er seither mit seinem Licht. Er leuchtet weiter, als der Österreichische Kunstverstand je denken kann. Dieser Verstand, der damals keine fünf Heller wert war und heute keine fünf Cent, dreht gerne sein Fernrohr um und betrachtet die Kunstwelt aus der Perspektive größter Ferne.

Richard Gerstl porträtierte Arnold Schönberg und nicht Richard Strauss. Über Richard Strauss ist sich der Österreichische Kunstverstand einig. Von Arnold Schönberg darf er ungestraft behaupten, er werde wohl immer problematisch bleiben. Von Richard Gerstl behauptet er gar nichts. Denn unsere gute Mutter Österreich belohnt ihre großen Söhne entsprechend mit ihrem Österreichischen Kunstverstand als Kassabeamten, der erst auszahlt, nachdem er alle Verdienste geprüft hat.

Jedes halbwegs aufgeklärte Schulkind weiß, dass dieser Verstand in der letzten Reihe sitzt. Seine Arbeiten in Rückständigkeit, Verantwortungslosigkeit und Unbelehrbarkeit verdienen sich eine glatte Eins, während er in den Ewigkeitsprüfungen regelmäßig versagt. Das Beste, was man über ihn sagen kann, ist, dass es bei ihm keine Überraschungen gibt. Er ist in höchstem Maß berechenbar. Er kann von sich mit Fug und Recht behaupten, was Karl Kraus in der „Fackel" notiert hat:

„Ich, der Österreichische Kunstverstand, habe mein ganzes Leben hindurch nur den Österreichischen Kunstverstand angewendet."

Die tonangebende Meute ist mit dem Österreichischen Kunstverstand völlig einer Meinung. Man darf sie sich ähnlich dem Kernfett auf einer Rindsuppe vorstellen. Allerdings ist sie weniger gehaltvoll als jene. Sie ignoriert das Einmalige, sie sucht das Wunder bei den Salonmalern, die auch immer oben schwimmen. Daher wurde Gerstl von niemandem und Kokoschka nur von wenigen erkannt. Allerdings wurde er auch nur von wenigen verkannt; denn nur wenige nahmen ihn überhaupt zur Kenntnis.

Die Skandale früherer Zeiten zählen nicht; sie sind in den Zeitungen breitgetreten worden und wieder verschwunden; nur ein Wimpernschlag im ewigen Kreislauf der Nichtigkeiten, gemacht für nichtige Leser.

Im Gasthaus hebt einer nach einem solchen Skandal den Kopf und sagt:

„Der Kokoschka!"

Aber er vergisst sofort wieder, was er eigentlich sagen wollte.

Was damals in Wien geschah, berührte die Welt; der Wiener berührte es nicht. Die „Wiener Schulen“ der Medizin, der Musik, der Philosophie – Weltereignisse jede einzelne – fanden ihre Entsprechung bei Kokoschka und Gerstl, vielleicht auch bei Schiele. Was für eine Anmaßung, ein reaktionäres Regiment von Salonmalern als „Wiener Schule“ des phantastischen Realismus zu bezeichnen!

Aber die Salonmalerei war schon immer en vogue. Klimts flache, süßliche, von Ornamenten umrahmte Frauengesichter sind verlogen. Aber nicht nur in Wien, auf der ganzen Welt überschlagen sich die Kunsthudler danach. Mit der Realität der Frau haben sie nichts, aber schon gar nichts zu tun. Die erkannten andere viel besser: Karl Kraus. Otto Weininger. Arnold Schönberg. Richard Gerstl. Egon Schiele. Oskar Kokoschka wurde auf diesem Gebiet geradezu eine Kapazität.

Anthony Bosman schrieb in seinem Kokoschka-Buch:

„Der Jugendstil war auch Kokoschkas Ausgangspunkt. Als er seine Studien in Wien begann, war Gustav Klimt dort der einzige Maler von Format, und in dessen geistiger Sphäre bewegt sich auch der lithographische Zyklus.“

Was für ein Unfug! Bosman geht von völlig falschen Voraussetzungen aus und zieht die falschen Schlüsse – eine Berufskrankheit! Bereits „Die träumenden Knaben“ zeigen die Unabhängigkeit Kokoschkas von jeder bekannten Stilrichtung – eine unabdingbare Voraussetzung jeder echten Persönlichkeit. Wie ein Funke fliegt anfangs Schiele über ihr, aber sie ist bereits Feuer und bedarf dieser Zündung nicht.

Zuerst wütete der Jugendstil. Dann wütete der Weltkrieg. Das todgeweihte Handwerk bäumte sich auf, verschied und vertrocknete zum Kunsthandwerk. Aber auch in dieser Zeit der abstoßend hässlichen Kredenzen, Suppenschüsseln und Tischlampen bildete sich, wie zu jeder Zeit, der feste Kern der Kunst aus. Das Kunstgewerbe umgab ihn wie faules Fleisch, wie eine entbehrliche Oberfläche, wie eine auswechselbare, abnehmbare Dekoration.

Arnold Schönberg und Karl Kraus ließen sich von Kokoschka porträtieren, um die vorhandene geistige Verwandtschaft zu dokumentieren. Aber so ist es eben: Kluge Auftraggeber finden gute Maler. Dumme Auftraggeber bleiben auf den Machwerken der Salonmaler sitzen.

Und so sieht dann auch das Ergebnis aus: Ein gutes Porträt ehrt den Auftraggeber, ein schlechtes verursacht Gallensteine. Ich weiß überhaupt nur von zwei Kokoschkas in hiesigen Privatsammlungen. Das passt zu dieser blinden Stadt, die das Epigonale, die Schmonzette, den Kitsch schon immer echter Kunst vorgezogen hat. Im Zweiten Weltkrieg mussten die Besitzer von Kokoschka-Bildern emigrieren oder wurden umgebracht. Damals hatten die Wiener die seltene Gelegenheit, sich Kokoschkas anzusehen: in der Ausstellung „Entartete Kunst".

Die Wiener entledigten sich dieser Aufgabe mit demonstrativem Ekel.

Die Nazis hat es sehr gefreut.

Dass der Geist des Nationalsozialismus auch nach 1945 nachwirkte, demonstriert die unendliche Geschichte der Wiedereinbürgerung des 1947 zum Briten gewordenen Kokoschka. Es brauchte fast dreißig Jahre und einen Trick – der damalige Bundeskanzler Kreisky meldete ihn an seiner privaten Wohnadresse an –, um den bürokratischen

Akt der Re-Naturalisation überhaupt möglich zu machen. In den Köpfen der Wiener wirkte die Nazi-Punzierung als entarteter Künstler fort.

Seine erste Ausstellung in Österreich nach dem Zweiten Weltkrieg wurde in Linz und nicht in Wien gezeigt. Im Belvedere bekam Kokoschka einen Platz auf dem Gang, und die Ehrenbürgerschaft wurde ihm mehrfach verweigert. Noch 1986, zum 100. Geburtstag des Künstlers, gelang dem Belvedere das Glanzstück, gar keine Ausstellung zu veranstalten.

Stattdessen verbreitete man über die APA die Meldung:

„Anlässlich des 100. Geburtstages von Oskar Kokoschka präsentiert die Österreichische Galerie am 1. März 1986 Alfred Hrdlickas Porträtbüste des Künstlers aus dem Jahre 1963."

Dabei sollte Kokoschka in Wien sogar einen tieferen Eindruck hinterlassen haben als Gerstl; hat er aber nicht. Er zeigte den hiesigen Hudlern ein Beispiel an Präzision und Persönlichkeit, dem diese freilich nicht nacheifern wollten.

34

Was wir sehen, was wir hören, was wir tun, sind Warnzeichen. Es mag sein, dass ihr ästhetischer Wert sich wandelt. Es mag sein, dass ihre politische Bedeutung wechselt. Aber es sind Bausteine einer Gegenwelt. Wenn wir aufhören, sie wahrzunehmen und für wahr zu halten, betrügen wir uns um das eigentlich Menschliche unserer Existenz. Es ist eine Art höherer Wirklichkeit. Aber es ist jedenfalls Realismus, nicht Illusionismus. Wenn ich male, tue ich nur, was andere zu tun versäumen.

Meine Bilder sind einfach und komplex zugleich. Sie scheinen vor Spontaneität zu bersten. Und doch verdanken sie ihre Entstehung einem Arbeitsvorgang, der von Kontrolle, Disziplin und einem kritischen Bewusstsein beherrscht ist. So direkt ihre Wirkung sein mag: Man erreicht sie nur auf Umwegen. Das macht ihr Geheimnis aus.

Ihr Geheimnis ist, dass sie in einem langen Entstehungsprozess entstehen, aber der Impuls, den die Bildidee in mir ausgelöst hat, lebendig geblieben ist. Ich male, um das von dieser Idee entzündete Feuer wachzuhalten. Mit jedem Pinselzug nähre ich es, bis seine Funken überspringen.

Manchmal gelingt das sogar.

Irgendein Kunstkritiker hat mich, aus meiner Begeisterung für Kierkegaard, Carlyle und Jean Paul, Kafka, Trakl, Musil, Nestroy, Raimund, Karl Kraus und Elias Canetti falsche, aber zumindest nachvollziehbare Schlüsse ziehend, als einen schöngeistigen und feinsinnigen Mensch bezeichnet. Aber das bin ich nicht – im Gegenteil! Ich lebe von Leidenschaften. Ich bin einer, der enthusiastisch lieben und erbarmungslos hassen kann.

Es gibt so vieles, das mir nicht passt an unserer Zeit. Und ich werde nicht müde, es unverblümt zu sagen. Meiner Liebe zur Literatur, zum Theater, steht die Wut auf entsetzlich viele entsetzliche Zustände der Welt und jenen gegenüber, die sie verschweigen oder beschönigen. Zuweilen bin ich so voller Hass, dass ich den Überdruck ablassen muss. Zuweilen brauche ich ein Ventil, um mich wieder ganz auf die Kunst konzentrieren und die Bilder malen zu können, die zu malen es mich drängt.

Wenn ich meine Malerei mit Sprach-Kunstwerken verbinde, dann, weil Literatur mir ermöglicht, den Zwang und die Lust, die Exaktheit und die Emotion, die äußerste Präzision und den vitalsten Lebensimpuls miteinander zu verbinden. Oder, um es mit den Worten Musils zu sagen:

„Die Genauigkeit und die Seele."

Robert Musil ließ seinen Protagonisten Ulrich von einem Generalsekretariat für Genauigkeit und Seele träumen; ich könnte mir gut vorstellen, dort den Generalsekretär zu machen.

Was ich der Literatur verdanke, ist, dass sie in mir Emotionen weckt, dass sie etwas zum Schwingen bringt in mir, dass sie ein Denken in Gang setzt, das immer ein bildnerisches Denken ist und sich immer im Visuellen bewegt.

Ich bin kein literarischer Maler. Ich bin ein denkender Maler. Mein Anspruch ist, die spontane Geste auf die knappste Formel zu bringen. Wer Augen im Kopf hat, kann mir auf den Spuren des Arbeitsprozesses folgen. Es ist, als würde ich auf einer Bühne stehen. Ich halte den Pinsel in der einen und die Farbpalette in der anderen Hand. Wenn ich nachzudenken beginne, weiß ich noch nicht, wohin es mich führen wird. Aber wer will, kann mir auf diesem Weg folgen.

Meist halte ich inne vor dem letzten Schritt; wer Augen hat und wache Sinne, kann diesen letzten Schritt sogar an meiner statt tun.

Ich wünsche mir eine Literatur, die von der Kraft der Sprache und nicht von Inhalten bewegt wird. Und so möchte ich auch malen: konzentriert auf das, was Malerei ausmacht.

35

Ich bin in Wien geboren und immer hier geblieben. Ich bin nie aus dieser Stadt hinausgekommen. Die Wiener Bezirke sind meine Welt. Sie reicht von der Semmelweisklinik in Währing bis zu den Schrebergärten in der Krim, vom Naschmarkt in Mariahilf über die Akademie bis zur Leopoldstadt und zu den Heurigenlokalen in Grinzing.

Für mich ist diese Welt groß genug.

Für die Kunsttouristen scheint sie zu klein zu sein. In ihrer Scheinwelt gilt das Motto: Je schneller und je weiter weg, desto besser! Allerdings wissen die Kunsttouristen nichts über die Richtung. Das ist ihr Dilemma. Aber es spielt keine Rolle mehr, seit die Weltkunst zur Einheitskunst geworden ist. Ob in Hongkong oder New York, Venedig oder London: Überall hängen die gleichen Bilder an den Wänden. Überall stehen die gleichen Plastiken und Installationen herum. Der Kunsttourismus hat zur Eliminierung aller persönlichen, geographischen, historischen und politischen Eigenarten geführt.

Aber die Eigenart lässt sich nicht ganz austreiben. Sie kommt, wie jeder weiß, aus dem Kopf. Und unter den Künstlerköpfen gibt es einige, die unbelehrbar sind. Sie berufen sich auf das, was ihnen in die Wiege gelegt wurde. Sie beharren auf ihrer Unverwechselbarkeit. Sie versteigen sich sogar zur Behauptung, alles andere sei Provinz – wenn auch, zugegeben, globale Provinz.

Was man nicht ist, sagen sie, kann man nicht werden. Da helfen, sagen sie, noch so viele Flugstunden nicht, und mögen sie noch so weit wegführen. Schubert und Qualtinger, Grillparzer und Raimund, Ferdinand von Saar und viele andere sind ihr Leben lang in Wien geblieben. Wien bleibt Wien, haben sie sich gedacht, auch wenn die Mehrzahl der Wiener Sumperer diesen Spruch ganz anders interpretiert.

Es ist kein Zufall, dass sich das Versuchslabor für die Moderne hier befunden hat. Es ist kein Zufall, dass mehr als die Hälfte der österreichischen Nobelpreisträger in Wien geboren wurde – den Sumperern zum Trotz.

Den Sumperern zum Trotz begründete Sigmund Freud ausgerechnet hier die Psychoanalyse.

Den Sumperern zum Trotz formulierte Ludwig Wittgenstein ausgerechnet hier seine Beiträge zur analytischen Philosophie.

Den Sumperern zum Trotz schrieben Hermann Bahr, Peter Altenberg, Hermann Broch, Friedrich Torberg, Egon Friedell, Georg Trakl, Joseph Roth und Robert Musil ausgerechnet hier Weltliteratur.

Den Sumperern zum Trotz entzündete ausgerechnet hier Karl Kraus seine Fackel gegen die Unmenschlichkeit.

Den Sumperern zum Trotz wurde ausgerechnet von hier aus die Neue Wiener Schule der Musik, Schönberg, Webern, Alban Berg, stilbildend.

Und ausgerechnet hier malten, den Sumperern zum Trotz, Oskar Kokoschka, Richard Gerstl und Egon Schiele ihre Bilder. Sie regten die Welt an.

Die Wiener regten sie nur auf.

Wien ist anders. Manche der großen Söhne gingen weg. Viele mussten weggehen, als Hitler einmarschierte. Andere kamen und blieben, sobald Hitler wieder weg war. Sie wurden Wiener, für immer und ewig, den Wiener Sumperern zum Trotz. Denn in diesem Wiener Sumpersumpf zu arbeiten und nicht unterzugehen bedeutet: einen festen Stand zu haben.

Einen festen Stand zu haben ist geradezu eine Voraussetzung dafür, Kunstwerke zu schaffen. Denn das ist keine Frage des Könnens allein. Es ist eine Herausforderung der Sinne, ein Imperativ der Haltung, eine Frage der persönlichen Überzeugungen. Und des Glaubens.

Für mich ist sie Befriedigung, Zwang, Lust. Eine Unabdingbarkeit. Karl Kraus, Thomas von Aquin, Erwin Chargaff und so viele andere haben der Welt mit der Wahrheit beizukommen versucht; doch die Bewohner unseres Planeten wollen die Wahrheit nicht sehen – unter diesen Voraussetzungen trotzdem zu arbeiten, ja sogar mit Freude zu arbeiten, ist mehr, als man erwarten darf im Leben.

Als Künstler ist man ganz allein auf dieser Welt. Man ist in einem ehernen Turm eingeschlossen und kann mit seinen Mitmenschen nur durch Zeichen verkehren. Diese Zeichen haben keine allgemein gültige Bedeutung, ihr Sinn ist vage und unbestimmt. Man bemüht sich, bemüht sich kläglich und erfolglos, anderen Menschen die Reichtümer des eigenen Herzens mitzuteilen. Aber die anderen Menschen verfügen nicht über die Fähigkeit, sie anzunehmen. Wir sind wie Leute, die in einem Lande leben, dessen Sprache sie so wenig beherrschen, dass sie, trotz all der schönen und tiefsinnigen Dinge, die sie zu sagen hätten, zu den Banalitäten ihres kleinen Sprachführers verurteilt sind. Unser Hirn brodelt von wunderbaren Ideen, aber wir können einander nur mitteilen, welcher Tag heute ist und wie das Wetter morgen sein wird.

Im Streit um die unterschiedlichen Vorstellungen vom Wesen der Welt ahnen wir, dass wir der Wahrheit womöglich nie nahe kommen werden, dass die Wirklichkeit womöglich ganz anders aussieht, als sie von uns wahrgenommen wird. Unsere Sinne, die einzigen Instrumente zur Aufnahme von Informationen neben unserem Verstand, lassen uns schmählich im Stich. Denn nichts ist, wie es erscheint.

Aber Neugier und Angst treiben uns immerfort an, immerfort weiter darüber nachzusinnen, woher wir kommen, wohin wir gehen, was der Sinn unseres Lebens ist. Und während wir nach Gewissheiten über die Welt und uns suchen, finden wir nur Zweifel und Widersprüchlichkeit.

Um uns in diesem Wald von Irritationen zurechtzufinden, haben wir ein Instrument konstruiert; es beseitigt die Widersprüche zwar nicht, bringt sie aber zumindest zur Anschauung: Das ist das eigentliche Wesen der Kunst.

Die Kunst ist der letzte, verzweifelte Versuch, unsere Vorstellungen von der Welt anschaubar zu machen. Nicht, dass wir damit Gewissheit erlangen könnten; aber ohne die Beruhigung darüber, dass wir uns das Richtige vorstellen, würden wir vermutlich wahnsinnig werden.

Kunstwerke sind wie eine Schrift, die das Bild der Welt, das Bild der Gesellschaft beschreibt. Man muss diese Schrift zwar lesen lernen, weil sie aus Formen und Symbolen besteht; aber sie fasst auf einen Blick lange Texterklärungen zusammen – vielleicht sogar besser, als andere Orientierungshilfen es vermögen.

Die Vorstellungen, die wir von der Welt und den Dingen in ihr haben, drängen zu Darstellung. Wir müssen uns ein Bild machen von dem, was wir glauben. Die rationale Seite in uns führt zur Wissenschaft, die emotionale zur Kunst. Könnten wir unseren Vorstellungen trauen, bräuchten wir weder das eine noch das andere.

„Wenn die Welt klar wäre, gäbe es keine Kunst", hat Albert Camus einmal niedergeschrieben.

Aber die Welt ist nicht klar.

Wir wissen kaum etwas über sie, kaum etwas über uns, kaum etwas über den Sinn unseres Daseins. Die Realität ist viel zu fragwürdig, um uns Anhaltspunkte bieten zu können.

Das Kunstwerk vermittelt hingegen eine Wirkung, die nicht von der Realität ausgeht. Das ist ihr Geheimnis. Dieses Anders-Sein. Wir spüren es, wenn wir eine Ausstellung besuchen. Wäre es nicht vorhanden, brauchten wir nicht hinzugehen. Dieses Geheimnis, diese Wirkung der Kunst verweist noch immer auf ihre Anfänge im Kultischen: in der Anrufung der Götter um Hilfe. Die Formen dieser Anrufungen mussten schön sein; denn je schöner, so glaubten die ersten Künstler, desto geneigter würden die Götter sie wohl anhören.

Heute muss das Ästhetische der Kunst nicht mehr Schönheit bedeuten; es kann ebenso Ausdruck, Verzweiflung, Anmut, Tragik, Komik, Hässlichkeit, Dramatik, Charakteristik, Idylle oder Erhabenheit sein – und noch vieles mehr.

Der andere Teil der Kunst ist ihr Inhalt, die Symbolik der Fragen und Hoffnungen, die von ihr vorgetragen werden. Aus diesen Elementen setzt sich die Kunst zusammen.

Denn es hat sich nichts geändert:

Wir rufen die Götter noch immer an.

Wir haben Hilfe noch immer nötig.

Und wir stellen noch immer dar, was wir uns vorstellen, um es besser zu verstehen.

Für den Künstler geht es darum, eine Form zu finden. Eine Form zu finden nicht in seiner Vorstellungswelt, sondern ganz konkret, während des Malakts: Es ist ein Prozess, ein von durchdachtem Kalkül begleiteter, aber im Grunde gänzlich intuitiver gestischer Prozess.

Ich werde es vermissen.

Nachwort

Es war bei der Eröffnung der neuen Räumlichkeiten der Herbert Liaunig Stiftung, als mich Brigitte Bruckner-Mikl, die Witwe Josef Mikls, fragte, ob ich bereit wäre, die Biografie des berühmten Malers zu schreiben.

Eine Biografie ist eine heikle Sache: Das Bild, das wir uns von einem Menschen machen, wird davon wesentlich beeinflusst – samt den Fehlern, die dem Autor unterlaufen. Unzählige Leute, die Josef Mikl wahrscheinlich besser gekannt haben als ich, würden mir jeden dieser Fehler unter die Nase reiben.

Ich sagte zu, eine Art Künstlerroman zu schreiben, der sich jedoch eng an der Figur Josef Mikl orientieren würde. Damit wollte ich nicht nur meiner Phantasie genügend Spielraum geben, sondern mir auch eine Hintertür offen lassen, um allen Diskussionen um die historische Wahrheit von vornherein einen Riegel vorzuschieben.

Aber sobald ich mich entschieden hatte, in der Ich-Form zu schreiben, machte sich der Text selbständig. (Nicht nur bei der Malerei gibt es eine gestische Dynamik, die Literatur kennt das auch.) Und obwohl ich das Buch noch immer als Künstlerroman bezeichne, kommt es einer (Auto-)Biografie doch schon sehr nahe. Vor allem deshalb, weil ich mich ganz wesentlich auf Aufsätze, Notizen und Interviews des Künstlers stützen konnte. Als ich Brigitte den Roman zum ersten Mal zu lesen gab, sagte sie, es sei fast so, als würde Josef zu ihr sprechen.

Und das tut er in gewisser Weise ja tatsächlich.

Das Buch hätte aber kaum geschrieben werden können ohne die Erinnerungen der Künstlerkollegen Mikls, allen voran Wolfgang Hollegha, Markus Prachensky, Drago Prelog, Roland Goeschl und seine Frau Ingeborg Pluhar; ohne die detailreichen Blicke in die Vergangenheit seiner Kinder Franz Josef und Karl und seiner zweiten Frau Jutta; ohne die Anekdoten seiner Freunde wie Teddy Podgorski und Heidi Wrabetz, Walter Langer und Klaus Aggermann; und, nicht zuletzt, ohne die Erzählungen der Sammler seiner Bilder, etwa Maria und Karl Merk oder Brigitte und Wolfgang Lindinger.

Auch Manfred Wehdorn, Artur Rosenauer, Clarisse Praun-Schrack, Wolfgang Beer, Doris Frass, Johannes Rauchwarter, Friedrich Kurrent, Anita Seletzky, Christoph Luger, Rudolf Bazil und Jos Rosenthal möchte ich für ihre Beiträge danken; sie waren wichtig, jeder einzelne.

Eine Quelle des Verständnisses der Person Josef Mikl waren für mich auch die Aufsätze und Vorträge von Werner Hofmann, von Wieland Schmied, Alois Brandstetter, Helga Dostal, Artur Rosenauer, Albert Schulze-Vellinghausen, Alfred Schmeller, Elisabeth Pokorny-Waitzer, Friedhelm Mennekes, Peter Baum, Carl Aigner, Matthias Boeckl, Günter Busch, Otto Breicha, Egon Kapellari und Josef Maier.

Aber noch tiefere Einblicke haben mir die von Maria Rennhofer aufgezeichneten Gespräche mit Josef Mikl gewährt.

Nicht zuletzt ist es Gabriele Baumgartner, die viele Gespräche geführt, aufgezeichnet und übertragen hat, zu danken, dass ich mehr Material hatte, als ich verwenden konnte.

Es war frappierend für mich zu entdeckten, wie divergent bestimmte Ereignisse von den verschiedenen Gesprächspartnern wahrgenommen wurden. Ich habe mich meist für die Version entschieden, die meiner Vorstellung des

Wesens Josef Mikls am ehesten entsprach – ob sie auch richtig ist, weiß ich, ehrlich gesagt, nicht.

Wenn man versucht, das Bild eines Menschen zu entwerfen (Maler können vermutlich ein Lied davon singen), stößt man sehr bald an Grenzen. Etwa jene, Dinge in Einklang zu bringen, die nicht in Einklang zu bringen sind. Aber die größte Schwierigkeit ist wohl die, dem Menschen, den man beschreiben soll, wirklich nahe zu kommen. Ihm wirklich gerecht zu werden. Das gelingt nie. Und schon gar nicht bei einer so starken Persönlichkeit wie Josef Mikl, der mit geradezu brutaler Offenheit seinen Weg gegangen ist – einen Weg, wie er widersprüchlicher nicht sein könnte.

Ich werde nie erfahren, was Josef Mikl über mein Buch gedacht hätte. Aber ich bedanke mich bei Brigitte Bruckner-Mikl, dass sie mir erlaubt hat, es zu schreiben. Und ich bedanke mich für die Nachsicht, mit der sie es aufgenommen hat.

Otto Hans Ressler